LES MORSURES DE LA MER

Photographie de couverture : © Tó Mané
Création graphique : Éléonore Gerbier
Carte : Anne-Solange Muis
L'éditeur remercie Baptiste Levrier pour sa relecture attentive.

www.editionspaulsen.com
Les éditions Paulsen sont une société du groupe Paulsen Media

GARRETT MCNAMARA
AVEC KAREN KARBO

LES MORSURES DE LA MER

Traduit de l'anglais (États-Unis)
par Gérard Guerrier

Paulsen

Préface

Voilà un peu plus de dix ans que Garrett McNamara est venu d'Hawaï pour découvrir la vague de Nazaré. Ce village portugais est devenu un site incontournable pour les surfeurs de grosses vagues du monde entier. Sans les connaissances et le matériel de pointe que nous avons désormais à notre disposition, il semblait auparavant impossible de surfer ces vagues géantes, et pourtant, Garrett n'a pas hésité longtemps. Il y est allé… et à fond, comme à son habitude ! Il a surfé la vague de sa vie, ouvrant la voie à tous les chargeurs et chargeuses du monde entier.

29 octobre 2020. Première grosse houle de la saison, et surtout une houle géante venue de loin, la plus grosse jamais vue à Nazaré depuis que cette vague est surfée, une houle historique. À proximité du fort où se trouve le phare, les spectateurs se pressent en masse au-dessus de la falaise pour admirer la beauté et la force de cette nature brute.

Dès l'aube, nous sommes au large avec Fred, Clément et Pierre, mes équipiers. Je saute à l'eau et monte sur ma planche. Fred se prépare à me tracter. Les vagues sont plus puissantes que d'habitude. Elles sont également beaucoup plus rapides. Pendant quatre heures nous tentons de prendre « la » vague dont nous avons tous rêvé. En vain. Nous ne sommes pas assez rapides et les vagues ne sont pas parmi les plus belles. Pourtant, je sais qu'Elle est là, quelque part… Nous fatiguons. Les émotions prennent le pas sur la confiance. La peur de passer à côté de cette journée historique me travaille. Fred sent que nous ne ferons pas mieux aujourd'hui. Il est temps de rentrer au port…

C'est alors qu'il aperçoit Garrett, seul sur son jet-ski. Voilà longtemps que nous avons évoqué avec Garrett la possibilité de surfer ensemble à Nazaré. Fred sait que je n'oserai jamais l'aborder, et se dirige vers lui pour me déposer à ses côtés. J'esquisse un timide sourire. « Pourrais-tu me tracter ? » Garrett sourit et acquiesce : « OK. Mais c'est vous les gars, qui récupérez Justine après la vague. » J'attrape le palonnier. À peine le temps de lancer un dernier regard de reconnaissance à mes anges gardiens et Garrett met plein gaz. Je vis avec une intensité décuplée ce moment. Jamais je n'ai été tractée à une telle vitesse par un jet-ski. L'eau est dure comme du béton. Malgré le danger, je ressens l'énergie et la joie que dégage mon pilote. Garrett s'amuse, joue avec l'eau pour me positionner parfaitement.

À moi maintenant de m'amuser avec la vague. Celle-ci, immense, se dresse à l'infini. Je la dévale debout sur ma planche, dans une succession de ricochets plus ou moins contrôlés. Je rebondis encore et encore, passant autant de temps en l'air que sur l'eau. Tout va si vite. Je sens sous mes pieds l'épaisseur et la puissance de cette vague phénoménale : la plus grosse que j'ai jamais surfée ! Fred et Clément me récupèrent comme convenu au milieu d'un tourbillon d'eaux blanches. Ils me ramènent auprès de Garrett qui affiche un grand sourire pour tout le bonheur qu'il vient de m'offrir. Je m'en souviendrai toute ma vie.

Du fond du cœur, merci à toi, Garrett.

Justine Dupont

Prologue

La chute

On se demande tous ce que l'on devient après la mort. Je crois bien en avoir eu un aperçu. Debout dans le salon, chez ma mère, à Pūpūkea, sur la côte nord de O'ahu [1], j'étais au téléphone avec la clinique quand soudain la lumière s'est éteinte. Je suis tombé à terre. Je n'ai pas vécu d'effet travelling vers une quelconque clarté ni d'éclat radieux au bout du long tunnel de la vie. Tout était noir velours, calme et sans douleur. Oui, surtout sans douleur. Je suis resté là, en paix. Mon frère a hurlé mon prénom et, revenant peu à peu à moi, je me suis hissé sur l'échelle de la conscience… et de la souffrance.

J'ai compris que je ne pourrais sans doute plus jamais surfer.

Une semaine plus tôt, je m'étais fracturé les côtes lors d'une chute monstrueuse à Wai-mea. Bien avant que les principaux spots de surf comme Jaws, Mavericks, Teahupo'o et Cortes ne soient connus, cette baie abritée de la côte nord attirait les surfeurs du monde entier venus se mesurer à des grosses

1. Île la plus peuplée d'Hawaï (un million d'habitants environ), où se trouve la capitale, Honolulu. La côte nord se réfère à une zone allant de la pointe de Ka'ena à la pointe de Kahuku. Voir carte en fin d'ouvrage.

vagues quasiment verticales qui se formaient dans les tempêtes du Pacifique.

Pas question d'aller voir un médecin et encore moins de passer une radio. Je me suis contenté de me prescrire un arrêt de surf de deux semaines. Mais le 28 janvier 1990, le dimanche du Super Bowl, un nouveau système dépressionnaire dans le Pacifique a expédié, série après série, des vagues géantes sur la baie. Une journée typique d'hiver, avec un ciel partiellement couvert et un fort vent de terre pour redresser encore les vagues. Impossible de résister à l'appel de la houle. J'ai alors eu l'idée d'enfiler une deuxième combinaison au-dessus de la mienne. Cela me ferait une double protection et comprimerait ma poitrine blessée. J'ai balancé ma planche dans ma vieille Coccinelle et je suis parti. Aucune hésitation, aucun doute. À quoi bon m'inquiéter ? J'avais pris suffisamment de temps pour me soigner et me reposer : quatre ou cinq jours sans me mettre à l'eau. Que demander de plus ? Je n'étais ni le premier ni le dernier à surfer blessé.

Une fois dans l'eau, j'ai tout de suite ramé pour me mettre en place.

Quand j'ai rejoint la baie, les conditions semblaient idéales, les vagues propres et lisses. Je les ai observées un long moment, des séries de six mètres peut-être, certaines nettement plus grosses que les autres. Je ne saisissais pas l'absurdité et la cruelle réalité de la situation : mon profond manque de respect pour l'océan, sa puissance, et ce qu'il peut faire subir au corps humain.

Tout en ramant avec force, je suis parti impeccablement sur une jolie bête, pas très grosse, mais bien creuse. J'ai dévalé sa face. Pas de méchant remous. Mais la vague, fusionnant bientôt avec une autre, a perdu de sa cohérence. Des traits d'écume et de bulles la striaient. Je me suis retrouvé en l'air, me récupérant un instant avant de redécoller. J'ai repris mon équilibre dans le creux, puis j'ai regardé vers le haut. Le *barrel*[2] était toujours là, bien profond, prêt à m'accueillir. J'ai tenu ma trajectoire autant que je le pouvais, mais j'allais si vite que j'ai perdu le contrôle de ma planche. Des bulles créées par la dépression ont rendu inopérantes les dérives. Impossible de tourner. Je suis tombé face la première avant que la vague ne se brise sur ma tête. Dégageant à la vitesse d'un boulet de canon, je me suis enfoncé dans l'obscurité. Quand j'ai refait surface, je me suis fait surprendre par deux autres vagues. De nouveau à l'air libre, tiré d'affaire, j'en voulais encore. J'ai tiré sur le *leash* et me suis glissé sur la planche pour ramer de plus belle.

Une autre vague… Même punition ! Un peu plus haute, dépassant les six mètres, elle m'a viré de ma planche. J'ai réussi à me rattraper dans le creux, pour tenter de filer droit dans le tube[3]. Fébrile, trop impatient de rentrer dans le *barrel*, je n'ai pas assez attendu ; en rassemblant toutes mes forces, je me suis mis en position avant de retourner dans la vague. Ma planche a filé tout droit et je suis retombé à plat.

Étourdi par le mugissement sourd de la vague, immergé, j'ai senti quelque chose me heurter violemment la nuque. Un rocher, un bloc de corail ? Impossible ; sous moi, il n'y

---

2. Le lexique du surf étant utilisé en langue anglaise par la majorité de ses adeptes dans le monde, nous avons choisi de le conserver. Et pour faciliter votre lecture, vous trouverez en fin d'ouvrage un index contenant les nombreux termes techniques ou marins associés à cette pratique.

3. Une partie de l'art de surfer un tube consiste à maîtriser sa vitesse de façon à ce que la lèvre vous enveloppe sans vous enfermer.

avait que de l'eau et du sable. Nauséeux, j'ai compris que je m'étais porté un coup avec mon propre talon. Une vague, puis une autre… Toujours sous l'eau, le souffle coupé, le dos transpercé par la douleur. L'océan a fini par me libérer. Par réflexe, j'ai respiré un grand coup. Des étoiles noires et blanches apparaissaient dans mon champ de vision périphérique. Je ne sentais plus mes jambes. Ma planche était déjà loin.

Jusqu'à ce jour, je m'étais persuadé que j'étais invincible, que jamais l'océan ne pourrait me détruire. J'avais 22 ans et, tout mouillé, je pesais 67 kilos.

Partie I – L'enfant sauvage

Portrait de famille pris peu après leur arrivée à Hawaï en 1978.
Garrett est en bas à droite avec sa mère, Malia, son beau-père de l'époque,
Darryl, et son frère Liam.
(Photo publiée avec l'aimable autorisation de l'auteur.)

L'ARTISTE DE L'ÉVASION

Je prends mon élan, saute, cours sans me retourner et finis par débouler sur un chemin de terre. Mes talons tapent sur un sol dur. Le vent souffle autour de moi. Les feuilles applaudissent au-dessus de mes cheveux. Libre, je suis libre ! Profitant de ce que personne ne regardait, je me suis glissé hors de ma poussette pour sortir de la cantine de l'école par la porte principale, avant de traverser la cour. Un petit chien me rattrape et trotte avec moi.

Ma mère – Malia, qui se faisait alors appeler Debbie – m'assure aujourd'hui que ce chien n'existait pas. Dans mes souvenirs, il y en avait pourtant un – Jenny, je dirais – qui traînait dans le coin. Nous avons rejoint la route principale avant de marcher sur le bas-côté sablonneux. J'avais à peu près 18 mois. C'est le genre d'histoire que l'on répète sans cesse dans les réunions de famille. Pour être honnête, je ne m'en souviens pas vraiment, mais j'ai la certitude qu'à l'âge des couches, j'avais déjà un besoin urgent d'explorer le grand monde.

Je suis né à Stockbridge, bien connu pour son internat privé à un ou deux kilomètres du festival de musique classique de Tanglewood, à l'ouest du Massachusetts, un pays de forêts et de lacs. Ce lycée, interracial, international et progressiste avait basé sa pédagogie sur les idéaux de la charte de l'ONU [4]. Mon père, Laurence, y était à la fois prof d'anglais, de latin et coach de base-ball. Ma mère travaillait comme surveillante en charge de l'internat des garçons.

Je suis un bébé du *Summer of love* [5], né le 10 août 1967, quelques mois avant qu'Arlo Guthrie [6], un ancien élève de Stockbridge, n'écrive sa chanson culte, *Alice's restaurant*. Cette icône de la contre-culture y raconte ses tribulations avec la police après qu'il ait jeté des détritus sur la voie publique le jour de Thanksgiving. Et la fameuse Alice était la bibliothécaire de Stockbridge avant d'ouvrir son restaurant.

Parmi ses différentes tâches au sein du lycée, ma mère surveillait la cafétéria où les élèves, qu'ils soient riches ou boursiers, devaient participer aux corvées : mettre la table et la débarrasser, faire la vaisselle ou passer la serpillière. J'étais le seul nourrisson dans le bâtiment. Toute la journée, des élèves et des profs s'arrêtaient devant ma poussette. Certains

4. Bien avant le jugement Brown, rendu en 1954 par la Cour suprême des États-Unis, et déclarant la ségrégation raciale inconstitutionnelle dans les écoles publiques américaines, Stockbridge avait adopté une politique dite d'intégration raciale dès son ouverture en 1948. L'école arborait le drapeau de l'ONU aux côtés du drapeau américain et avait gravé les principes d'égalité, de dignité et de paix à l'entrée de l'établissement.

5. Expression désignant les événements de l'été 1967 qui rassemblèrent en Californie le tout nouveau mouvement de contre-culture hippie.

6. Chanteur folk, compositeur et militant politique, Arlo Guthrie est connu pour ses chansons contestataires et sa présence remarquée au festival de Woodstock en 1969.

s'amusaient à me tripoter les pieds, à me faire des guilis sur le ventre en me demandant : « Alors bébé, quoi de neuf ? » Ce monde, ma foi, me semblait plutôt amical et joyeux.

Le jour de ma poussette buissonnière, Malia m'avait parqué près de la porte de la cantine, de manière à garder un œil sur moi. Mais son style parental penchait du côté extrême de la décontraction. Elle quittait souvent la salle ou engageait une longue conversation avec un élève et oubliait ma présence. Saisissant ma chance, j'ai pris le large, louvoyant bientôt près de la route jusqu'à ce qu'une voiture de police se gare près de moi. Selon toute vraisemblance, il s'agissait du même flic qui avait interpellé Arlo Guthrie quelques années auparavant. Il m'a ramassé en me prenant sous le bras. Fini la belle vie. Au poste, ils m'ont collé sur une chaise de grand pendant que le flic se démenait pour joindre quelqu'un à Stockbridge. Se méprenant sur mes longs cheveux blonds, il lança : « Vous n'auriez pas perdu une petite fille ? »

Alertée par la standardiste de l'école, Malia s'est retournée vers la poussette, vide, et a compris que j'avais dû déserter. « Une fille ? Dis-leur de vérifier sous la couche, répondit-elle. C'est sûrement Garrett. »

Les policiers m'ont rendu aux bras de ma mère qui était bien plus amusée par l'épisode que rongée par l'inquiétude. Telle était l'époque et telle était ma mère.

Luther Burbank

Plus tard cette même année, ma mère a touché un petit héritage. Elle a rassemblé nos affaires et nous avons mis le cap vers l'ouest, direction la Californie. Nous avons traversé Berkeley avec notre vieille guimbarde le jour d'une manifestation d'étudiants. Les rues étaient pleines de hippies brandissant des pancartes et de flics en tenue antiémeute. Au pied d'un feu rouge, des étudiants chevelus découpaient le grillage de People's Park avec de grosses cisailles.

D'après le gouverneur Ronald Reagan, le campus de Berkeley était un paradis pour les sympathisants communistes, les contestataires et les déviants sexuels. Même si mes parents n'étaient plus étudiants depuis bien longtemps, ils se sont parfaitement intégrés à ce nouvel environnement. C'est là qu'est né mon frère Liam. J'ignorais alors que la providence venait de m'offrir un allié et un complice. En revanche, bien qu'âgé de deux ans à peine, j'ai vite compris que je n'étais plus le bébé de la famille.

Nous avons emménagé dans une grande maison surmontée d'une toiture en bardeaux, près d'un long séquoia à feuilles d'if. J'avais une petite chambre sous les toits. On partageait les lieux avec de nombreux autres locataires. Un premier couple vivait dans un van VW garé dans l'allée, un deuxième dormait dans l'atelier, tandis qu'un troisième avait élu domicile dans le cellier.

Tous étaient des volontaires du Peace Corps et rentraient à peine d'une mission en Inde. Ils fumaient de l'herbe dans un chillum[7] en pierre que je m'amusais à trimballer à travers la maison qui sentait bon l'encens, l'herbe et la pizza, repas unique dont mes baby-sitters me nourrissaient pendant que mon père travaillait comme serveur et que ma mère, en vadrouille, rêvait à de nouveaux horizons ou projets. Nos baby-sitters n'étaient autres que les femmes de la maison. Elles avaient toutes de longs cheveux séparés par une raie centrale, à la Joan Baez. Quand personne ne nous surveillait – c'est-à-dire la majorité du temps –, je m'échappais dans le jardin, ou plutôt la jungle, pour capturer des abeilles à mains nues. Elles colonisaient de gigantesques rosiers retournés à l'état sauvage qui se mélangeaient à de longues lianes de jasmin. Je les entendais bourdonner depuis le porche d'entrée. Bien entendu, je me faisais piquer, mais cela participait à l'excitation et au bonheur de les attraper et de sentir leurs ailes s'agiter entre mes petites mains.

Un peu plus bas dans la rue vivait Géraldine. Elle arrivait de Grèce où elle possédait une usine de textile. Ma mère faisait sans cesse l'article auprès de ses amies, car Géraldine était une tisseuse de talent. On disait même que ses œuvres étaient exposées dans un musée à New York. Mère célibataire – son mari, un ingénieur-physicien, s'était suicidé quand il avait

---

7. Pipe d'origine orientale en forme d'entonnoir, très en vogue à cette époque.

réalisé avoir contribué à l'élaboration de la bombe atomique –, elle est venue, un jour, habiter dans un de nos placards. Avec Malia, elles passaient des heures à feuilleter le *Whole Earth Access*, un catalogue de contre-culture qui prônait un retour à la terre et à la culture locale. Elles y trouvèrent une parcelle de 16 hectares à vendre, détachée d'un ancien ranch d'élevage de moutons près de Cazadero, une petite ville du comté de Sonoma, à sept collines de la côte Pacifique. Géraldine connaissait d'autres personnes intéressées par une expérience de vie alternative, comme Barbara et Richard, tous deux professeurs à Stanford, qui étaient prêts à investir dans le projet afin d'étudier ce nouveau mode de vie.

Si je sais tout cela, c'est parce que les adultes discutaient devant moi comme si je n'existais pas.

Au début, Liam et moi étions les seuls bambins au sein de cette nouvelle communauté. Nous vivions dans une annexe du ranch, au sommet d'une colline. Chaque chambre du bas était habitée par un couple. Le grenier, divisé en trois ou quatre chambres, était occupé par d'autres couples. Un type vivait dans un vieux camion des postes garé dans le chemin : Doug McMillian, rebaptisé Battso Gornu, un ingénieur civil qui pratiquait le yoga et pouvait rester dix minutes planté sur sa tête chaque jour. Nous avions accès à l'électricité et à l'eau courante, mais pour le chauffage, nous nous contentions de la cheminée et d'un poêle. Mon père cuisinait pour tout le monde – il était loin de se douter que cette formation sur le tas l'amènerait des années plus tard à ouvrir un restaurant à Berkeley.

Les membres de la communauté étaient, comme on peut l'imaginer, antijouets. J'avais tout de même droit à un petit camion Tonka[8], mon trésor le plus cher, et un petit vélo à siège banane. Mon père m'a appris à m'en servir quand j'avais quatre ans. Le vélo était posé comme à son habitude contre l'atelier, j'ai attrapé un matin le guidon, me suis posé dessus, j'ai écouté les explications de Laurence sur le fonctionnement des pédales puis il m'a poussé en courant à mes côtés. Voyant que je m'en sortais très bien, il a donné une dernière poussée et je suis parti sur ma lancée.

J'adorais être dehors. L'herbe jaune et brillante, l'étang où tout le monde nageait à poil, la rivière qui traversait notre parcelle, à sec pendant l'été, tempétueuse en hiver. Les grands gardaient un œil sur moi quand ils cultivaient leurs légumes et leur cannabis dans le jardin. On avait même une vache, Luna. Mon père la trayait chaque matin. Il m'a montré comment faire et comment disperser équitablement les graines des poules sur le sol sableux de la basse-cour. J'ai tellement appris à propos des plantes et des animaux de la ferme que les grands m'appelaient Luther Burbank, du nom du fameux botaniste et horticulteur américain qui développa plus de 800 nouvelles espèces de fleurs, fruits, légumes et graminées.

En petit héritier de Burbank, j'avais un autre hobby, que le digne savant aurait sans doute dénoncé : celui de mettre à mort de petits animaux pour les disséquer. Je courais sans cesse à la recherche de serpents et de scorpions, quitte à patauger dans la mare-abreuvoir aux moutons pour, qui sait, y trouver des poissons. Mes pieds s'enfonçaient dans le sol boueux, m'immobilisant sur place et me sauvant probablement de la noyade.

8. Fabricant américain de robustes véhicules-jouets en acier moulé.

Le jour où j'ai trucidé de sang-froid le poisson rouge de Géraldine, les membres de la communauté furent soudainement inquiets que je ne devienne le prochain Charles Manson. Mais à trois ans, ma frustration de ne plus être le centre d'intérêt de ma mère se reportait sur une envie de découper des petites bêtes dans le seul but de sentir palpiter leurs organes, comme de petits bijoux vivants. Plutôt que de répandre une énergie négative, Malia avait choisi de me soigner en m'aimant plus que de raison : lorsqu'elle me surprit sur le porche en train d'essayer d'ouvrir un lézard avec un couteau à beurre, elle me serra dans ses bras à m'en étouffer.

Je fus sauvé de ma passion criminelle par l'école *Head Start*[9] que gérait une tribu d'Indiens Pomos vivant non loin de là. Quand ils eurent vent que près de chez eux des gamins vivaient quasiment à l'état sauvage, ils ont envoyé une voiture et j'ai aussitôt intégré leur établissement. J'aimais bien *Head Start*. J'avais le droit d'y collecter des scorpions. Je les conservais dans un bocal rempli d'alcool. Personne ne s'inquiétait à mon sujet ni de quoi que ce soit d'autre d'ailleurs. Un jour que nous étions en train de descendre la colline en voiture, un des enfants assis à l'arrière a ouvert la porte et s'est retrouvé à faire des roulades le long de la route. Le chauffeur a fait marche arrière et l'a ramassé sans en faire toute une histoire…

C'est ainsi que l'amour de ma mère et les enseignements des Indiens m'ont évité une destinée de tueur en série, même si j'aime encore pendre des geckos à mes oreilles pour les sentir

9. *Head Start* est un programme fédéral de pédagogie et d'aide sociale pour les jeunes enfants venant d'environnements défavorisés.

s'accrocher désespérément à mes lobes avec leurs petites dents. Et lorsque je suis d'humeur taquine, je n'hésite pas – histoire de voir la tête horrifiée de mes amis – à laisser un mille-pattes grimper sur ma langue avant de s'engouffrer dans ma bouche…

Des graines de pastèque sur le zizi

J'avais quatre ans quand j'ai pris ma première bouffée de marijuana. Chaque soir ou presque, lorsque la nuit tombait, les adultes se rassemblaient pour fumer, chanter, pendant que l'un d'eux grattait la guitare. Une routine... Après avoir nettoyé et rangé la vaisselle, ils s'asseyaient en cercle dans le salon et faisaient circuler le chillum. D'autres enfants avaient rejoint la communauté : Sevin, dont les parents vivaient en bas de la colline dans un dôme géodésique, et Luba, une fille avec qui je suis toujours en contact.

Un soir, passant d'un adulte à l'autre, probablement tout nu, j'ai repéré la pipe immobile entre les doigts d'un type qui n'en faisait rien. Après m'être penché, je l'ai attrapée et j'ai aspiré tant que je pouvais. Un membre du groupe m'a repéré et me l'a aussitôt reprise. J'ai couru hors de la maison vers l'herbe jaune et brillante. Ce devait être l'été. Il faisait chaud, le soleil, déjà bas, brillait au travers des pins. J'avais très soif et je courais partout à la recherche de quelque chose à boire.

Quand j'ai trouvé des pots de lait entreposés contre l'atelier, sachant qu'ils étaient en général emplis d'eau, j'ai réussi à en porter un à ma bouche pour avaler une ou deux gorgées. Mais quelque chose clochait. Mes joues et mon nez étaient comme en feu, et mon gosier semblait avoir été piqué par un essaim de guêpes. Bien que pleurant rarement, sur le coup, j'ai hurlé comme un chaton qui dérouille face à un gros matou. Alertés par mes cris, des adultes se sont approchés. Je tenais encore entre mes mains le pot de ce qui était, sauf pour moi, de l'essence ou du pétrole. Une maman de la communauté m'a soulevé par les bras et m'a ramené dans la cuisine où elle m'a forcé à boire du lait entier, froid et crayeux. J'étais dans les vapes, nauséeux. Où étaient mes parents ? Aucune idée. Je n'avais pas peur, tout comme ces femmes qui me forçaient à ingurgiter du lait. Elles étaient probablement trop défoncées pour exprimer leur peur ou toute autre émotion. En tant que père, aujourd'hui, si mon fils avait avalé de l'essence, je l'amènerais de toute urgence à l'hôpital. Mais elles continuaient à me verser du lait dans le gosier pendant qu'un chevelu grattouillait sa guitare à côté.

C'était aussi la période de la hutte à sudation. Basse et de forme semi-sphérique, elle avait une structure en bois couverte de sacs de jute. Un foyer avait été creusé en son centre. Elle était gérée par un Indien qui louait l'une des unités de la communauté. En contrebas, près de la mare aux moutons, mon père allumait un feu sous des roches. Quand elles étaient chauffées à mort, il les apportait dans la hutte, les posait dans le bas du foyer, puis versait de l'eau dessus pour produire de la vapeur. Les candidats à ces soirées étaient si nombreux qu'il fallait y aller à tour de rôle. Les gens venaient de partout : des hippies provenant des parcelles adjacentes, d'autres débarquant en van ou avec des utilitaires qu'ils garaient autour de la propriété ; des filles et des gars arrivant en voitures partagées d'aussi loin qu'Oakland, Berkeley et San Francisco. Les deux professeurs de Stanford nous rendirent même visite, ainsi qu'un grand manitou de Ghirardelli [10] qui apporta des chocolats.

Ce jour-là avait commencé comme tous les autres, pour moi. Je courais un peu partout, toujours à poil et sans surveillance. C'était la saison des pastèques et j'ai foncé vers la table où l'une des femmes en coupait de larges tranches. J'en ai mangé une, puis une autre et encore une autre jusqu'à en grignoter la peau. Je me suis ensuite attaqué à un sac de petites billes au chocolat au lait. Elles étaient juste à la taille de ma paume poisseuse.

Alors que la nuit tombait, quelqu'un s'est mis à préparer un peyotl à mescaline, signe que la soirée n'était pas une fête anodine. L'herbe, c'était la drogue de tous les jours, mais le peyotl n'était sorti que pour des occasions spéciales. Et comme les billes de chocolat, les boutons du cactus étaient juste à la taille de ma paume. Hop, cul sec !

Ils avaient un goût guère différent de ce que je ramassais d'habitude sur le sol : un peu amer avec un arrière-goût de terre. Mais soudain, j'ai vomi un geyser rose, vert et marron : de la pastèque, du chocolat et du peyotl. Quelqu'un m'a frotté le dos. Je me rappelle avoir regardé en l'air et vu des oiseaux de toutes les couleurs qui volaient. Les feuilles des eucalyptus tout proches carillonnaient. J'ai alors baissé les yeux sur mon zizi. Une graine de pastèque était collée dessus. Je n'ai pas pu m'arrêter de rire.

10. Ghirardelli est un important producteur de chocolats de luxe de San Francisco.

Mad Bob

Durant cette même année, celle de mes quatre ans, je jouais entre les jupes mouillées et les chemises à fleurs que ma mère étendait lorsqu'un homme très grand, avec des cheveux bouclés, s'est approché. Il tenait un raton laveur mort à la main. « On m'appelle Mad Bob », a-t-il dit. Il venait de percuter l'animal alors qu'il montait de Cazadero, et plutôt que de le laisser pourrir sur les côtés de cette route venteuse, il avait pensé que le mammifère pourrait faire un bon barbecue. Habituée à ma manie d'attraper et de découper en morceaux des bestioles de toutes sortes, ma mère n'a montré aucun signe de surprise.

Mad Bob était accompagné d'une certaine Carol, dont on n'a jamais su si c'était ou non sa compagne. Elle a monté un tipi sur la propriété pour y vivre avec Joaquin, son bébé. Malia, qui était, vous l'avez compris, d'un genre plutôt libéré, constata bientôt que Carol l'était davantage. Elle avait été mariée – avant de divorcer – avec un type qui produisait du PCP[11] et roulait en Bentley. Malgré les petites infidélités de mes parents, Malia croyait au mariage éternel, et elle était

11. Ou Phéncyclidine, aussi appelée la « drogue du zombie », une drogue hallucinogène et anesthésiante très puissante.

curieuse de cette femme qui avait tracé toute seule son chemin. Après tout, même si elle n'avait jamais pensé à se séparer de Laurence, nous étions à l'époque fleurie de l'amour libre, rien n'était donc immuable. Et ce Mad Bob était bien plus aventureux que mon casanier de père. Il l'emmenait en vadrouille dans le comté, volait des fruits dans les vergers et ramenait des auto-stoppeurs à la communauté. Si Malia déclarait aimer les chevaux, Mad Bob réapparaissait quelques jours plus tard en tenant par la bride deux hongres bai foncé…

Bien qu'heureuse, ma mère se lassait des hivers pluvieux du comté de Sonoma. Des journées qui pouvaient être grises et froides pendant des semaines sans fin. La terre autour de la maison devenait alors si boueuse que l'on pouvait facilement perdre ses chaussures si les lacets n'étaient pas bien noués. Elle avait envie d'un climat chaud. Au décès de ma grand-mère, elle toucha un nouvel héritage, et Mad Bob lui proposa que nous partions tous hiverner au Mexique. Mon père fut convié, mais, à son habitude, il n'avait pas l'intention de bouger et lui annonça : « Tu m'as fait venir de New York au Massachusetts, du Massachusetts à Berkeley, de Berkeley à Cazadero… Je me sens bien ici. Je n'ai aucune envie de partir. »

Mes parents ont alors décidé de se partager les enfants. J'irais avec ma mère et Liam resterait avec notre paternel. Sachant qu'elle était en pleine période LSD, il estimait que j'étais désormais assez grand pour me débrouiller seul en cas de besoin. Il garderait donc Liam, encore un nourrisson, qui avait besoin d'un environnement stable et de plus d'attention. Mon père a construit une petite maison pour eux deux, sur le flanc de la colline au bout de la propriété, avec un poêle à bois et une douche alimentée par une source. Il y avait même à l'étage une fenêtre en vinyle d'où l'on pouvait apercevoir l'océan les beaux jours.

Quant à moi, j'ai pris la route avec ma mère, Mad Bob et ses deux filles, Christina et Cathy, qui avaient l'âge d'aller à l'école primaire, tous trois installés sur la banquette arrière : fille, garçon, fille. Le vieux fourgon VW est tombé en panne dès le premier jour, puis chacun des jours suivants. Bob le poussait sur le bord de la route et ouvrait le capot arrière. Il restait là, les bras croisés, à regarder… et moi je faisais pareil. Quelqu'un venait finalement se garer à côté pour nous aider ou nous remorquer jusqu'à la prochaine station-service. À force de rester sur l'asphalte brûlant jour après jour à observer les mécanos travailler, la plante de mes pieds devenait dure comme du cuir, mais je compris peu à peu comment les moteurs fonctionnaient, ce qui m'est bien utile encore aujourd'hui.

On a avancé comme cela jusqu'à la frontière de Mexicali puis on a traversé, cahin-caha, la campagne mexicaine. Nous bivouaquions sur les plages. Je dormais entre Christina et Cathy sur la couchette que Mad Bob avait installée sur le toit du fourgon. Les filles m'ont appris à compter jusqu'à cent en pointant les étoiles. Nous sommes restés un certain temps à Guaymas. Mad Bob, fou de cinéma, nous a expliqué que le film *Catch 22*[12] y avait été tourné. Une nuit, des grunions[13] sont venus pondre sur la plage. Ces petits poissons argentés qui se tortillent sur le sable voient leurs femelles déposer leurs

12. Film satirique pacifiste, sorti en 1970, dans la veine de *MASH*.

13. Longs poissons osseux (Leuresthes) qu'on ne trouve que sur les côtes de Californie et de Basse-Californie.

œufs sur le sable qui sont ensuite fécondés par les mâles. On les attrapait à la main et Bob les grillait sur la plage. Au seul souvenir de ces poissons croustillants et salés, j'ai encore l'eau à la bouche.

Un après-midi, Mad Bob et moi pataugions dans des eaux peu profondes à la recherche d'un poisson à harponner pour le dîner. Soudain, j'ai vu un gros flash argenté avec une bouche béante et une nageoire qui ressemblait à une main aux longs doigts noirs. Un monstre préhistorique affreux, tout poilu ! La peur de ma vie. Je fis un bond en arrière sur les rochers et refusai de retourner dans l'océan. « C'est juste un poisson-coq[14] », m'a expliqué Mad Bob.

On continuait à tirer vers le Sud. Chaque jour le soleil durcissait. Le sable était comme du sucre jaune et l'eau était devenue bleu électrique. Avec Christina et Cathy, main dans la main, nous passions des heures à faire les fous et à sauter dans les vagues. Je leur disais de faire attention au poisson-coq et aux autres monstres marins comme les requins. J'étais certain que si nous nous enfoncions plus loin, l'un d'eux risquait de se précipiter vers moi pour me mordre le zizi.

Dans un bled perdu près de la frontière guatémaltèque, un gars a tapé sur notre tôle pour nous dire qu'il n'était pas prudent de se garer sur la plage. Il nous a invités à installer notre van sur sa propriété. Mad Bob et Malia étaient tout sauf timides quand il s'agissait d'accepter la générosité des autres. Cette famille mexicaine, en voyant trois enfants dépenaillés,

14. Le poisson-coq ou *Nematistius pectoralis*, très apprécié par les pêcheurs au gros, peut atteindre plusieurs dizaines de kilos.

au teint café au lait et aux côtes saillantes, a pensé qu'un ou deux bons repas ne pouvaient pas nous faire de mal. Ils nous ont régalés chaque soir de riz, haricots et *tamales* d'iguanes, un plat traditionnel indien agrémenté de feuilles de maïs. Un soir, ma mère a découvert qu'ils vendaient des poulets pour pouvoir nous nourrir. Nous avons aussitôt repris la route avant que leur générosité ne les mette en difficulté.

Chaque matin, Mad Bob et Malia achetaient des tortillas fraîches à la *panadería* du coin pour le petit déjeuner. Il y avait toujours une petite réserve de pesos sur le tableau de bord du van, pour ce seul usage. Un matin, réveillé avant les autres, j'ai piqué les pièces de monnaie et les ai fourrées dans la poche arrière de mon short en lambeaux. Non loin de là, j'avais repéré un bazar qui vendait des souvenirs à deux balles et des pétards. J'avais juste assez de sous pour un *polumna,* un pétard en forme de triangle prolongé par une mèche épaisse toute rouge. J'ai payé mon *polumna* et le vieil homme derrière le comptoir m'a offert une boîte d'allumettes. De l'autre côté de la rue se trouvait un petit parc avec des bancs en fonte, et une fontaine en ciment désaffectée en son centre. J'ai allumé la mèche, tiré mon bras en arrière dans le meilleur style d'un lanceur de base-ball, pris quelques secondes de réflexion pour savoir où le lancer : dans la rue ou sur la fontaine sèche ? Trop tard ! Il avait éclaté dans ma main. J'ai senti l'odeur de la peau brûlée. Comme si quelqu'un m'avait décoché une droite dans la mâchoire. J'ai mis un genou à terre, impressionné par l'explosion, et je m'attendais à voir du sang partout. Mais non… Rien.

J'ai couru jusqu'au van. Ma mère est sortie, les mains sur les hanches. Je lui ai montré ma main. Elle m'a déclaré que c'était une juste récompense pour avoir volé l'argent du petit déjeuner.

C'était la première fois que j'entendais parler de karma, et du fait que nous récoltons ce que nous semons. Ma main a guéri, mais j'entendais moins bien d'une oreille. Et c'est toujours le cas aujourd'hui.

Dans les mains de Dieu, ou presque...

Mad Bob a continué à rouler vers le Sud. Nos journées s'organisaient autour des restos et des bouis-bouis ambulants où l'on commandait des tortillas fraîches. Des kilos de tortillas fraîches au maïs – nous étions encore loin de nous préoccuper des OGM. On les mangeait avec du fromage et des haricots pendant des jours, sans se lasser. Et autant que je puisse en juger, on n'utilisait aucune carte routière. Notre seule obligation était de trouver un comptoir de banque où ma mère pouvait encaisser le chèque mensuel issu de son héritage.

Quelque part le long de la route, nous avons pris Luis en stop. Il venait d'une famille bourgeoise de Mexico qui avait fait fortune dans la fabrication de panneaux en bois. Il était en mission pour trouver de nouvelles sources de cèdre et de kapokier [15]. Malia était le genre de femme à s'entendre avec tout le monde et, avec Luis, ils sont restés debout toute la nuit à parler. Si Bob était tout en aventure, Luis était tout en parole... il s'exprimait avec un accent si fort que j'avais un mal fou à le comprendre. Au petit matin, séduit par notre façon de voyager, et par la présence de ma mère, il s'est joint à notre smala.

---

15. Un arbre géant originaire des forêts d'Amérique centrale et du Sud, au bois très tendre, également nommé fromager.

Après le Mexique, nous voilà au Guatemala où, le démarreur du van étant en panne, Bob et Luis devaient sans cesse pousser le VW dans une descente, avec ma mère au volant. Aussitôt, les gens alentour arrêtaient leurs occupations pour nous donner un coup de main, sans dire un mot. Une fois le fourgon démarré, ils retournaient à leur ouvrage, tout aussi discrètement.

Dans un village près de la frontière, où nous nous étions arrêtés pour acheter à manger et des bricoles, un homme nous a longuement dévisagés, debout devant l'épicerie-bazar. Il a vu un grand gringo de hippie avec des cheveux bouclés et des lunettes à monture d'acier, un petit Mexicain avec une large poitrine, un bras posé sur les épaules de ma mère, mince, bronzée comme une Indienne, les cheveux blondis par le soleil ; deux gamines aux genoux cagneux et aux robes délavées, et moi, cheveux blonds et bouclés, sautillant autour du groupe, à la recherche d'un lézard ou d'autres petites créatures à torturer.

« Excusez-moi, lança celui qui se nommait Jose Pepe. Je n'ai pas pu m'empêcher d'écouter votre projet de camper près de la rivière. Je crains que cela ne soit un peu dangereux. Vous risquez d'être la proie des voleurs. J'ai un ranch à proximité. Je vous y invite. »

Mad Bob, Malia et Luis pensèrent tous trois que c'était une bonne idée. Jose Pepe nous a aidés à pousser le fourgon, puis nous avons suivi son *pick-up* sur une route défoncée au milieu de la jungle, avant de débarquer dans une clairière où se trouvait une maison longue et basse au milieu d'une prairie dans laquelle un troupeau de vaches blanches aux oreilles pendantes nous regardait d'un air étonné.

Jose Pepe nous a régalés avec des gros steaks. Il avait même des chambres d'amis avec de vrais lits et de vrais draps que l'on coinçait sous le matelas ! Le lendemain matin, il a préparé des chevaux, attentif à choisir les bonnes montures pour les trois enfants. Pour protéger mes jambes, l'épouse de Jose Pepe m'a donné des pantalons longs qui devaient appartenir à un enfant un peu plus âgé. Mon cheval, grand et beige, bien ensellé, possédait une épaisse crinière jaunasse qui lui tombait sur les yeux. Le genre de cheval qui prend soin de vous et qui n'attend pas que vous lui disiez quoi faire.

Deux jours plus tard, ma mère, Luis, Mad Bob et ses deux filles, qui avaient peur des chevaux et voulaient retourner voir l'océan, poussèrent le van et mirent les voiles en direction de la banque la plus proche pour récupérer le chèque mensuel. Ils reviendraient vite, c'est promis. Moi j'étais bien content de ne pas faire partie de cette équipée, si grande était ma frousse de me retrouver face au terrible poisson-coq !

J'avais cinq ans. Et avant que Malia ne me confie à Jose Pepe et sa famille, la seule méthode d'éducation que j'avais connue – si tant est qu'on puisse parler d'éducation –, consistait à m'exposer à un échantillon sans cesse renouvelé d'adultes, camés pour la plupart. Personne ne prêtait attention à moi. Personne ne m'a jamais dit ce qu'il fallait faire ou ne pas faire. Personne ne m'a demandé d'utiliser une fourchette ou expliqué qu'il était impoli de jouer avec son zizi en public. Je n'avais jamais entendu les injonctions : « Attention, tu vas te brûler » ou « tu vas tomber et te faire mal », ou encore « tu risques de perdre un œil ». J'apprenais tout par moi-même. Il y avait cependant toujours des bras pour m'enlacer, ou des genoux pour m'accueillir et, quand les grands mangeaient, ils s'assuraient que moi aussi je mange à ma faim.

Ma mère est l'arrière-grand-nièce de Mary Baker Eddy, la fondatrice du mouvement de la Science chrétienne [16]. Cette ascendance l'a dotée d'une foi intense, mais excentrique. D'une certaine façon, elle a toujours été convaincue de m'avoir confié, ainsi que Liam, aux mains de Dieu. Quand, adulte et père à mon tour, je l'ai interrogée sur mon enfance un tantinet « sauvage », elle m'a répondu qu'elle tenait tout simplement à ce que nous découvrions la vie par nous-mêmes. Son séjour à Stockbridge – elle y avait été élève avant d'y travailler – l'avait convaincue que les règles, les consignes, les lois et les instructions ne pouvaient rien apporter de bon sinon de créer des automates et des béni-oui-oui privés de leurs instincts, incapables de penser par eux-mêmes ou de distinguer le bien du mal. Elle croyait que Dieu vivait en nous, qu'il veillait sur nous et nous protégeait, en permettant juste ce qu'il fallait d'expériences douloureuses pour nous apprendre la réalité de la vie sur Terre.

J'ai vécu avec Jose Pepe et sa famille pendant plusieurs semaines. Son foyer était plus structuré que tout ce que j'avais connu : on mangeait assis, on faisait sa toilette le soir et on allait au lit à heures fixes. J'aimais cela. Chaque jour, Jose Pepe me collait sur le dos du même cheval jaune endormi. J'avais tout oublié du terrible poisson-coq jusqu'au jour où, alors que nous rentrions à l'écurie après notre promenade quotidienne, je vis le van rouge et blanc cahoter sur le chemin de terre dans un nuage de poussière.

« Tiens, voilà la gitane », dit Pepe. C'est ainsi qu'il appelait Malia, dont le nom de baptême était Mary. Je n'avais jamais

16. Aussi appelé Science du Christ. Un mouvement fondé par la théologienne Mary Baker Eddy en 1866, et basé sur un principe de guérison spirituelle à travers la lecture de la Bible.

douté du retour de ma mère, mais José, lui, semblait surpris. On est descendus de cheval. Luis a parqué le fourgon et Malia est sortie côté passager. Ils n'étaient que tous les deux.

Jose Pepe les invita à déjeuner. À table, pendant que je mangeais mon poulet et mes tortillas, j'écoutais Malia nous raconter leur histoire en détail, comme elle savait si bien le faire. Elle avait un vrai talent pour transformer un événement banal en une épopée, tout à la fois extraordinaire et complètement normale.

Après m'avoir confié à Jose Pepe, ils avaient fait monter quelques auto-stoppeurs : des hippies de la ville de Guatemala qui avaient abandonné un emploi dans les fournitures médicales pour rejoindre un cirque ambulant. Mad Bob les avait donc conduits jusqu'au cirque où, comme on pouvait s'y attendre, le patron des lieux a flashé sur ma mère. Il les a tous invités à dîner. Puis ils sont restés dormir en compagnie des saltimbanques sous le grand chapiteau composé de sacs en toile de jute. L'entrée du cirque ne coûtait que dix centimes. Ils donnaient autant de représentations que nécessaire pour pouvoir reprendre la route, et ainsi de suite. Mais le patron du cirque était inquiet, il venait d'apprendre qu'un concurrent était sur le point d'arriver au village. Et si leur entrée était au prix exorbitant de 25 centimes, ils avaient un lion, quand lui n'avait que deux vieux lamas dépressifs qui crachaient sur commande. Mad Bob, soudainement inspiré, avait installé une sono sur le toit du van et passa la journée à tourner dans le village en faisant de la réclame pour les merveilles du pauvre petit cirque sans lion. Le soir venu, ils lui ont offert un job de

Monsieur Muscle et c'est la raison pour laquelle Mad Bob et ses deux filles manquaient à l'appel.

Des histoires, elle en avait d'autres. Avec Malia, il y en avait toujours à profusion. Des histoires de rencontres et d'errances, de quêtes à la découverte de la teinture du coton ou des métiers à tisser guatémaltèques. Mais José avait déjà perdu le fil. Pensif, il me regardait. Il avait mis une main sur mon crâne pendant que je mangeais et attendit que ma mère ait enfin fini. Puis il lui a demandé si lui et sa famille pouvaient m'adopter.

La gitane

Je peux retenir ma respiration pendant quatre minutes et trente secondes. Mais, cette fois-là, j'ai chuté si fort et tourneboulé si longtemps dans la machine à laver que ma vision périphérique a disparu pour faire place à une galaxie d'étoiles noires. Où se trouvent le haut et le bas ? Et puis les démons de l'océan m'ont relâché. J'ai fait surface comme un bouchon ; juste le temps d'ouvrir la bouche et d'avaler un peu d'air avant que la prochaine vague de 20 mètres ne m'entraîne vers le fond pour une nouvelle séance de boxe.

Les lèvres bleues, suffoquant et ne sachant plus où j'étais, j'ai été récupéré par des surfeurs puis par mes équipiers en jet-ski.

Durant toutes ces années à surfer des grosses vagues, mon cerveau, plus d'une fois, a souffert d'hypoxie [17]. Ma mémoire doit ressembler à un vieux chiffon troué. J'ai par exemple du mal à contextualiser un événement. Je peux me souvenir de certains détails comme du nom des gars qui étaient avec moi au *line up* un jour où j'ai failli me tuer, tout en étant incapable de savoir quand, car ensuite tout s'embrouille.

---

17. Manque d'oxygène.

Les eaux de mes premières années d'école primaire sont encore plus troubles, probablement à cause de l'habitude qu'avaient mes parents d'échanger leurs marmots en fonction de l'humeur du temps. Liam et moi étions un peu comme ces ferries de nuit qui traversent la baie, mais qui ne font que se croiser. Tandis que Laurence a vécu dans la petite maison sur la colline, près de Cazadero, avant de revenir à Berkeley, Malia était en pleine période gitane, toujours en mouvement vers d'autres horizons, inévitablement déroutée par un auto-stoppeur ou un gourou défoncé, sorti droit de la jungle pour lui donner des conseils avisés ou lui lire les lignes de la main. À mi-chemin, elle était capable de changer radicalement de cap, quitte à retourner sur ses pas. La plupart du temps, mon père ne savait pas où elle était, et moi non plus d'ailleurs.

Malia a décliné l'offre d'adoption de Jose Pepe. Avec Luis, ils ont décidé de rouler vers le Nord, au travers des montagnes et des petits villages. Nous avons campé le long de la côte méridionale du Mexique avant de bifurquer vers Mexico pour visiter la famille de Luis. Je commençais à regretter Mad Bob et son esprit décontracté, et même ses deux filles qui râlaient quand je pétais sur la banquette arrière du van. Luis était du genre jaloux, rendu nerveux par les multiples rencontres de ma mère avec les hippies, les boutiquiers et les revendeurs de came qui n'étaient pas insensibles à ses charmes et minauderies. Mais il n'en disait rien – en tout cas pas en ma présence – jusqu'à Mexico. Là, il l'a accusée de flirter avec son propre père.

Dès lors, ses grands discours et ses aspirations généreuses s'envolèrent ; Luis fit la gueule pendant le reste du voyage vers le Nord. Il n'était pourtant pas un novice de la vie communautaire. Avant d'entrer dans nos vies, il avait vécu à Cuernavaca dans un groupe composé de médecins et d'avocats mexicains et d'autres personnes éduquées. Cette expérience avait convaincu ma mère qu'il s'intégrerait sans mal au sein de la communauté de Sonoma. Mais les ondes n'étaient pas en harmonie. Dès son arrivée, il fut évident que Luis n'avait aucune envie de vivre avec les anciennes connaissances de Malia, à commencer par mon père.

Durant notre absence, Lillian, une des amis hippies préférés de Malia, avait été arrêtée en possession de hasch en Inde, où elle avait accouché en prison. Elle et son bébé vivaient maintenant dans un dôme géodésique quelque part dans les montagnes avoisinantes. Nullement traumatisée par son expérience carcérale, elle a offert à ma mère, en guise de cadeau de retrouvailles, un papier buvard de LSD à la menthe. Dès notre arrivée, Malia avait invité les membres de la communauté et les fermiers du coin à une soirée. Ils ont dissous l'acide dans le punch et se sont assis dans les fauteuils de jardin, les yeux fixés sur l'horizon pour voir le soleil apparaître. Quand il a pointé le bout de son nez, une femme, avachie sur les genoux de son fermier de mari, a pleuré comme une madeleine en disant qu'elle n'avait jamais vu un tel lever de soleil de toute sa vie.

Nous étions bien de retour à la maison.

Mais c'était trop excessif pour Luis. Peu après cette nuit, Malia a pris Liam dans ses bras et tous les trois ont mis les voiles.

Des semaines ou mois plus tard, mon père m'a mis dans un avion à Oakland pour rejoindre Belize. À l'époque, on disait le Honduras britannique. Je me souviens de plusieurs atterrissages, escales et décollages dans des avions largement vides. On m'a montré le cockpit et les hôtesses m'ont nourri avec du raisin. J'avais pris sur mes genoux la cithare que Malia avait oubliée dans la communauté lors de son départ précipité et qui lui manquait.

Le nouveau projet de Luis et de Malia consistait à produire des pipes à marijuana en utilisant du bois de récup. Je n'ai jamais vraiment compris comment cela fonctionnait et je ne suis pas sûr qu'eux-mêmes l'aient su. Ils se sont installés sur quelques hectares de terrain au bord d'un lagon dans une jungle infestée de moustiques et ont acheté une vache qu'ils ont appelée Despote et une jument, baptisée Lagarce, ainsi qu'une dizaine de poulets. Mon favori s'appelait Tête-Trouée parce qu'il avait un trou dans la tête que les autres volatiles avaient foré en lui donnant des coups de bec. On pouvait voir son petit cerveau qui brillait quand le soleil l'éclairait.

Ma mère et Luis ont ensuite voulu nous construire une maison en bois, dans un groupement d'arbres balatas [18], comme dans *Les Robinson suisses*. Ils oublièrent tout de leur projet de pipes en bois recyclé, et continuèrent à se quereller bruyamment, perturbant la quiétude de la vie sauvage et celle de nos paisibles voisins Mennonites. Ces protestants rigoristes, émigrés pennsylvaniens, élevaient des vaches laitières, faisaient pousser des légumes et entretenaient des ruches. Ils refusaient le progrès technologique et donc l'usage de l'électricité – c'était tant mieux, car il n'y en avait pas – et utilisaient une

18. Un arbre originaire des forêts tropicales d'Amérique. Il peut atteindre jusqu'à 45 mètres de hauteur.

petite scierie actionnée par des chevaux de trait à l'air placide. Je jouais à cache-cache dans les champs de cannes à sucre avec leurs enfants, des petits garçons qui portaient des chemises bleu clair et des filles habillées de longues robes en coton. À leur contact, j'ai appris tout seul à me vêtir.

En guise de jouets, j'avais une machette afin de tracer ma route dans les champs, et des iguanes, que je capturais et promenais, une ficelle autour du cou. Je prétendais les avoir domestiqués et leur donnais des noms comme Spot ou Rover.

Notre cuisine se trouvait dans une clairière, non loin de l'échelle qui menait à nos quartiers d'habitation. Le toit en feuilles de palmier était troué au sommet pour évacuer la fumée du poêle à bois. Malia apprit à faire du pain avec un voisin, mais la plupart du temps, elle nous préparait des haricots rouges et du riz, et ouvrait une noix de coco pour le dessert. Tous les matins, je grimpais à un cocotier, coupais des noix et les balançais au sol. J'adorais monter aux arbres, mais mon passe-temps favori consistait à les *rider*, bien avant que je sache que l'on pouvait *rider* les vagues. Tout ce dont j'avais besoin était d'un petit Mennonite pour m'aider. Les balatas francs avec leurs feuilles luisantes se prêtaient le mieux à mon jeu en permettant un atterrissage amorti. Je grimpais au sommet d'un arbre encore jeune à proximité d'une clairière. Une fois sur la branche la plus haute, je donnais le signal à mon copain. Il abattait l'arbre à coups de machette et je glissais jusqu'au sol.

La vie au milieu de la jungle n'apaisait en rien les démons intérieurs de Luis. Il n'aimait pas la manière dont ma mère préparait les haricots rouges, le riz, ou cuisait le pain, ni comment elle tranchait les noix de coco. Pour aller à la seule épicerie du secteur, elle devait utiliser une barque. Luis ne supportait pas de la voir discuter avec n'importe qui sur le lagon lorsqu'elle ramait vers le magasin. Sa punition favorite consistait à lui asséner des coups de pied dans la tête avec les rangers pleins de boue qu'il portait dans le champ de cannes à sucre. Il ne s'arrêtait que lorsque sa tête ne ressemblait plus à rien.

L'avantage d'être laissé sans surveillance, c'est que je pouvais m'enfuir dès que les cris commençaient ; je descendais à toute vitesse l'échelle ou m'échappais en urgence de la cuisine. Lors de ces séances infernales, j'étais physiquement présent et, en même temps, je n'étais déjà plus là. J'avais appris à prendre mes distances ou à me divertir dès que ça empirait. J'ai appris à survivre. Il est possible que j'aie ainsi enfoui de trop nombreuses émotions. Il y aurait probablement beaucoup à dire là-dessus.

Malia était accro à Luis – elle le quittera pour revenir vers lui plusieurs fois, et cela durant des années – mais elle n'était pas non plus du genre à lui servir de *punching-ball* sans réagir. Gitane dans l'âme, elle pouvait toujours faire ses valises et filer. Un matin elle a vendu Despote et Lagarce à nos voisins mennonites et, alors que Luis avait le dos tourné, elle s'est enfuie avec moi. Assis sur le petit banc de bois, un baluchon sur mes genoux, j'ai regardé ma mère ramer sur le lagon, fasciné par l'eau couleur *cafe con leche*. Quand nous sommes sortis de la jungle, le soleil s'est abattu droit sur nos têtes. Je voyais des perles de sueur glisser entre ses sourcils. Un tronc d'arbre flottait vers nous.

« Maman, un crocodile ! ai-je crié.

— Non, Garrett, on ne s'arrêtera pas pour lui. »

Elle avait réussi à me faire sourire.

Au bout du lagon, il y avait un chemin de terre défoncé. Nous avons marché en silence. J'avais soif. C'était la première fois depuis longtemps que je portais des chaussures et bientôt j'ai senti les ampoules se former. Nous avons rejoint une route qui allait vers le Nord. Après m'avoir installé sur le côté de la route, Malia a levé le pouce. J'ai enlevé mes godasses. Elle m'a dit de les remettre. Je me rappelle l'avoir regardée totalement incrédule avant de les balancer dans un fourré. Je me rappelle aussi avoir vu les bleus sur ses bras et sur sa mâchoire en me disant que Luis était un vrai taré. Je ne sais plus comment je connaissais ce terme : nous n'avions ni télévision ni radio et mes copains mennonites ne m'avaient certainement pas appris un tel mot. À moins que ce ne soit Liam ? Il était plus vif que moi, un vrai perroquet. Il avait pu entendre ce mot dans la communauté et me le répéter. Après avoir été expédié pour quelques semaines de visite en Californie, du jour au lendemain, je ne l'avais plus revu.

La route à l'asphalte rutilant semblait toute neuve. Dans le ciel bleu, le Soleil était comme une grosse boule laiteuse au milieu de quelques nuages cotonneux. Une voiture s'est enfin arrêtée : c'était un couple de chevelus qui roulait vers Chetumal, une ville mexicaine proche de la frontière. Coup de bol ! Les chevelus connaissaient des Américains là-haut, des archéologues s'intéressant aux Mayas. On a campé avec eux en attendant le prochain chèque de ma mère, puis on a pris le train pour Mexico et l'avion pour la Californie, direction Berkeley, où mon père avait ouvert son restaurant.

Tortilla au beurre

Le restaurant de Laurence, *Ma Goodness*, tirait son nom d'un livre qu'il nous lisait souvent, à Liam et moi : l'histoire d'un couple, Pop Corn et Ma Goodness [19]. Chacun d'eux vivait au sommet de deux collines voisines. Un jour de grande pluie, alors qu'ils marchaient sur des chemins boueux, ils ont glissé et ont chuté dans le fond de la vallée en se cognant la tête l'un contre l'autre. Ils sont tombés amoureux, se sont mariés et ont construit une ferme. Après s'être battus avec un ours, ils ont adopté un chien de prairie et ont eu beaucoup d'enfants…

Ma Goodness (le restaurant) était au carrefour des avenues Shattuck et Ashby, à quelques pâtés de maisons de l'université de Californie, et à trois kilomètres de *Chez Panisse* [20], un autre point de ralliement des hippies. La cuisinière, Sheri, était également la petite amie de mon père. Elle sentait bon l'encens et le pain chaud, et ne semblait pas avoir une goutte de sang gitan. Même si Laurence était attiré par des femmes dépourvues de tout instinct maternel, Sheri était gentille et je l'aimais

19. *Pop Corn and Ma Goodness*, un livre pour enfants écrit par Edna Mitchell Preston et publié en 1969 aux États-Unis.

20. Ce restaurant existe toujours. Devenu très renommé, il a accueilli des célébrités comme le dalaï-lama ou Steve Jobs.

beaucoup. Le jour de l'ouverture du restaurant, Laurence, qui faisait sécher des boutons de peyotl dans son appartement et en avait fait cuire une centaine la veille, proposait une tasse de thé de cactus mexicain à chaque client qui pointait son nez.

Notre voisinage était à la fois résidentiel et commercial. Nous vivions dans une petite maison d'hôtes, bardée de cèdre, avec deux niveaux et trois chambres, située derrière la maison d'un médecin et de son épouse. Pour la première fois, Liam et moi avions chacun notre chambre. Le matin, je me penchais à la fenêtre pour voir mon père faire ses exercices de yoga. C'était l'été. On pouvait sentir le parfum frais des eucalyptus, l'odeur piquante de sel et de poisson qui venait de la baie, l'odeur du hasch et, suivant le jour, le fumet des lasagnes végétariennes que préparait mon père.

Même s'il n'avait pas étudié avec les grands chefs, Laurence se débrouillait plutôt bien. À la fac, à NYU [21], il travaillait dans un bar et cuisinait dans des restaurants de Manhattan pour se faire quelques dollars. Lorsque mes parents ont déménagé à Berkeley, il était serveur dans un restaurant huppé du cossu comté de Marin. Tous les jours, je le regardais partir dans son van, habillé d'un pantalon noir, d'une chemise blanche et d'une veste rouge pour aller découper un Chateaubriand ou préparer une salade César sur sa table à roulettes. Chez *Ma Goodness,* on ne servait pas de steak. Tout le monde, ou presque, à Berkeley, était végétarien. Les menus étaient à base d'avocat et de graines germées. Laurence avait des amis qui tenaient un restaurant – un homme noir grand et fin comme

21. New York University.

une asperge et une hippie blanche chic et bien en chair – qui ne préparaient eux que des plats à base de céréales.

La seule chose qui me manquait de Belize était l'abattage sauvage des balatas pour pouvoir les *rider* jusqu'au sol. Comment retrouver cette sensation de chute plus ou moins contrôlée ? En sautant des toits, peut-être ?

Avec mon bon copain Greg Serber, de l'école primaire Malcolm X – où j'étais en train de louper mon année de CE1 –, nous nous amusions à monter sur des arbres pour rejoindre le toit du garage de leur maison. De là, abrités de la vue des passants par un écran de pruniers, nous singions les lanceurs de base-ball en jetant des prunes sur la route aussi fort et loin que nous le pouvions. Quand on en avait assez, on se balançait du toit sur un tas de sable utilisé pour le barbecue. Parfois, pour varier les plaisirs, nous capturions le pauvre Liam et le maintenions au sol. Alors, choisissant des prunes bien mûres, on les lui fourrait dans la culotte avant de les écraser avec la paume de la main.

Perché sur le toit du garage de Greg Serber, je voyais tous les enfants slalomer en skate ou à vélo entre les étudiants hippies et les clochards camés, sautant sur les bordures des trottoirs ou se maintenant en équilibre sur les roues arrière. En vivant dans un environnement plus « normal », je constatais que les garçons de mon âge avaient tous une batte, des gants de base-ball et un panier de basket sur le fronton de leur garage. Liam et moi n'avions jamais rien demandé parce que nous ignorions l'existence de tout cela. Il y avait toujours assez d'adultes autour de nous pour s'assurer que nous mangions à notre faim et buvions à notre soif. Quand il faisait chaud, on courait nus et quand il faisait froid, quelqu'un s'arrangeait pour nous habiller. Et lorsque nos besoins de base n'étaient pas couverts, alors on se débrouillait comme on pouvait. On ne demandait jamais la permission ni d'aller dehors ni de regarder un dessin animé. On faisait ce que l'on voulait et en fin de journée, on dormait là où on s'était écroulé de fatigue.

Mais en voyant tous ces gamins jouer, je me suis souvenu de mon petit vélo avec son siège banane. J'en voulais un à ma taille. Et maintenant ! J'ai sauté du toit et suis parti voir mon père pour le lui réclamer. Je me rappelle encore ma ferme détermination, mais je n'ai aucun souvenir de la suite. Quoi qu'il en soit, quelques semaines plus tard, on a eu nos vélos.

Nous avons très vite appris à sauter les bordures des trottoirs et à faire des roues arrière sur le chemin vers *Ma Goodness*. Le restaurant avait une petite fenêtre au-dessus des fourneaux. En arrivant à vélo, sans tenir le guidon, nous réclamions en criant notre plat favori. Laurence, qui pourtant cuisinait toute la journée, mettait alors deux tortillas sur le gril, les badigeonnait avec un pinceau imbibé de beurre, les enveloppait chacun dans un carré de papier cuisine et nous les passait à travers la fenêtre…

Skyline boulevard

Un jour, de retour du restaurant, Laurence nous a tendu 100 dollars chacun. Du jamais vu ! C'était, je crois, en 1974, deux ans après l'invention des roues en uréthane qui allaient révolutionner la pratique du *skateboard*.

Dans le quartier de Dogtown, c'était la grande époque des Z-boys, des *skateurs* qui écumaient les trottoirs de Venice Beach, à Los Angeles, et qui bâtissaient les fondations de la culture skate. Elle était d'ailleurs largement inspirée par la gestuelle des surfeurs de Santa Monica. Mais nous en ignorions tout. On savait juste que notre père nous avait filé 100 dollars – c'est bien la première fois qu'on voyait autant de blé ! – et on s'est rendu directement au magasin de skate, près de l'université, pour acheter des planches Banzai en alliage, quatre roues Road Riders, des *trucks*[22], et nous voilà partis !

Bientôt dévorés par la pratique du skate et du BMX, je suis persuadé qu'il a fallu une intervention divine pour que nous ne soyons pas virés comme des malpropres de l'école, car nous nous sommes vite spécialisés dans les sauts et les rampes.

22. Un élément qui relie les roues à la planche (aussi appelée *deck*).

Pour les sauts, pas de problème : toute rupture de pente était une occasion de s'envoyer en l'air. On chapardait des casiers en plastique de bouteilles de lait derrière l'épicerie du coin. On les liait ensemble avec tout ce qui nous tombait sous la main : des ficelles, des collants ou des ceintures. Nous installions une rampe en bois avec deux planches de deux par quatre[23] assemblées côte à côte. Cela fonctionnait plutôt bien, sauf quand la roue avant du vélo butait contre la rampe ; plutôt que de nous envoler, on se crashait misérablement sur l'obstacle. Le contreplaqué était préférable, mais, fragile en son milieu, il pouvait se plier et casser s'il n'était pas renforcé. On partait aussi en vadrouille dans la ville à la recherche de nouveaux chantiers de construction où le sol aurait été égalisé et nivelé. Il y avait parfois plusieurs niveaux de terre meuble séparés par une pente, ce qui en faisait un supertremplin pour nos BMX, surtout si le site était au pied d'une colline avec une bonne pente pour prendre de la vitesse. Sinon, on remplissait une gouttière de terre pour créer une étroite rampe et passer de la rue au trottoir. On montait alors au sommet et on fonçait sur le trottoir vers le chantier avant de nous envoler. Les terre-pleins faisaient un peu plus de deux mètres de haut. Ainsi, avec un bon élan, on pouvait dépasser les trois mètres de hauteur. Plus d'une fois, on s'envolait trop loin pour atterrir brutalement, et on cassait une pédale ou on abîmait la roue avant en s'écrasant la face la première.

Les rampes nous demandaient plus de travail. Il fallait compter une journée entière pour construire une rampe acceptable et tout un week-end pour une rampe impeccable.

23. Deux pouces de largeur et quatre de hauteur, soit environ 5 × 10 cm.

Leur taille dépendait de la quantité de contreplaqué que l'on pouvait chaparder. Avec deux plaques, à condition qu'elles aient la même épaisseur, on fabriquait une rampe haute de deux mètres et large de deux mètres 50. On montait le cadre avec des traverses en bois que l'on récupérait sur les chantiers. Du deux par quatre de préférence, sinon n'importe quel bout de planche que l'on clouait pour faire de longs montants. Le cadre arrière faisait environ 50 centimètres de haut sur un mètre 20 de large. Les transversales, au moins trois par cadre, étaient ensuite clouées ou vissées. Enfin, on posait le contreplaqué sur la structure.

Même si l'ensemble finissait par se démembrer en piégeant nos pneus et notre peau, nous étions assez fiers de nos réalisations. Nous n'avions jamais été aussi inventifs et productifs de notre vie, et peut-être même depuis.

Parfois Laurence nous conduisait à Codornices Park où le relief est vallonné. Que ce soit à vélo ou en skate, nous descendions les pentes si vite que nos joues se plissaient et nos yeux pleuraient. Il nous accompagnait aussi sur la vieille route de crête qui contourne Berkeley : Skyline Boulevard. Elle était bien plus longue. J'avais terriblement peur de dévaler debout en skate ce couloir venteux et abrupt qui tombait sur la ville. Alors je m'asseyais sur mes fesses et glissais à fond. On appelait cela « faire de la luge sur le cul ». La route sillonnait une forêt de pins, de chênes de Virginie et d'eucalyptus. Entre les troncs, je pouvais voir le soleil scintiller comme une pièce d'or sur l'océan Pacifique.

Wolf

Malia faisait des allées et venues. Certains matins, alors que Liam et moi courions dans le jardin pour prendre nos vélos et aller à l'école, on la trouvait endormie dans un hamac qu'elle avait tendu entre deux arbres, enveloppée dans une couverture en laine de l'armée. Il est bien possible que le propriétaire ou le médecin et sa femme ne goûtaient guère la présence impromptue de cette « gitane » qui campait dans leur arrière-jardin. Mais je ne l'ai jamais su.

Sheri habitait avec nous. Cela n'empêchait pas Malia de lui faire la bise ou de partager un joint avec elle. Même si nous ne vivions plus en communauté, nous étions toujours dans la période fleurie de l'amour libre. En revanche, elle refusait de manger à *Ma Goodness*. Elle se nourrissait dans des soupes populaires ou dans des refuges pour sans-abri, comme les hippies locaux en mal de repas gratuit. Quand il faisait trop froid pour se contenter de sa couverture de l'armée, elle squattait dans une maison voisine où elle dormait sur le canapé.

Un jour, mon frangin et moi l'avons vue marcher dans Shattuck Avenue en compagnie d'un type si grand que sa tête semblait flotter au-dessus d'une foule à la dérive, constituée d'allumés et de hippies en tout genre. Ses cheveux blonds, qu'elle avait tressés, retombaient sur la couverture militaire qu'elle portait comme un châle. Son ami ressemblait aux Vikings d'un de mes livres illustrés avec sa grande tignasse dorée, son grand nez et sa mâchoire carrée. Ils sont entrés dans une librairie ésotérique au croisement d'Ashby Avenue. Liam et moi avons stoppé net nos BMX pour regarder à travers la vitrine. Des lustres en cristal étaient suspendus par d'étroites ficelles, reflétant des rayons arc-en-ciel quand le soleil les éclairait avec le bon angle. Il y avait aussi une boule de cristal posée sur une table de bois noir. C'est la dernière fois que nous avons vu notre mère avant longtemps. Mais, à la vérité, on s'en foutait un peu.

Nos économies étaient converties en cartes de joueurs de base-ball que nous achetions chez Jackson Liquor, le petit supermarché du quartier, un peu plus bas que *Ma Goodness*. Le gérant – dont j'étais persuadé qu'il se nommait également Jackson Liquor – m'embauchait parfois pour surveiller la caisse enregistreuse pendant qu'il sortait chasser les clodos devant sa vitrine, ou pour livrer des paquets avec mon vélo. À cette époque, vous pouviez appeler le magasin pour commander une pinte de bière au seigle. J'arrivais alors illico presto avec la bouteille enveloppée dans un sac de papier Kraft, marquée sur votre compte. Jackson Liquor finançait les équipes locales de la *Little League*[24], qui était la nôtre. Derrière le comptoir, les photos des équipes encadrées de noir étaient alignées deux par deux. Devant le comptoir, entre les tablettes de

24. La *Little League* est l'organisation américaine qui gère la pratique du base-ball pour les enfants et les adolescents.

chewing-gums et les bonbons *Life Savers*, il vendait des cartes de base-ball de la célèbre marque Topps. Comme notre père laissait traîner des pièces de monnaie dans un coin de la cuisine et sur la commode, Liam et moi nous servions pour compléter mes revenus et acheter le stock complet des Topps au rythme de quelques paquets chaque jour. Un matin, le gérant m'a appelé dans la remise et, sous des cartons remplis de barres chocolatées, j'ai vu une étagère entièrement dédiée aux cartes Topps. À partir de là, nous avons négocié nos cartes au prix de gros : des bleus comme Dave Winfield, Ken Griffey Sr. ou Bucky Dent, mais aussi des vétérans comme Pete Rose ou Nolan Ryan. La carte de Hank Aaron avait même une couronne, car il était célébré comme le nouveau « roi du *home run*[25] ». Nous avions mal aux mâchoires à force de mastiquer les chewing-gums roses et durs vendus avec chaque paquet de cartes que nous gardions précieusement dans des boîtes à chaussures planquées sous nos lits.

Rapidement, nous avons compris que Topps grugeait les acheteurs. On se retrouvait avec cinquante voltigeurs inconnus, mais un seul Hank Aaron à couronne. On a alors imaginé différentes tactiques de marchandage. J'ai berné Liam une ou deux fois en échangeant cinq ou six cartes sans valeur pour la carte d'un véritable as. Il n'avait que cinq ans et aucune idée du prix des choses… Mais il a vite appris. Ensemble, nous avons répandu notre virus des cartes de base-ball auprès des enfants du quartier afin de les rouler avant qu'ils aient intégré les règles du jeu…

---

25. Le *home run*, ou coup de circuit, est un coup de batte qui permet au frappeur de passer par toutes les défenses adverses.

Nous étions un peu les parrains du quartier, pleins de ressources. Quand le cash venait à manquer, nous faisions du porte-à-porte pour récupérer des bouteilles en verre que l'on refilait à Jackson Liquor contre rétribution. On préparait aussi des *brownies* et de la limonade à livrer dans le voisinage avec notre tricycle comme des épiciers ambulants.

Tandis que nous étions pleinement occupés à développer notre empire – en passant des cartes de base-ball aux cartes de football américain puis aux magazines illustrés –, Malia est réapparue un matin ensoleillé. Elle était debout dans le salon avec son grand Viking. Il s'appelait Wolf. « Prends tes affaires et viens avec ton frère », m'a-t-elle dit.

Laurence était au restaurant. Sheri était sur le seuil de la cuisine. Elle avait cuit du pain. Malia avait-elle prévenu notre père ? Était-il d'accord, ou ma mère nous a-t-elle enlevés ? Je n'en ai jamais rien su.

Liam ne voulait pas partir. Il s'est caché sous son lit et j'ai dû le tirer par les chevilles pour l'emmener. On a grimpé sur la banquette arrière de la voiture du Viking, et on est partis en trombe en direction de l'est, traversant les collines broussailleuses de Vacaville. J'avais entendu un enfant du quartier dire que cette ville avait deux prisons. Je m'imaginais, en frissonnant, que les auto-stoppeurs que l'on croisait le long de la route étaient des détenus qui venaient de s'échapper. Et si Wolf s'arrêtait pour en prendre un ? S'assiérait-il entre nous deux pour nous raconter des épisodes de sa vie de criminel ?

Liam n'était pas aussi flexible que moi. Il avait du mal à maîtriser ses émotions et n'appréciait guère les changements.

Malheureux comme un chien battu, il regardait le paysage défiler, les yeux embués.

Sur le siège avant, Wolf et Malia discutaient. Enfin, Wolf palabrait pendant qu'elle écoutait, comme un professeur avec son élève. Il parlait d'un continent perdu, Lemuria, immergé au fond de l'océan Pacifique. C'était là, d'après lui, que les premiers Hommes, l'espèce humaine soi-disant la plus sacrée, seraient apparus avant que leur continent ne soit englouti. Ils auraient alors émigré sur le mont Shasta[26] dans un dédale de grottes et de tunnels. Nous nous dirigions vers le mont Shasta, mais pas pour rejoindre ces Lémuriens. Malia s'est retournée vers nous pour nous expliquer qu'ils avaient vu des annonces à Berkeley annonçant qu'une messagère de Dieu, une certaine Elizabeth Clare Prophet, prêchait sur cette montagne. Elle dirigeait le *Summit Lighthouse*[27], une nouvelle église qui promettait à chacun de ses adeptes un lien direct avec Dieu. On pouvait lui parler quand on voulait et il nous entendait et nous répondait.

La route se mit à serpenter sur les rives d'un grand lac, puis dans la montagne. L'air était froid et sentait la résine. Je m'occupais en essayant d'apercevoir ce fameux mont Shasta avec sa couronne de neige sale. Sûrement après le prochain virage… À la nuit tombante, nous sommes arrivés dans un camping plein de vans et de mobile homes venus de tout le pays.

---

26. Un stratovolcan, deuxième plus haut sommet de la chaîne des Cascades, en Californie, avec ses 4 317 mètres. Cette légende issue des tribus amérindiennes est mentionnée dans le livre de Frederick Spencer Oliver, *A Dweller on Two Planets,* publié en 1899.

27. Communauté fondée en 1975 et qui a longtemps été considérée comme une secte New Age.

« Des pèlerins comme votre mère et moi, venus écouter Clare Prophet parler à Dieu », nous a dit Wolf. Liam dormait sur le siège arrière. Wolf a installé notre campement, qui se limitait à des sacs de couchage étendus sur la terre à côté de la voiture.

Un petit hippie, pas plus grand que ma mère, s'est approché en agitant les bras. Il portait une chemise en jean avec une veste en cuir et des lunettes cerclées d'un fil d'acier. Il nous a alertés sur le fait que le ticket d'entrée pour voir et écouter Clare Prophet coûtait 60 dollars. « Clare Profit plutôt que Clare Prophet ! » s'est indignée Malia. Wolf et elle étant à sec, nous avons tout remballé dans la voiture pour suivre le petit hippie dans un camp proche où sa communauté – la Famille Arc-en-Ciel[28], un groupe de hippies qui travaillait le cuir et les bijoux – tenait une réunion. Nous avons pu nous abriter dans un tipi inoccupé. Je crois qu'il y avait des bisons peints sur la toile… Mais peut-être l'ai-je seulement fantasmé. Liam a enfin souri et ma mère l'a embrassé. Tout allait bien.

28. Le mouvement New Age *The Rainbow Family* fut fondé au début des années 1970 ; sans structure pyramidale, sans leader, il rassemblait des hippies pacifistes et écologistes du monde entier lors de grands meetings en plein air.

La Famille du Christ

La Famille Arc-en-Ciel fournissait tout ce dont Malia rêvait : *peace and love* et substances psychotropes à gogo. J'ai trouvé des cerisiers et j'ai aussitôt proposé à d'autres garçons du campement de les abattre quand j'étais au sommet, pour les *rider* jusqu'au sol. Mais ils n'avaient jamais entendu parler d'un tel jeu et, de toute façon, il n'y avait pas beaucoup de machettes dans le coin. Alors pour nous occuper, Liam et moi tentions de capturer des vairons dans un torrent derrière le campement. Ces petits poissons brillaient dans le soleil et s'échappaient dès que nous plongions nos mains dans l'eau. Elle était si froide que nos os nous faisaient mal. J'ai quand même réussi à en choper un avant de l'enfiler dans ma bouche pour le gober vivant. Le poisson s'est tortillé et m'a chatouillé jusqu'à l'estomac. Liam m'a traité de crâneur.

Avec Malia nous préparions des tortillas au feu de bois pour les distribuer aux hippies et bohémiens, diseurs d'aventure autoproclamés et spiritualistes allumés. Ils les mangeaient debout, sans ajouter de beurre. La nuit, nous nous asseyions, Liam et moi, jambes croisées comme de vieux chefs indiens, avec une lampe torche dans le tipi pour passer en revue nos cartes de base-ball. Nous jouions aussi au chat et à la souris avec les autres enfants du camp. Tant que j'avais de quoi m'occuper, je savais que je pouvais être heureux n'importe où.

Un jour, j'ai compris que Wolf était parti. Le petit hippie avec la chemise en jean aussi. Mais bon, j'avais l'habitude que les adultes disparaissent aussi soudainement qu'ils étaient apparus. Les notions d'obligation, de devoir et de responsabilité m'étaient complètement étrangères. Je n'imaginais pas qu'un travail ou une famille puisse vous retenir quelque part. Même quand la Famille Arc-en-Ciel a commencé à se disperser après leur convention, je ne me suis pas inquiété. Un matin, Malia nous a confié que nous allions rejoindre une nouvelle famille : la Famille du Christ. Désormais, nous devions la considérer comme la sœur de Jésus. Puisque Dieu était son père et Jésus le fils de Dieu, alors Malia ne pouvait être que sa sœur. Liam et moi étions un peu jeunes pour comprendre cette logique. Car si Dieu était également notre père, notre mère devenait notre sœur…

Elle nous a attifés d'une tunique blanche qu'elle avait cousue avec des draps. Il y avait un trou pour la tête et on nouait la taille avec une cordelette. Il fallait porter cette tunique sans short, ni slip ni chaussures, comme Jésus. Même si se balader à poil n'avait rien d'exceptionnel pour moi, l'idée de me déguiser en ange d'Halloween, avec mes jambes maigres qui dépassaient de la toge, me remplissait de honte. À son tour, Malia a enfilé sa tunique ; elle s'est drapée dans sa couverture de l'armée et a allumé un feu. La matinée était déjà bien avancée, c'était une heure inhabituelle pour faire un feu de camp. Elle a ensuite balancé ses robes et ses chemises dans les flammes, a retiré son petit porte-monnaie de son sac en cuir à franges, puis en a sorti quelques billets fripés pour les brûler avec le sac. Quand les flammes ont été hautes, elle a jeté toutes nos fringues et nos baskets. Liam et moi avons regardé le plastique se déformer avant de fondre. J'ai pris mon frère par la main, et nous sommes restés là, sans un mot, médusés.

« Le Christ a parcouru le monde comme le vent. Il n'avait besoin de rien. Nous non plus. Nul besoin de tuer, de sexe ou de biens matériels », a-t-elle dit en souriant. Elle a fait un petit signe de tête, puis s'est éloignée du foyer et du tipi qui nous avaient hébergés ces derniers jours pour prendre le chemin de terre qui menait à la route. Nous l'avons suivie.

Malia était persuadée d'avoir trouvé la vérité en se dépouillant de toute possession et en marchant vers le sud quand il faisait froid… À ceux que nous croisions, elle disait que nous étions des disciples du Christ, adeptes de la paix entre les nations et les espèces animales – nous étions donc végétariens – et dénonçant le matérialisme, la surpopulation et donc la fornication. Puisque nous étions tous frères et sœurs dans le regard de Dieu, le sexe ne pouvait que nuire à la fratrie. Nul besoin de démontrer notre détachement par rapport au matérialisme. Nous marchions pieds nus, lestés seulement par une couverture sur les épaules et un sac de couchage.

Chaque jour, nous parcourions 30 à 40 kilomètres en chantant : « Pas de sexe, pas de violence, pas de matérialisme, pas de sexe, pas de violence, pas de matérialisme… » Quelqu'un, en entendant nos chants, a lancé à notre mère : « Mais alors, ils viennent d'où ces gamins ? » Elle ne nous forçait pas à chanter, mais Liam et moi devions tenir le rythme. Au début, mon frère tirait au flanc en se faisant remorquer par la corde de ma tunique. Lors des arrêts, il s'amusait à ramasser des mégots de cigarettes pour les fumer. Je trouvais ça dégueulasse et je n'ai jamais pu me résoudre à essayer. Après des jours et des semaines de marche, nos chamailleries ont cessé. Nous étions épuisés et maussades.

Nous dormions sous les arbres ou sous les ponts routiers ou encore dans les églises, quand on nous y autorisait. Les remorques parquées dans les terrains des loueurs étaient rarement cadenassées. On y déroulait nos duvets pour dormir par terre. On se débrouillait pour piquer des fruits et des légumes dans les vergers et les potagers. Avant de partir, Malia avait fait une provision de pommes séchées – elle avait appris la technique de séchage auprès de Mad Bob. Elle en sortait de sa poche pour nous les donner les jours de disette, quand il n'y avait ni verger ni champ, et pas de pommes à moitié pourries sur le sol ou de tomates sauvages.

À peine arrivés dans un bourg ou une ville, nous partions à la recherche d'une tasse de café dans un McDonald's. L'un des membres de la Famille se glissait dans le *drive-in* et, une fois au comptoir, disait à l'employé : « Nous sommes là pour évaluer votre cœur. Est-il assez solide pour offrir à de pauvres pèlerins chrétiens une tasse de café ? » Et cela fonctionnait plutôt bien. On entrait aussi dans les épiceries pour demander s'ils avaient des marchandises périmées ou qu'ils s'apprêtaient à jeter. Parfois, on se servait directement dans leurs grandes poubelles. Quand nous touchions le jackpot, on amenait notre récolte à l'église locale pour voir s'il était possible d'utiliser leur cuisine. Là, dans une grande marmite, on faisait bouillir les légumes avant de les transporter dans un parc pour en faire profiter les vagabonds, hippies et ivrognes. Un soir, alors que nous étions dans le nord-ouest du pays, une brave dame d'une église nous a proposé de dormir chez elle. Elle vivait dans ce qui nous a semblé être une forêt géante de sapins de Noël aux parfums résinés. Sa grosse maison carrée disposait d'une véranda et de grandes fenêtres. Elle a suggéré que nous nous installions sur la pelouse. Alors que les adultes préparaient le camp, elle nous a invités à entrer, Liam et moi. Deux garçons de notre âge étaient assis en tailleur devant un écran de TV diffusant un match de football. Ils se sont retournés, à peine curieux, sans doute habitués aux excentricités généreuses de leur mère. Nous avons regardé le match avec eux. Après le coup de sifflet final, ils nous ont montré leurs vélos, sont montés dessus et ont descendu la rue principale, nous laissant mon frère et moi, seuls sur le trottoir.

Dans le vent

Le fondateur de la Famille du Christ se faisait appeler Lightning Amen[29]. Je ne l'ai jamais vu lorsque nous marchions dans le vent, à la dérive, d'un campement à l'autre. Nous étions en chemin vers lui. Je ne suis pas bien sûr d'avoir compris s'il était la voix de Jésus ou Jésus lui-même. Mais bon, peu à peu, j'ai fini par ne plus me poser la question. Chaque fois qu'un inconnu nous invitait chez lui, je priais Lightning Amen pour qu'il y ait des enfants afin de pouvoir regarder un match à la télévision. Mais ce n'est plus jamais arrivé.

Les mois ont passé à marcher dans les rues, au bord des autoroutes, toujours « sans sexe, sans violence, sans matérialisme ». Nous n'acceptions un trajet en voiture que lorsque l'une d'elles s'arrêtait, et un peu de nourriture uniquement quand on nous en proposait. En cas de disette, il y avait toujours les poubelles à l'arrière des supermarchés.

Liam et moi pensions que tout cela ne durerait qu'un temps. Malia redeviendrait une gitane et s'envolerait vers de nouveaux horizons. Nous pourrions alors revenir à Berkeley.

29. De son vrai nom Charles Franklin McHugh, il était connu sous le nom de Jesus Christ Lightning Amen, et se considérait comme la réincarnation du Christ.

Tandis que nous étions dans l'État de Washington, proche de la frontière canadienne, elle a passé un coup de fil depuis une cabine publique. Liam et moi, assis sur la bordure du trottoir, arrachions la peau éclatée de nos ampoules sous nos pieds. Une des femmes de la Famille nous avait prévenus de ne pas le faire et de laisser la nature se soigner au risque d'infecter nos pieds et d'aller chez le docteur où l'on nous ferait une piqûre. Je n'avais pas peur des piqûres. J'imaginais même une gentille infirmière qui me donnerait une sucette au caramel pour me consoler.

C'est notre père qu'elle avait appelé, pour le rassurer. Il lui apprit que Luis était revenu à Berkeley pour la chercher et devait à présent être à Vancouver, au Canada, non loin d'ici. Des larmes coulaient sur ses joues quand elle a raccroché. « Mais comment a-t-il pu savoir que j'étais dans le coin ? Dieu veut-il vraiment que je me réconcilie avec Luis ? » nous a-t-elle demandé nerveusement. « Et arrêtez de tripoter vos pieds ! » La cabine téléphonique était située au coin d'une station-service proche d'une bretelle de voie rapide. On s'est levé. Notre mère a traversé l'autoroute. Une fois de l'autre côté, elle a fait demi-tour avant de retraverser de nouveau la route. Liam et moi, debout sur un carré de mauvaise herbe, attendions qu'elle se décide, tout en cherchant à droite et à gauche s'il n'y avait pas des mégots qui traînaient. Certes, nous n'avions aucune sympathie pour Luis, mais après tout, s'ils se remettaient ensemble, on pourrait au moins se déplacer en voiture.

Elle a disparu pendant une semaine. A-t-elle revu Luis ? Nous ne l'avons jamais su. Nous avons été confiés à Ed, un membre de la Famille. La seule chose que nous savions de lui est qu'il marchait avec nous à l'arrière du groupe à cause de son pied-bot. Il portait un vieux T-shirt en guise de turban pour se protéger du soleil. C'était l'un des plus lents, et pourtant il a passé la première journée à nous gueuler dessus : « Avancez, avancez ! » Mais, contrairement à Malia, il laissait Liam fumer les mégots qu'il ramassait sur la route. À la nuit tombée, il s'est enfin calmé et nous a appris comment, avec du bois de récup, sculpter une pipe pour fumer du hasch.

Un soir, j'ai saisi ma chance, et j'ai dit à Ed que nous voulions rentrer à la maison. « Papa et nos copains nous manquent. » Liam pensait qu'il fallait noircir le tableau pour l'attendrir en disant que nos vélos et nos skates nous manquaient aussi. Mais on était censés être contre le matérialisme. Je lui ai donné un coup de coude pour lui dire de la fermer. J'ai demandé à Ed la permission d'appeler mon père ; mais il ne connaissait ni son numéro ni son adresse.

Malia est réapparue alors que nous avions trouvé refuge dans une église pour la nuit. On était en pleine cambrousse. Les nuits étaient noires et les étoiles froides. Mais les jours étaient brûlants quand le soleil nous assommait et que la soif nous crucifiait. L'Arizona peut-être. « Mes pauvres enfants. Vous avez besoin d'une nouvelle tunique ! » Elle s'est mise d'accord avec le leader du groupe pour s'arrêter dans une laverie afin de récupérer des vieux draps ou de laver des vêtements usagés que quelqu'un voudrait bien nous donner. J'ai refusé net ! Je ne voulais pas de nouvelle tunique et Liam non plus. Il suffit parfois de dire non. Je me rappelais qu'à l'époque de la communauté, un jour où mon père m'avait donné une fessée pour une raison ou une autre, je lui avais demandé si ça le soulageait de me frapper. Il m'avait regardé, surpris que j'ose l'ouvrir. Ce fut ma dernière fessée.

« On veut rentrer à la maison, ai-je dit à ma mère. On veut aller à l'école avec nos copains. »

Je ne sais pas si elle a prié ou si elle en a parlé avec Lightning Amen, mais quelques jours tard, Malia nous a pris par la main et nous avons sauté dans un train de marchandises en direction du Pacifique et de la maison. La gare de Berkeley se trouvait bien à six ou sept kilomètres de Shattuck Avenue et de notre quartier. Nous avons débarqué en fin de matinée et traversé une zone d'entrepôts et de concessionnaires auto, avant d'arriver près de l'université avec ses librairies, ses boutiques de fringues et ses cafés. Des groupes de hippies assis sur le trottoir jouaient de la guitare en fumant un joint. Et enfin, *Ma Goodness*. Mais le restaurant n'ouvrait que le soir. Devant Jackson Liquor, des garçons que je connaissais sillonnaient la rue avec leurs vélos. J'ai saisi Liam par sa corde et l'ai tiré sans ménagement dans une allée derrière un alignement de poubelles. Pas question qu'ils nous voient avec nos robes ridicules ! Mais l'allée menait à un cul-de-sac. Aucune échappatoire ! Il nous a fallu retourner devant la boutique. Greg Serber et les autres mômes nous encerclaient avec leurs vélos tandis que nous marchions en rasant les murs dans nos petites robes blanches jusqu'au seuil de la maison. Le mur de la honte.

Cinq frangins

Sans attendre un jour de plus, Laurence nous a inscrits à l'école primaire LeConte. « On redémarre à zéro sur de bonnes bases », nous a-t-il rassurés. Sheri l'avait quitté pour un autre homme. Chaque matin, il se tenait dix minutes les jambes en l'air appuyé sur la tête dans le jardin – ou dans sa chambre s'il pleuvait ou faisait froid. J'essayais parfois de l'imiter. Il nous conduisait ensuite à l'école et veillait à ce que nous ayons de l'argent pour la cantine.

J'étais en CM1 et Liam en CE1. L'entrée de l'école avait trois doubles-portes. Debout devant celle du milieu, nous lui disions au revoir de la main jusqu'à ce qu'il s'éloigne. Puis on traversait le grand couloir avant de nous échapper par la porte arrière. Il a quand même fallu aller en classe de temps à autre et passer des examens d'orthographe ou faire des exercices de maths à la maison. J'ai sans doute dû construire une maquette avec des morceaux de sucre, comme tous les élèves de CM1, mais je n'en ai aucun souvenir. Mon père prétend que nous avons vécu de bons moments, le soir avant l'ouverture du restaurant, à manger un bout tout en faisant nos devoirs. Mais comment porter crédit à quelqu'un constamment sous l'emprise de la drogue ?

Nous n'avions plus nos chouettes planches Banzai en alliage équipées de Road Riders 4, mais il nous avait déniché une paire de vieux *skateboards* que nous planquions dans un fourré pas loin de la maison. On descendait Telegraph Avenue pour rejoindre directement l'université. C'est là que nous avons parfait notre éducation.

C'était rare, mais il nous arrivait de croiser notre père en ville. Un jour que nous passions devant un café, nous l'avons vu assis derrière la vitrine avec une nouvelle amie. Nabia était bien plus en chair que ses habituelles conquêtes. Elle avait une épaisse chevelure noire et frisée, un large sourire tout blanc, et les plus gros nichons que j'avais jamais vus. Elle portait des jupes taillées dans un tissu indien et des bracelets qui tintaient quand elle marchait. Laurence l'appelait « ma voluptueuse ». Une autre fois, assis dans le jardin, on les a vus se diriger vers la maison en se tenant la main. On savait qu'ils allaient directement dans la chambre. On s'est dépêché pour monter avant eux et, cachés sous le lit, on a retenu notre souffle. Bientôt, nous avons vu son pantalon en coton tomber sur les pieds de notre père. Il nous a fallu beaucoup de sang-froid pour ne pas pouffer de rire quand ils ont gigoté et que le lit s'est mis à grincer. Quand le regard de mon père et le mien se sont croisés un bref instant, il s'est levé brusquement, renversant sa chaise en bois, et il nous a attrapés avant que nous puissions nous échapper. Je ne l'aurais jamais cru aussi rapide ! Il nous a balancés à l'arrière de sa bagnole et nous a conduits illico presto à l'école en hurlant devant la porte principale : « Dedans, et tout de suite ! » On est entré avec nos skates sous le bras. Nous l'avons regardé regagner la voiture et partir. On a longé le couloir jusqu'à la porte arrière et hop… nous étions de nouveau libres pour de nouvelles aventures.

Nous avions l'habitude de patrouiller en skate ou en BMX sur le campus de Berkeley, particulièrement du côté des cuisines et des salles de restauration où les étudiants laissaient des restes sur leurs plateaux. On avait déniché un distributeur automatique magique. Il suffisait de lui filer un bon coup de pied pour qu'il nous recrache un paquet de chips. Une fois rassasiés, nous allions ramper sous la terrasse à claire-voie d'un café fréquenté par les étudiants pour ramasser les pièces de monnaie tombées entre les planches. Cela suffisait généralement à financer notre journée. Les jours de dèche, nous nous installions à un coin de University Avenue et demandions quelques pièces aux passants en jouant de nos grands yeux sombres et tristes, de nos T-shirts fatigués et de nos jambes de pantalon effilochées.

Une fois renfloués, nous allions au Silver Ball Gardens, le temple du flipper et des jeux d'arcade. On glissait dans la fente des *pennies* préalablement martelés pour qu'ils aient la taille des *quarters* requis. Une autre tactique consistait à coller un fil dentaire sur une pièce avant de la glisser dans la fente, d'attendre une seconde, puis de la récupérer en tirant délicatement sur le fil. On pouvait ainsi jouer des heures avec la même pièce. Bien sûr, plus d'une fois nous nous sommes fait virer par le gérant ; on attendait alors une ou deux semaines avant de recommencer, encore et encore.

Lors de nos explorations, nous avons découvert une petite plantation de cannabis sur le toit d'une maison : une douzaine de pots blancs bien alignés. Liam et moi avons coupé autant de plants que nous pouvions fourrer dans nos poches et sommes rentrés chez nous. Une fois séchés, nous comptions rouler une série d'énormes joints. Plus ils étaient gros, mieux ce serait, pensions-nous. Du coup, nous avons roulé le plus gros pétard du monde avec pas moins de… six feuilles de papier ! Il faisait près de 30 centimètres de long. On était cachés dans notre coin secret au fond du jardin en se demandant comment nous allions fumer ce monstre, quand Malia est arrivée :

« Que faites-vous les garçons ?

— C'est juste de l'herbe, ai-je répondu.

— Du jardin ?

— Non, c'est juste de l'herbe.

— Fais-moi sentir. »

Je me suis levé et lui ai donné le joint. Elle l'a allumé et a respiré une bouffée.

« Mmm… pas mal. »

Laurence nous a réinscrits au base-ball qui est rapidement devenu notre sport préféré. Nous avions quantité d'autres activités : le skate et le vélo acrobatique bien sûr, le foot puis le hockey, sans oublier un ou deux pétards. Du lever au coucher du soleil, nous n'arrêtions pas ! J'ai repris mon travail chez Jackson Liquor et initié une nouvelle collection de cartes de base-ball. Nous étions devenus de vrais gamins de la ville. Bref, nous étions heureux. Mon père me donnait aussi un peu d'argent de poche contre des services au restaurant : je gagnais 25 *cents* en pliant les emballages. C'est ainsi que je me suis amusé à coiffer Liam d'un carton et que j'ai essayé de l'atteindre avec un kick de kung-fu. Résultat : un œil au beurre noir. Mon frérot s'est avancé vers moi, déterminé à m'en coller une. Mais, plus rapide que lui, je l'ai serré aussi fort que je le pouvais en disant : « Désolé, désolé, petit frère... » et il a renoncé à sa séance de boxe.

Ça se passait comme ça maintenant, entre nous. Fini le temps où je le traitais comme un bébé. Toutes ces semaines dans le vent avec les allumés de la Famille du Christ à le remorquer derrière Malia, pieds nus, à poil sous nos petites robes blanches, nous avaient appris à avoir confiance l'un en l'autre. Mais Liam était toujours un enfant doux et sensible, et même s'il était presque aussi grand que moi désormais, je continuais à le défendre dans la cour de récréation ou sur le terrain de base-ball.

Un samedi matin, un camion de déménagement s'est arrêté dans la rue voisine et des enfants de notre âge se sont mis à traîner dans l'allée derrière notre maison. Ils étaient un peu plus costauds que nous, avec des cheveux foncés et le teint pâle. Leur apparence semblait plus soignée et civilisée que la nôtre, comme si quelqu'un s'était assuré que leurs vêtements soient propres et assortis. Ce n'était pas difficile : Liam et moi étions de vrais petits sauvages des rues qui n'étaient pas allés chez le coiffeur depuis des lustres. Je me suis approché un peu trop près de l'un d'eux, l'effleurant de l'épaule. Il a détendu son bras comme un ressort et c'était parti ! Me retournant, je l'ai poussé avec force, il a vacillé, mais n'est pas tombé. Je m'attendais à ce qu'il fasse de même. Mais non, il est revenu le poing serré et a frappé mon nez. Du sang épais et salé a jailli de mes narines. Liam m'a tiré par la manche et nous sommes rentrés, dépités. Mon père m'a tendu un sac de pois surgelés à me mettre sur le nez. Malgré ces prémices peu prometteuses, nous sommes vite devenus de bons amis. Alan, mon aîné de huit mois, était dans ma classe et dans la même équipe de base-ball que moi. Bill avait un an de plus que Liam.

Je me suis empressé de leur montrer nos sauts depuis le toit de Greg Serber et nos lancers de prunes sur les voitures. Alan, plus grand et fin que nous, fut rapidement baptisé Sir Lancelong, amalgame de « long » et de Lancelot. D'un tempérament entrepreneur, il nous a proposé de ramasser des prunes pour les vendre au marché d'Ashby Avenue plutôt que de les lancer. Liam était son plus chaud partisan, car une telle décision signifiait la fin de ses tourments. Au contact d'Alan et de Bill, nos aventures devinrent plus trépidantes, et dangereuses. Dès le premier jour, nous avons partagé notre astuce pour sécher l'école sans que les parents s'en aperçoivent. Ils ont vite adhéré. Comme nous, leurs parents étaient séparés et c'est leur mère, Nancy, qui les déposait devant l'école le matin. Avec ses longs cheveux bruns et son visage de madone, elle ressemblait aux *pin-up* des magazines. Elle venait de New York où elle avait l'habitude de fréquenter un endroit qui s'appelait la Andy Warhol's factory, mais ça ne nous disait rien, évidemment. Alors que Liam et moi nous contentions de chaparder un peu d'herbe sur des toits faciles d'accès, Alan nous proposa d'organiser un véritable cambriolage sur le toit d'un immeuble de six étages en empruntant une échelle extérieure depuis la rue. Avec Bill, ils achetèrent de grands sacs-poubelle que nous avons remplis de plants entiers avec leurs racines. Les sacs étaient si lourds en descendant du toit que nous devions les porter sur les épaules, comme des pères Noël. Plutôt que d'opter pour la cheminée, nous avons dévalé l'échelle d'une main et sommes rentrés à la maison en équilibre précaire sur nos montures à deux roues.

Impossible aujourd'hui pour des parents responsables d'imaginer comment nous avons pu enchaîner ces jeux interdits. Quelle était la réaction de nos parents en nous voyant revenir chargés de sacs bourrés de cannabis ? Pourquoi ne réagissaient-ils pas à nos absences répétées et à nos devoirs non faits ? Parce qu'ils étaient à mille lieues de s'en préoccuper ! Bill, qui était le plus réfléchi de nous quatre, a dit un jour : « On est aussi libres que les adultes, à part qu'ils savent conduire et pas nous. » C'était bien résumé.

Alan, Bill, Liam et moi sommes devenus inséparables. Les rôles étaient bien répartis : Alan nous proposait toujours les trucs les plus tordus et moi je nous trouvais des coins d'où sauter ou à escalader. Bill était notre ingénieur en chef et Liam notre gentil modérateur. On descendait faire du skate sur le parking de la nouvelle station de métro Berkeley Downtown du BART[30]. Avec nos BMX, nous sillonnions les nombreux parcs publics de la ville, explorant chaque mètre carré à la recherche d'un mauvais coup, d'un tunnel secret ou d'une butte pour décoller. On passait à fond devant des hippies dans les vapes qui divaguaient le long des sentiers et hululaient « aïe aïe aïe » quand nous les frôlions aussi près que possible pour voir qui de nous leur créerait la plus grande frayeur.

Tout était sujet à compétition. En 1976, dans une rue pentue qui mène à Codornices Park, en tête de notre cortège, tellement absorbé par ma course, je regardais sans cesse derrière moi pour m'assurer que l'on ne me rattrapait pas. Soudain, j'ai été arraché de mon vélo dans un fracas métallique avant d'atterrir

30. Berkeley Area Rapid Transit.

à travers la vitre d'une voiture, côté passager, dont un abruti venait brusquement d'ouvrir la portière. Le pneu et la roue étaient foutus. Mais heureusement je n'avais rien. Alan et Bill, morts de rire, ont poussé un cri de victoire en me dépassant. Une autre fois, nous avons trouvé une corde que nous avons tirée en travers de Shattuck Avenue, une artère importante qui sépare la ville en deux. Les voitures s'arrêtaient devant l'obstacle et les chauffeurs descendaient pour voir ce qui se passait. On laissait alors tomber la corde pour courir nous cacher dans les bosquets. Une alternative consistait à faire semblant de se battre pour voir si quelqu'un viendrait nous séparer.

Notre quarteron de garnements s'est bientôt enrichi d'un nouvel acolyte, Kevin, un vrai dur. Il nous a appris comment voler pour de vrai. Il venait pourtant d'une famille idéale : un vrai père et une vraie mère, avec une vraie voiture et une vraie maison. Malgré cela, il était le pire truand que nous avions jamais rencontré. Pas un jour avec Kevin sans voler tout ce qui nous tombait sous la main. Nous ne manquions de rien, mais nous adorions ressentir cette poussée d'adrénaline quand nous nous exposions au danger. On a commencé par de menus larcins dans les épiceries, puis, graduellement, nous avons élevé la barre en améliorant notre technique. Pendant que l'un de nous faisait la queue devant la caisse avec une bricole à acheter, les autres entamaient une razzia en dissimulant un cerf-volant en papier dans son froc ou tout autre butin plus conséquent. Fans des Giants et des Oakland A's, nous nous sommes largement approvisionnés en gants de batteur et de receveur dans les magasins de sport de Berkeley.

Le petit supermarché Safeway était protégé par un solide grillage. Nous avions repéré une faiblesse au bas de cette muraille : un trou d'une quinzaine de centimètres. À la nuit tombée, nous rampions jusqu'au grillage, puis Alan et moi l'escaladions avant de passer les marchandises par le trou à Liam et à Bill, pendant que Kevin partait à la recherche d'un caddie. Nous le remplissions à ras bord avec des cartons de Dr Pepper, notre soda préféré, avant de nous éloigner sans traîner, car un passant, ou pire, une patrouille de police, ne manquerait pas de s'étonner en voyant cinq mioches pousser un chariot dans la nuit. Dès que nous étions à l'abri, nous partagions notre butin en parts équitables et, après avoir bien secoué les canettes, la bataille pouvait commencer à coups de jets gluants dirigés les uns contre les autres. Un jour, nous avons dérobé une paire de talkies-walkies dans un magasin de sport, en avons dissimulé un sous le tas de tomates d'un vendeur de fruits et légumes du quartier et nous nous sommes cachés. Quand un client prenait une tomate en la tâtant pour vérifier qu'elle était bien mûre, l'un de nous gémissait : « Oh non, ne me tâte pas… »

J'ai toujours pensé que si l'un d'entre nous devait finir en prison, ce serait Kevin. Mais non, il s'en est bien sorti, il est même devenu un entrepreneur à succès.

Laurence était le loup alpha de notre petite meute de Berkeley, et Alan et Bill avaient sans nul doute la plus jolie maman du voisinage. Je l'ai donc invitée au restaurant pour goûter aux fameuses lasagnes végétariennes de mon père et, qui sait, tomber sous son charme. Et elle est venue. Laurence savait y faire. Ce soir-là, je faisais la plonge pour gagner – honnêtement – quelques dollars. Après le service, j'ai vu Nancy assise sur les genoux de mon père, dans la salle.

Elle chuchotait à son oreille. Il souriait. Laurence et Nancy ont rapidement emménagé ensemble. Soudain – enfin, c'est comme ça que je l'ai vécu, car je n'avais jamais réfléchi ni à cette idée de mariage ni au divorce étant donné que mes parents avaient un grand nombre de petites amies, vieilles et vieux amis, amants et maîtresses –, l'incroyable est arrivé : ils se sont mariés ! Alan et Bill devenaient nos frères par alliance puis Nancy a donné naissance à Michael, notre demi-frère. Nous étions comblés.

Le temps de la révolte

Impossible de me souvenir des multiples allées et venues de Malia à cette époque. Avec le temps, tout s'est embrouillé. D'ailleurs, nous ne lui prêtions qu'une attention distraite quand elle débarquait à Berkeley. Elle vivait alors dans une petite maison, sur Emerson Street, à une centaine de mètres de chez nous et travaillait à temps partiel dans un pub irlandais. Liam et moi vivions en alternance chez elle ou chez notre père. Malia n'appréciait guère sa relation avec Nancy. À présent assagie, elle désapprouvait leur consommation de drogues dures, tout comme moi d'ailleurs, même si je ne disais rien. Nancy et mon père se disputaient de plus en plus. Aussi forte soit leur attraction, ils ne pouvaient s'empêcher de se faire du mal. C'est un point commun chez les hommes de la tribu McNamara – nous suivons l'exemple de nos femmes. Si elles nous tirent vers le haut, nous les suivons les yeux fermés. Et si elles nous tirent vers le chaos ou la destruction, nous les suivons tout aussi aveuglément. Je n'ai, bien entendu, découvert cela que des années plus tard.

Quelles que soient les remontrances de notre mère, nous n'y prêtions guère attention. Alan avait alors onze ans, j'en avais dix, Bill, neuf et Liam, huit. Un après-midi, nous étions postés sur le toit du garage de Greg Serber. Il offrait une vue assez dégagée sur le jardin arrière de la maison de Rastaman, un grand Jamaïcain qui avait les dents du bonheur et des dreads descendant jusqu'à la taille. Il avait installé en plein milieu de son jardinet un lit à baldaquin ; le genre de truc que l'on voit dans les chambres de filles avec des fanfreluches et un voilage de gaze. Ce jour-là, Rastaman faisait des pompes allongé sur une fille. On pouvait les entendre gémir et crier depuis notre perchoir. Afin de mieux zieuter, je me suis appuyé aux épaules de mon frère. Rastaman, qui a vu du coin de l'œil que quelqu'un l'épiait, s'est arrêté à mi-course, s'est retiré de la fille avant de se redresser sur ses pieds et de gueuler avec son accent jamaïcain : « Oh, les garçons ! » Nous nous sommes aplatis sur le toit, les joues incrustées de gravier. Comment Laurence allait-il réagir ? Quand nous avions été surpris à voler au petit supermarché du coin, il était venu nous récupérer, sans un mot. Allait-il faire de même ? Rastaman a ajouté : « Si vous voulez vous rincer l'œil, pas de problème. Mais descendez de votre toit. » Nous avons sauté dans le sable du barbecue, sprinté vers la palissade que nous avons escaladée avant de nous approcher avec précaution du lit à baldaquin. Nous avons reconnu Nabia, l'ancienne petite amie de notre père. Sa jupe indienne relevée jusqu'à la taille, elle a souri : « Vous voulez jeter un œil ? » Elle a alors écarté les jambes. Je me suis avancé et… j'ai montré du doigt la chose. Depuis ce jour, Alan, Bill et Liam n'ont cessé de me charrier au sujet de cette scène.

Entre l'école buissonnière, les vols de cannabis, le baseball, le skate et le BMX, nos journées étaient bien remplies.

Tout allait bien jusqu'au moment où Malia a décidé que nous allions déménager en Floride. Elle s'était persuadée que notre père ne nous élevait pas correctement et qu'en continuant à vivre avec lui, nous deviendrions des enfants rebelles, frustes et incultes. Sans rien comprendre à son charabia, nous avons secoué la tête, l'air grave. Elle en avait eu la conviction lors d'un match de base-ball auquel participait Liam. Assise dans les gradins derrière deux mères de famille, elle les avait entendues parler lorsqu'il prit la batte : « Quel pauvre gosse ! Sa mère l'a abandonné et son père ne s'occupe pas de lui. Son frère et lui sont en train de devenir de vrais petits sauvages. »

Alan et Bill se sont vivement rebellés à l'annonce du projet : comment cette femme, qu'ils ne connaissaient pas, osait-elle détruire notre fratrie ? Liam et moi, qui avions été tant de fois sur la route, sommes restés plus philosophes. Greg Serber a organisé une fête de départ et nous a offert un grand sac en papier Kraft rempli de barres chocolatées et de sucreries. Malia avait dégoté un type qui faisait route vers la Floride – probablement une petite annonce. Il s'est pointé le jour suivant et nous avons chargé son van. Alan et Bill étaient sur le trottoir, les larmes aux yeux. Nancy nous a serrés très fort dans ses bras et nous voilà partis. Au bout d'un jour de route, Malia a décrété qu'elle n'avait aucune confiance en ce chauffeur. Profitant d'un arrêt dans une station-service, nous avons pris nos valises et nous sommes échappés pour revenir à Berkeley. Ouf ! Tout redevenait comme avant.

Radiée des allocations, Malia s'est remise à travailler à droite et à gauche. Nous passions la moitié de la semaine chez elle et l'autre moitié chez Laurence et Nancy. Mais quelque chose clochait avec Michael. Ils ont dit qu'il avait une jaunisse du bébé. Nancy ne nous laissait ni le prendre dans les bras ni l'approcher. Elle s'emportait pour un rien, et pas seulement contre notre père.

Malia a entamé une relation avec Darryl, un musicien que nous n'avons rencontré qu'après leur mariage : petit, toujours bien fringué, son énorme coupe afro lui faisait comme un casque. Nous l'appelions Mickey Mouse. Il chantait dans des clubs et, d'après notre mère, voulait tous nous emmener à Hawaï. Surtout, et cela n'avait rien d'anecdotique, il était prêt à nous payer les billets d'avion. D'Hawaï, je ne connaissais que ce que j'avais vu à la télé chez mon ami Jesse Cortez dans une émission sportive. Je l'enviais un peu, car il avait une famille américaine idyllique et faisait du skate comme un champion. Ensemble, nous allions à Codornices Park où nous grimpions dans un coin gorgé de mûres, puis nous rentrions chez lui pour que sa mère nous prépare une tarte. Un jour, alors que nous attendions qu'elle refroidisse, nous avons vu une compétition de surf, les Pipeline Masters, qui se déroulait sur la côte nord de O'ahu. Assis sur la moquette, on a regardé ces gars dévaler des montagnes d'eau turquoise bordées d'écume et rentrer dans d'immenses tubes d'eau. Je n'avais jamais vu cela ! Le souffle coupé, ni Jesse ni moi n'avons entamé notre part de tarte.

Cependant cela ne suffisait pas à me motiver. Je ne voulais pas aller à Hawaï et Liam non plus. Nous étions des gamins de la rue et des Californiens. Nous avions nos frangins et tous nos copains du quartier, nos toits, nos vélos et nos skates, nos rampes et nos rues, nos petits boulots chez Jackson Liquor et au *Ma Goodness*, notre équipe de base-ball, de hockey et de foot, bref notre vie ! Pas un seul moment de la journée où nous n'étions pas en train de sauter, courir, rouler, grimper, glisser ou boxer… et je ne savais rien d'Hawaï, hormis les photos de cabanes aux toits en feuilles, les filles en pagne et de l'eau tout autour. Quand je pensais à l'eau, je pensais à l'océan et au terrible poisson-coq avec son horrible bouche grande ouverte et sa nageoire dressée comme une épée diabolique. Notre mère nous a parlé du surf : « Vous pourrez essayer quand on sera là-bas. » Mais cela n'a pas changé notre opinion. J'ai répété que je ne voulais pas y aller. Elle ne pouvait pas nous forcer. Après toutes ces errances, nous nous sentions chez nous, à Berkeley. Mon père non plus n'était pas d'accord, ni nos amis, ni même les quelques voisins qui s'amusaient de nos bêtises et singeries.

Mais maintenant qu'elle avait trouvé un sponsor en la personne de Darryl, elle ne lâchait pas l'affaire. Greg Serber a organisé une nouvelle fête d'adieu et nous a donné, de nouveau, un sac en papier plein de friandises. Grisée par l'idée de commencer une nouvelle vie, une nouvelle famille, Malia a sorti sa machine à coudre. Là, j'ai eu la trouille ! La dernière fois qu'elle l'avait utilisée, c'était pour faire nos infâmes petites robes blanches. Le matin du départ, Liam et moi avons trouvé des vêtements de voyage soigneusement pliés sur nos lits : des pantalons orange à pattes d'éléphant et une chemise blanche avec un col en pelle à tarte à porter avec une veste en velours orange. Même en 1978, le port d'un tel accoutrement pouvait être la source d'importants syndromes post-traumatiques, tout comme l'avaient été les petites robes blanches… d'autant que Darryl et ma mère avaient la même tenue ! Arrivés à l'aéroport, les employés et les voyageurs nous regardaient comme si nous étions la célèbre *Partridge Family*[31] en tournée, à laquelle se serait joint un frère caché des Jackson 5.

Deux ou trois années plus tard – la mémoire me fait défaut –, nous sommes revenus à Berkeley rendre visite à notre père. Il avait payé nos billets, mais quand nous l'avons vu, il n'avait pas du tout l'apparence de quelqu'un qui avait les moyens d'offrir un bon dîner, encore moins des billets d'avion. Laurence avait vendu son restaurant et portait une longue barbe de gourou indien. Il passait ses journées à écouter de la musique mariachi sur un poste radio qu'il tenait contre son oreille. Lui et Nancy ne se parlaient quasiment plus. Nous avons retrouvé Alan et Bill qui se chamaillaient pour savoir qui récupérerait les miettes de marijuana que laissait traîner leur mère avant de se rouler un joint sur la pochette d'un 33 tours avec du papier Zig-Zag. Nous avons malgré tout retrouvé nos habitudes comme si nous nous étions séparés la veille. Michael avait guéri de sa jaunisse. Il riait de bon cœur quand nous le forcions à se mettre à la fenêtre de l'appartement pour crier aux passantes qu'il voulait les baiser. Un an plus tard, un de nos oncles, une grosse huile dans les assurances à New York, nous a payé un autre billet d'avion pour une réunion de famille sur la côte est. Deux jours durant, avec Alan et Bill, nous avons lancé des pommes sauvages sur les voitures et nous sommes amusés à mouiller les mains de Liam avec

31. Série télévision américaine emblématique des années 1970.

de l'eau chaude pendant qu'il dormait pour voir s'il ferait pipi au lit – ce qu'il a fait. Puis nous sommes rentrés à Hawaï, et nous n'avons plus voyagé durant des années. Du jour au lendemain, Alan, Bill et Michael, nos frères, sont sortis de notre vie.

Partie II – Une adolescence *haole*

Cement City

Nous avons emménagé au fin fond de la côte nord de l'île d'O'ahu, à Cement City, entre l'océan et Kamehameha Highway, une voie rapide qui dessert la banlieue d'Honolulu et ses alentours.

En 1978, c'était la cambrousse. Et ça l'est toujours. La plupart des habitations étaient des maisons basses ou des bungalows déglingués bordés de frangipaniers et de manguiers où quelques poules picoraient au pied d'un piquet de clôture. Mais on trouvait aussi des immeubles à deux ou trois étages avec des appartements au stuc décrépi loués à des familles à bas revenu : travailleurs agricoles et militaires. Rien de bien différent des banlieues de Floride ou de Californie.

Notre appartement, au rez-de-chaussée d'un immeuble, donnait sur le parking et le local à poubelles. À peine nos valises ont été ouvertes que Malia et Darryl ont commencé à se chamailler. Impossible de ne pas les entendre tant les cloisons de la chambre, que je partageais avec Liam, étaient fines. Notre mère voulait poursuivre le voyage jusqu'à Kaua'i, une île touristique et spectaculaire de l'archipel. Elle avait vécu là-bas, dans une grotte à Ka-lalau près de la côte Na-pali lors d'une de ses innombrables escapades. « Le Paradis sur Terre ! » criait-elle. Ce à quoi Darryl répliquait : « Je ne peux pas m'éloigner de la ville ! » C'est ainsi que les locaux appelaient Honolulu, à une heure de Cement City. Darryl, qui subvenait à nos besoins, y trouvait des petits boulots de musicien ; s'il avait réglé nos billets d'avion, il payait aussi le loyer, les boîtes en carton bleu de macaronis au fromage, les pois surgelés, et nos céréales Frosted Flakes. Du coup, nous sommes restés vivre à Cement City.

Malia ignorait qu'elle venait de sceller notre destin en nous parachutant dans le cœur palpitant du surf mondial. Elle en avait vaguement parlé en voulant nous convaincre de partir avec elle, mais pour les gamins des villes que nous étions, ces fadaises n'avaient aucun intérêt. Nous étions des *skateurs* de Dogtown, pur jus californien. Même après avoir vu les Pipeline Masters à la télé, j'avais du mal à faire le rapprochement entre le surf et le projet délirant de notre mère.

Pourtant, à présent, à portée de vélo, il était possible de glisser sur les plus belles vagues du monde qui attiraient les meilleurs surfeurs venus de toute la planète. La côte nord ne comptait pas moins de quarante spots, dont certains étaient fameux comme Hale-ʻiwa, Lani-ākea, Wai-mea, Log Cabins, Off the Wall, Pipeline, Pūpū-kea, Rocky Point, Sunset Beach, Velzyland. L'hiver, la houle prend son élan aussi loin que les côtes sibériennes, du Japon ou de l'Alaska avant de se renforcer, pendant des milliers de kilomètres, sur les eaux sauvages du Pacifique pour donner des tubes parfaits et des murs d'eau solides de huit mètres de haut, en mouvement. Tout surfeur digne de ce nom finit tôt ou tard par craquer et se payer un billet d'avion pour surfer ces vagues épiques qui peuvent être lisses ou piégeuses suivant la direction de la houle et du vent.

Au départ, notre quotidien ne nous semblait guère différent de ce que nous avions vécu à Cazadero, Berkeley ou Belize : encore un nouvel endroit où notre mère faisait son nid, pour un temps. Sauf qu'il nous était impossible de profiter des longs et larges trottoirs de Cement City, car nous avions laissé nos skates en Californie. Et l'océan ne m'a pas captivé au premier regard. J'aurais aimé pouvoir dire qu'à la vue des vagues je suis devenu un homme-dauphin, que le fantôme du Duke Kahanamoku, le père du surf moderne, m'avait jeté un sort… Mais il n'en est rien.

Après cette dispute – la première d'une longue série – entre ma mère et Darryl, nous sommes allés nous baigner en famille à Wai-mea. Le sable était grossier. Rien à voir avec le sable fin des cartes postales que l'on nous avait vanté. La chaleur était humide, étouffante, sans un souffle de brise ou d'alizé qui aurait pu réveiller les feuilles de palmiers. Des têtes de nuages orageuses pointaient à l'horizon. Un résidu de tempête au large avait créé une série de vagues qui me paraissaient bien hautes : deux mètres ou presque. J'ai nagé dans le *shore break* suivi de Liam. Les vagues ne déferlaient pas vraiment, mais de puissants remous apparaissaient ici ou là. Nous nous sommes assis sur le sable, dos à l'océan, prétendant être des pilotes de course qui attendent le départ pour décoller avec la vague et être projetés contre la plage à toute vitesse. Pendant des heures, les vagues nous ont démolis, nous lançant contre la pente de sable avant de nous aspirer à nouveau vers le large.

Bousculés dans tous les sens, on s'est marrés comme des fous jusqu'à en avoir la nausée. J'ai vomi une fontaine de Doritos et de bananes – mon déjeuner était maintenant de la bouillie pour requins.

Malia savait parfaitement que nous ne pourrions pas vivre à Hawaï sans nous mettre à surfer. Quelques jours après notre emménagement, elle a débarqué avec une vieille planche cabossée qu'elle avait sûrement dénichée pour dix dollars dans un vide-grenier. Elle faisait près de quatre mètres de long et pesait tellement lourd que nous devions être deux pour la soulever.

Liam et moi sommes rapidement partis explorer le voisinage. Nous habitions sur Apuhihi Street qui menait à la route de Waialua Beach. Celle-ci longeait des champs de cannes à sucre aussi loin que la vue portait. Entre la route et la plage était alignée une série de petites maisons où nous avons rencontré Butchy Boy Wong, un garçon de notre âge qui nous a invités à entrer chez lui. Aux murs était accrochée la collection de planches de *kneeboard* de son père, sur lesquelles il avait peint – à la main et à l'aérographe – des paysages marins : un kaléidoscope de bleus, de verts et de blancs. Butchy nous a proposé d'essayer l'une d'elles, persuadé que son père n'y verrait pas d'inconvénient.

Nous avons apporté les planches à Hammerheads, non loin de Waialua. Quelques roches sortaient de l'eau, mais Butchy nous a trouvé un petit spot où l'on pouvait prendre la vague. L'air était clair et léger, le soleil brillait sans aucune menace d'orage à l'horizon. Un léger vent de terre soufflait de l'intérieur, et de toutes petites vagues poussives couronnées d'écume se formaient. Qu'importe ! Nous nous sommes joyeusement mis à l'eau et avons ramé sur nos *kneeboards* vers les vagues. Alors que nous nous étions suffisamment éloignés, je me suis retourné vers la plage. J'ai senti sous mes genoux l'énergie de l'océan qui me soulevait. J'ai ramé aussi fort que je le pouvais et quand j'ai senti la vague, j'ai instinctivement sauté sur mes pieds. Pas plus difficile que le skate, mais là, de manière incroyable, les roulettes étaient remplacées par la vague qui me poussait tout en soufflant un « shhhhhh » à mes oreilles… J'ai surfé la vague jusqu'à pouvoir sauter sur la plage.

J'étais fasciné, sous le charme. Un sort magique, qui durerait toute une vie, venait cette fois de m'être jeté. Ces dix secondes m'avaient donné la joie parfaite et le sanctuaire dont j'avais toujours rêvé sans le savoir. Dès lors, j'ai été dévoré et obsédé par les vagues.

L'été a passé. Je venais de fêter mes 12 ans. Darryl était souvent absent. On disait qu'il travaillait dans une boîte de nuit avec la fille de Don Ho, un chanteur et animateur de télévision local. Et puis un jour, il est parti pour de bon, quittant ma mère pour une autre femme.

Ce fut le début d'une longue dépression. Malia restait toute la journée au bord de la petite piscine de l'immeuble, en bikini, luisante d'ambre solaire, fumant des cigarettes en pleurant. Sans un sou, elle n'eut pas d'autre choix que de frapper à la porte des allocations familiales. La déchéance au paradis. Elle nous nourrissait de céréales et de lait en poudre. Nous n'avions qu'une paire de chaussures par an, mais pas de quoi se plaindre quand la plupart des enfants hawaïens portaient des claquettes, des tongs ou marchaient pieds nus.

Quelques semaines avant que l'école ne reprenne, alors que les vagues de Hale-'iwa commençaient à se former, nous avons rejoint d'autres enfants à la plage, tous équipés de bonnes planches. Sans rien connaître au surf, j'avais deviné que leurs formes, leurs couleurs, le *stringer* – cette fine lame de bois qui joint dans le sens de la longueur les deux parties du pain de mousse et qui donne la solidité et le *flex* d'une planche – et leurs dérives, étaient bien différentes de la planche bosselée et décolorée que nous devions surfer à tour de rôle. Leurs planches étaient également plus courtes et rapides, et donc plus faciles à manœuvrer sur la vague.

La seule façon de posséder une telle planche était de m'en fabriquer une. J'ai observé un de nos voisins réparer la sienne, mendié un pot de résine, du catalyseur et de la fibre de verre, et j'ai monté notre grosse planche dans ma chambre. Une partie de la nuit, j'ai découpé le tiers du milieu et recollé les deux extrémités avec ma fibre et la résine…

« Qu'est-ce que tu fais ? » a demandé Malia, debout devant la porte de la chambre.

Elle m'avait entendu scier et avait senti l'odeur de la résine. J'ai épousseté mes cuisses et me suis levé, penaud. La chambre était un véritable champ de bataille. Des perles de mousse polystyrène s'étaient répandues sur le tapis mité et j'avais mis le bout coupé dans mon lit qui, bien entendu, n'était pas fait. Elle a longuement tiré sur sa cigarette. Je lui ai montré comment j'avais taillé l'arrière de la planche pour qu'il s'effile vers la dérive. Sans le savoir, j'avais réalisé une *stinger* rudimentaire.

On peut dire tout ce que l'on veut de ma mère – et ceux qui la connaissent ne s'en privent pas – mais elle n'a pas protesté en me voyant faire ça dans ma chambre. Elle a hoché la tête, a dit « cool ! » et m'a conseillé de mettre des journaux par terre pour ne pas ruiner le tapis mité.

À bicyclette…

Tina était la seule *haole* – non polynésienne – de ma classe de sixième à l'école de Waialua. Je l'aimais bien et je crois que c'était réciproque. Tous les petits Américains du continent qui arrivent à Hawaï ont des histoires à raconter sur l'accueil plutôt rugueux des locaux. Dès mon premier jour de cantine, un Philippin a voulu me provoquer, me poussant suffisamment fort pour me faire trébucher. Je me suis rattrapé *in extremis* et l'ai poussé à mon tour. J'étais loin d'être baraqué, disons normal, un tantinet maigrichon. Mais j'avais un avantage sur lui. J'avais été entraîné à la bagarre dès l'âge de six ans avec les petites frappes latinos et afro-américaines des écoles de la banlieue de San Francisco. Je savais me battre. À Berkeley, quand quelqu'un vous frappait, on ne tendait pas l'autre joue, on frappait aussi ! Quand le Philippin a tenté sa chance une seconde fois, je n'ai pas hésité. Je me suis jeté sur lui et l'ai mis à terre en trente secondes.

Cette scène a été remarquée par les petits caïds de l'école qui m'ont proposé de former un gang reconnaissable à ses blousons de cuir. Je ne me rappelle plus l'origine du mien. Je l'avais sans doute volé, à moins que ma mère ne l'ait dégoté dans une friperie de l'Armée du Salut. Pendant soixante-douze heures, nous sommes devenus les garçons les plus en vue de l'école. Mais cela n'a guère duré. Convoqués par le directeur, il nous a clairement signifié qu'il ne tolérerait aucun gang dans son école. Mon blouson confisqué, je suis redevenu le *haole* malingre et maladroit que j'étais. Mais qu'importe ! D'un accès facile et de bonne composition, je me suis vite intégré.

Le seul problème de cette école était qu'on ne pouvait en sortir sans être vus ; elle était trop petite. Et dans Waialua, qui était un hameau rural, on ne trouvait ni allée où se perdre ni université où se planquer comme nous avions pris l'habitude de le faire à Berkeley. Pour nous échapper nous n'avions que les champs de cannes à sucre. Nous y trouvions refuge quand nous n'étions ni en classe ni en train de surfer jusque tard dans la nuit.

Darryl parti, nous avons déménagé à Haole Camp Beach, dans une maison de plain-pied un peu bancale. Le genre de préfabriqué alors populaire à Hawaï, plus petit que l'appartement et entouré d'un grillage envahi d'acacias koas non entretenus. Notre mère sous-louait nos chambres pour payer les factures. Un de nos colocataires, Norman Winter, venait d'ouvrir une librairie en ville. Pour rejoindre la plage, on empruntait un chemin sableux qui longeait une série de garages. Mais la plupart du temps, l'eau était agitée et les vagues d'un brun marron semblaient ralenties par le *kelp*[32] que la mer avait arraché. La côte est exposée plein nord. Les beaux jours, on pouvait voir les vagues déferler jusqu'à Lani-ākea et parfois même à dix kilomètres de là, quasiment à Wai-mea.

32. Mot anglais qui désigne plusieurs espèces de grandes macroalgues brunes appartenant à différentes espèces.

Une nuit, alors que Norman travaillait en ville et que ma mère était au lit, j'ai piqué les clés de voiture sur le comptoir de la cuisine et conduit sa vieille Plymouth Satellite dans le quartier, pour repérer les vélos qui n'avaient pas d'antivol. Liam et moi avions désespérément besoin d'un moyen de déplacement, et ce n'est pas Malia qui allait nous en offrir un. À Berkeley nous avions vu des voyous voler des bicyclettes et constaté qu'il était facile d'en tenir un par le guidon tout en restant sur son propre vélo. La nuit suivante, nous nous sommes faufilés dehors pour nous emparer des proies faciles, appuyées contre le mur d'une bicoque ou d'un portail. Afin de rentabiliser notre sortie, nous avons fait main basse sur quelques pots de cannabis, car il y avait un marché assez actif sur l'île. D'ailleurs, les enfants dont les parents étaient connus pour avoir des plantations – on pouvait voir les jeunes plants alignés depuis la rue – avaient toujours les plus belles bicyclettes, les plus beaux habits et les plus belles planches. Prudents malgré tout, nous n'avons pas touché à leurs vélos, mais nous en avons pris de la graine.

Le seul bruit que nous entendions était le froissement des palmes agitées par les alizés. Le ciel était noir, plein d'étoiles, immense. Minuit dans la campagne hawaïenne peut être la nuit la plus profonde sur Terre. Cambrioleurs débutants, nous avons commis l'erreur de descendre la même rue trois fois de suite. Nous pensions que l'obscurité et l'exubérance de la végétation, buissons, manguiers, et acacias koas nous protégeraient du regard des rares passants. Nous roulions au beau milieu de la rue, un vélo entre nos jambes et un autre tenu par le guidon. Au deuxième voyage, nous avons fait une halte pour remplir une taie d'oreiller avec de l'herbe arrachée dans de petits potagers. Nous avions appris à sélectionner les meilleurs plants à leur odeur, et c'était, croyez-moi, le meilleur cannabis que nous ayons jamais chapardé. De retour à la maison, nous avons caché les vélos dans les buissons du jardin – une véritable jungle –, et sommes rentrés sur la pointe des pieds dans notre chambre, pour nous glisser dans nos lits et nous endormir écrasés de fatigue.

Le lendemain matin, j'étais réveillé par quelqu'un qui frappait à la porte d'entrée. Sans doute Darryl qui revenait se faire pardonner, ou un amant de Malia. Une voix profonde s'est identifiée comme un agent de police avant de lancer : « Vos garçons sont-ils là ? » D'un bond, j'ai sauté du lit. Liam dormait encore, les bras repliés sur ses yeux. La porte de notre armoire était grande ouverte, laissant apparaître les taies d'oreiller pleines d'herbe empilées sur nos chaussures. J'ai délicatement refermé notre chambre.

« Ils ne sont pas là. Ils ont dormi chez un ami », a répondu ma mère. Un court échange a suivi. Une femme dont le vélo avait été volé disait nous avoir aperçus dans la rue à travers la fenêtre de sa cuisine.

J'ai réveillé Liam au moment où Malia a ouvert notre porte. Elle a respiré profondément et senti le parfum de l'herbe de la côte nord.

« Les flics sont devant la maison. Je leur ai dit que vous n'étiez pas là.

— On n'a pas volé le vélo de la dame.

— Ne me prends pas pour une imbécile, Garrett. C'est pas le vélo le problème, et tu le sais très bien. »

Sur la Grande Île, au sud de l'archipel d'Hawaï, l'herbe faisait partie de la vie quotidienne, comme le lait dans le frigo.

Les mères, pères, garçons et filles cultivaient tous du cannabis et fumaient en famille. Mais à O'ahu, on ne cultivait et ne fumait de la marijuana que loin du regard des flics et des autorités.

Nous portions encore les fringues de notre escapade nocturne. Malia nous a tirés dans le salon où un gros flic hawaïen et sa collègue philippine coiffée d'un chignon parfait nous attendaient. « Madame et monsieur de la police, je ne savais pas qu'ils étaient rentrés. Ils vont vous montrer où sont les bicyclettes. » Nous sommes sortis avec les flics pour leur montrer où nous avions caché les vélos. Il y avait des Stingray, des BMX, des vélos pour enfants. Le gros Hawaïen a demandé où était « l'autre » vélo, celui de la bonne femme qui nous avait dénoncés.

« On ne l'a pas pris », ai-je répondu.

Il a soupiré puis échangé un regard avec sa partenaire.

Je ne me rappelle plus bien la suite des événements : ce qu'ils ont fait avec les vélos, comment ils ont retrouvé leurs propriétaires légitimes, ou même s'ils nous ont emmenés au poste. Quel que fut notre châtiment, il n'eut guère d'effet durable. Impénitent, il m'a fallu pas mal de temps pour comprendre que l'on ne reçoit jamais que ce que l'on est capable de donner et qu'il fallait être un sacré crétin pour voler les vélos d'autres enfants. Mais nous avions, tout de même, retenu une leçon : plutôt que de s'approprier l'herbe des voisins, mieux valait cultiver la nôtre. Nous avons donc enfoui deux ou trois plants dans la haie mitoyenne d'acacias nains et d'arbres de pluie qui n'avaient visiblement jamais été élagués par notre voisin Mike Saguirdo, un Italo-Américain au sang chaud. Après quelques semaines de soin, notre petite plantation s'est épanouie, dissimulée par les frondaisons et les branches noueuses.

C'est sans doute lors d'une soirée fumette que j'ai eu l'idée de construire une maison dans un arbre de pluie qui débordait sur la maison de Mike. Ses grosses branches étaient parfaites pour y asseoir notre cabane. Profitant d'un week-end sans vague, nous nous sommes mis à la tâche.

Depuis notre perchoir, nous pouvions voir notre voisin dans sa cuisine. La première fois qu'il s'en est aperçu, il était devant l'évier en train d'ouvrir une bière. Il nous a regardés, furax, et nous lui avons fait un signe de la main. Il ne supportait pas que l'on empiète sur sa propriété privée. Il est devenu un peu dingue à ce sujet, comme s'il cachait des trucs pas nets – peut-être illégaux – dans sa cuisine. Il a exigé de Malia que nous détruisions notre cabane-observatoire. Elle lui a répondu qu'elle ne voyait pas quel mal nous faisions. Tous les enfants ne rêvaient-ils pas d'une maison dans les arbres ? Il nous a alors frontalement demandé de la démonter. Nous avons haussé les épaules en rigolant, sans doute après avoir fumé un ou deux joints, puis on a enfourché nos vélos et on s'est tirés.

Mike semblait s'être calmé et durant un temps n'est plus revenu se plaindre. Assis dans notre maison perchée, nous fumions des joints tout en lisant des magazines de surf et en rêvant de nos futures planches. Un de nos anciens voisins de Cement City avait refilé sa vieille planche à Liam. Maintenant que nous pouvions surfer ensemble, notre mère encourageait d'autant plus notre désir d'apprendre. Elle nous a emmenés à Army Beach, près de chez nous, où avait été aménagé un camp de repos pour militaires en face de la base aérienne de Dillingham, non loin du Ka'ena Point State Park. La plage, mi-sable mi-rochers, était plutôt jolie, sans danger et avec une eau claire. Si en hiver les déferlantes pouvaient atteindre cinq mètres, bien trop grosses pour nous, la plupart du temps les vagues avaient la taille idéale pour des apprentis surfeurs enthousiastes : un mètre à un mètre 50. Progressivement, nous avons développé notre technique sur ce *shore break*.

Un après-midi, alors que nous étions à Army Beach, Mike en a profité pour prendre sa revanche. Il a coupé les acacias koas entre sa maison et la nôtre. Le seul survivant portait notre maison perchée. Les souches, les branches et les débris avaient été nettoyés, laissant à la vue de tous notre plantation de marijuana, maintenant haute de deux mètres. Cette nuit-là, Malia, qui ne voulait plus de problème avec la police, nous a éclairés avec la lampe torche pendant que nous arrachions les plants avant de les jeter.

Perdu à Threes

Dès que nous avons pu, nous nous sommes inscrits avec Liam à un club de base-ball de la *Little League*. Celle de Waialua était la plus ancienne de l'archipel. Tous les recruteurs de la ligue pro le savaient et, à peine débarqués du continent, ils venaient regarder les meilleures équipes jouer. Malia s'enflammait à cette perspective, car si la pratique du surf nous préservait en partie de la délinquance juvénile, il n'y avait guère d'avenir à cette activité. À l'inverse, il était possible de gagner une fortune en jouant au base-ball !

Notre coach, conscient du haut niveau de la ligue, affichait un visage sévère et glacial. Dès le premier jour, alors que nous transpirions alignés sous le soleil tropical de midi, il nous a énoncé sa règle numéro un : « Plus de surf ! » Je me suis mis à rigoler. Il en était hors de question. Liam, plus docile que moi, prit la directive au sérieux. Il se savait bien meilleur joueur et compétiteur que moi et cela l'encourageait à persévérer et à travailler encore plus dur. À l'approche de l'adolescence, nos personnalités s'affirmaient. Nous n'étions plus seulement les frères McNamara, mais Liam et Garrett McNamara. J'ai continué à surfer et à mentir à notre coach pendant un certain temps. Mais un jour, alors que nous

nous échauffions en courant autour du terrain, je l'ai surpris en train de se disputer avec son fils, qui était un copain. Le coach a perdu son calme et cogné son rejeton derrière l'oreille. J'ai quitté l'équipe sans préavis.

Liam a joué trois ou quatre années d'affilée. Quand je passais devant le terrain, avec ma planche sous le bras, je le voyais faire des pompes, la sueur coulant sur son nez jusqu'au sol. Il était la star de son équipe, puis d'une autre, sélectionné chaque année pour les *All-Stars* juniors. Convaincu qu'il deviendrait un joueur pro, il se moquait de moi : « Je roulerai en Corvette et toi tu seras un surfeur clochard ! »

En attendant de devenir SDF, je passais tout mon temps en compagnie de jeunes que j'avais rencontré au *line up* de Hale-ʻiwa. J'avais fait de gros progrès. À Cement City et à Army Beach, Liam et moi nous contentions de surfer les petites vagues proches du rivage que l'on appelle les mousses – parce qu'elles viennent de se briser. Nous regardions les gars ramer au large. « Ils sont dingues de prendre de tels risques », pensions-nous. Les vagues de Hale-ʻiwa cassent n'importe où et ont des tailles très variables, d'un petit mètre l'été à un effrayant dix mètres en hiver. Quand les conditions étaient fortes, je restais sagement à l'intérieur de la baie, me satisfaisant comme d'habitude des mousses, mais dès que les conditions le permettaient, je ramais plus au large, là où les vagues n'avaient pas encore déferlé. Ce furent les premières fois où je ramais jusqu'au *line up*, comme un vrai surfeur.

De nombreuses compétitions amateur se tenaient et se tiennent encore sur ce site très fréquenté. Avec Pipeline et Sunset, c'est l'un des trois spots qui composent la Triple Crown of Surfing, une célèbre compétition locale. Je ne m'imaginais nullement participer un jour à cet événement majeur de la côte nord ; les regarder évoluer suffisait largement à mon bonheur. Je ne rêvais pas de devenir un joueur pro de base-ball ni d'autre chose d'ailleurs. Je me contentais de passer autant de temps que possible dans l'eau.

***

Mon meilleur ami s'appelait Kui Aki. Il surfait depuis sa petite enfance et vivait près de Roy Patterson, un artisan qui travaillait la résine et la fibre de verre dans un atelier situé derrière son magasin de surf. Comme tout le monde ou presque sur la côte nord, il louait des chambres pour joindre les deux bouts dans sa *cave à vagues* comme nous appelions sa bicoque. Celle-ci, située à une centaine de mètres d'une usine de planches, était couverte de lianes et de plantes grimpantes sur lesquelles rampaient d'énormes mille-pattes brunâtres. Roy louait à des militaires, mais aussi à Ed Barbera, un *shaper* génial, vivant en marge de la société, qui a été assez généreux pour me *shaper* un pain de polyuréthane contre 15 dollars. Roy l'a alors recouvert de fibre et de résine sans me demander un centime : ma première véritable planche. Il était temps pour moi d'abandonner – pour un autre jeune sans le sou – ma *stinger* Frankenstein bricolée à grands coups de scie.

L'été après la quatrième, je n'ai quasiment pas été à la maison. Mais Malia ne s'en inquiétait guère. Je vivais soit chez Kui soit chez Roy. Le matin, nous partions surfer à Hale-'iwa et nous passions le reste de la journée à fumer des joints. Un jour, une connaissance de Roy, qui débarquait de Bangkok, nous a donné des *Thai sticks*[33] imbibés d'opium. Nous les avons fumés en compagnie d'un groupe de militaires, tout en philosophant sur l'injustice de vivre sur la côte nord quand la mer était si calme que les vagues d'une piscine nous auraient satisfaits. L'un d'entre nous a alors entendu que « Threes » – appelé ainsi parce que c'est le troisième spot au large de Waikiki, près de Honolulu sur la côte sud – était en condition. Roy, ou un autre peut-être, a décidé que ça valait le coup d'aller voir sur place.

J'ai sauté sur le plateau du *pick-up* d'un des militaires. Assis entre les planches, j'étais le plus jeune et un peu la mascotte de cette équipée. Nous avons roulé pendant une heure, à 130 km/h, en traversant, du Nord au Sud, des collines envahies par des fougères si hautes que l'on ne pouvait les distinguer des arbres. Après m'être allongé sur des sacs, j'ai fermé les yeux, bercé par les vibrations, avec la sensation de partir ailleurs ; tout ce que j'aimais.

C'était la première fois que j'allais surfer en ville et sur la côte sud. On a mis un temps fou à se garer. Les passages pour piétons étaient envahis de touristes, serviettes autour du cou, équipés de petites planches pour faire du *bodyboard*, d'enfants avec leurs seaux et leurs pelles en plastique. Il y avait aussi quantité de Japonais avec leurs lunettes de soleil dernier cri et leurs appareils photo.

On voit le spot de Threes dans *The Endless Summer*, un vieux film de surf où les deux héros partent à la recherche de la vague parfaite. Cela faisait marrer les connaisseurs qui

33. Les *Thai sticks* sont confectionnés avec des têtes de cannabis femelle embrochées sur une tige en bambou. Les têtes sont ensuite entourées de corde en chanvre, pour les maintenir sur la tige.

savaient qu'en été il n'y a pas de vague valable. On a ramé, loin, bien plus loin que d'habitude. J'avais du sel sur les yeux, du soleil sur le dos et de nouveaux amis à mes côtés au *line up*. J'étais tellement heureux de vivre cette aventure avec des habitués. Motivé comme jamais, j'ai ramé comme un malade pour prendre la vague de Threes, une droite très rapide et raide. Je me suis redressé d'un bond pour éviter que ma planche ne plante dans le creux. J'ai pris une vague de taille moyenne et glissé à pleine vitesse vers la plage. Puis je suis revenu au *line up* pour prendre une nouvelle vague, puis une autre et ainsi de suite… Voilà des heures que j'étais dans l'eau. Jamais je n'avais pris autant de vagues ! Le soleil s'enfonçait à présent vers l'autre côté du ciel. L'un après l'autre, les gars ont rejoint la plage, mais je ne m'en suis pas aperçu tant il y avait de monde au *line up*. Ce n'est que tard que j'ai constaté que mes amis n'étaient plus dans l'eau. Assis sur ma planche, j'ai essayé de les repérer sur la plage : personne ! J'ai pris une dernière vague, allongé sur ma *board*, puis j'ai marché le long de Waikiki Beach pour les retrouver. Rien. Ils s'étaient tirés.

J'ai paniqué. Était-ce la fièvre de cette session, la découverte d'un nouvel environnement ou les vapeurs des *Thai sticks* ? Probablement un peu des trois. Je me retrouvais seul à Honolulu, avec un short de bain et ma planche : pas de godasses, pas de tongs, pas de serviette et pas le moindre centime en poche ! Comment allais-je rentrer ? J'ai traîné un moment dans Honolulu avant de trouver une cabine téléphonique pour appeler ma mère en PCV. Mais l'opérateur n'a pas pu ou voulu établir la connexion. Je me suis mis à pleurer. Une nouvelle fois, ma mémoire me trahit.

Comment suis-je rentré chez moi, si je suis finalement rentré ? Malia ne se souvient pas de cet incident. J'ai envie de croire que Roy, que j'ai toujours vu comme un second père, m'a récupéré au coin d'une rue, au moment où je perdais pied. La portière s'est ouverte côté passager, il m'a souri et j'ai sauté dans sa voiture.

Sunset

J'ai surfé pendant un temps en compagnie d'un gars appelé Jensen et de son frère Striker ; ils travaillaient tous deux la fibre et la résine. Avec deux autres copains nous formions la bande des *Six feet and under*[34], car toute vague dépassant six pieds – 1,8 mètre – nous fichait la frousse. Enfin, à moi surtout. Je n'avais aucune fausse illusion sur mes aptitudes de surfeur, sur mes chances de devenir pro ou de surfer de très grosses vagues. La plupart de mes potes s'y étaient mis à la sortie du berceau. Jason Majors, Brock Little, Kolohe Blomfield – des types que j'avais connus au collège ou au *line up* – se pavanaient en réalisant de belles figures autour de ma planche. Mais cela m'était égal. Si j'avais un don, c'était bien la capacité de m'ancrer dans l'instant présent et d'en profiter.

Je me sentais à mon aise à Hale-'iwa, c'était mon spot à moi. Certes, le site n'était pas dément par rapport aux standards de Pipeline, une gauche massive qui accueille chaque année la dernière étape du ASP World Tour. Mais les vagues de Hale-'iwa, hautes de un mètre à un mètre 50,

34. Littéralement « En dessous de six pieds » (182 cm). Mais quand on est « *six feet under* », cela signifie aussi que l'on est enterré six pieds sous terre.

étaient des vagues qui ne pardonnaient pas les erreurs tout en convenant aux experts comme aux bleus, dont je faisais partie : de jolis murs, des gauches, des droites et surtout, un bon tube !

Quand je suis rentré en troisième, je me suis intéressé à Sunset. Ce spot, mes amis m'avaient prévenu, était complexe, difficile à surfer, mais aussi terriblement addictif. Encadré par deux courants de baïnes, Sunset rip à l'ouest et Backyards rip à l'est, on trouve Backyards, Outside Backyards, the Point, North Reef, Middles, West Peak, Inside Bowl, Val's Reef, Second Reef et Outer Reef, un véritable parc d'attractions de vagues rapides capables de changer de direction sur un caprice, offrant toujours de quoi surfer même quand les conditions sont médiocres. Tout le monde venait à Sunset, les bons *shapers* comme les surfeurs pros cool : Ronnie Burns, Mike et Derek Ho, Jason Majors et bien d'autres. À Hale-'iwa, nous étions à des années-lumière de cela avec nos énormes planches de trois mètres et 25 kilos qui filaient droit sur les mousses.

Je prenais souvent mon vélo pour franchir sur Kam Highway les quelques kilomètres qui me séparaient des vagues tueuses de Sunset. C'est ainsi que j'ai rencontré sur la plage un camarade d'école, Matt Esnard, et sa sœur Michelle, qui avait le même âge que moi. Blonde, bronzée, elle avait ce truc qui rend si jolies les filles qui passent leur vie à la plage. Nous sommes devenus des « petits amis », un mot qui impliquait de se tenir la main en marchant. Je ne crois pas l'avoir jamais embrassée. J'étais bien trop timide et empoté ! Avec les filles, pas moyen de boxer amicalement avant de fumer un joint et d'aller surfer, ce à quoi se limitaient mes compétences sociales. Ma relation avec elle se bornait à aller la rejoindre à Sunset à vélo – ou en auto-stop – pour nous asseoir sur le sable et regarder les vagues défiler au large.

Est-ce cela qui m'a motivé à élever mon jeu ?

Je venais de pédaler vers Sunset avec ma planche sous le bras. Pour dire la vérité, je n'avais aucune intention de surfer ni de me faire casser par une vague monstrueuse – persuadé que j'étais que le simple fait de ramer vers le *line up* suffirait à me tuer. Les pieds dans le sable, je tenais sous le bras ma petite planche d'un mètre 80 aussi légère qu'un pétale de rose, faite sur mesure par Dick « Rozo » Rosborough, parfaite pour mes exercices quotidiens, mais nullement adaptée à Sunset. Le vent soufflait de terre avec une houle venant de nord-ouest, levant des vagues d'un mètre 50 hawaïen, à peine plus hautes que la hauteur des épaules, mais avec une face proche de trois mètres. Les surfeurs se font un point d'honneur à sous-estimer la taille d'une vague. Pour cela, ils utilisent la méthode de calcul hawaïenne qui mesure le dos de la vague, au moment où elle casse, plutôt que sa face, qui correspond environ à son double et à la mesure prise en compte par le reste du monde.

Les pics – le point où débute le déferlement de la vague – venaient maintenant de l'ouest. Instables, ils étaient coiffés par un vent contraire. Je n'arrivais pas à croire à ce que je m'apprêtais à faire. Un véritable suicide ! Je n'étais qu'un membre des *Six feet and under* ! Trop occupé à observer les vagues, j'oubliais presque la présence de Michelle. Mon cœur résonnait dans ma tête alors que je n'avais pas encore mis un orteil dans l'eau. Quand je me suis mis à ramer, j'ai compris que j'avais atteint le point appelé Dreaded 7. Il y a deux bonnes vagues à Sunset : la vague de deux mètres ou moins, qui déferle gentiment au niveau de la pointe ; et celle de trois mètres et plus, qui déferle plus au large en offrant trois bonnes zones de *take off* : Middles, Inside Bowl ou West Peak. La Dreaded 7 déferle entre ces deux zones. Fantasque, elle est difficile à prendre, même pour les habitués. Impossible de savoir où elle va lever... La plupart du temps, on termine frustré, assis sur sa planche. Rien d'étonnant à ce que j'aie été seul ce jour-là.

Michelle, assise sur le sable, m'observait de loin.

On dit que la peur est le meilleur marqueur de nos souvenirs. La scène est gravée en moi à jamais : je récite une prière et rame pour me mettre en position – à Sunset, on n'arrête jamais de ramer pour rester en position. L'eau est bleue, profonde et rapide. Une première vague me soulève, suivie par une autre. J'en laisse passer quelques-unes avant d'enfin me décider. Je rame jusqu'à ce que mes triceps et mes épaules soient en feu. Dès que je sens la vague, je bondis sur mes pieds. Elle me soulève et je me retrouve en train de glisser vers le creux sans pouvoir freiner. Je bascule la tête la première, mes épaules heurtent l'eau, puis mes jambes basculent en l'air. Une montagne d'eau surgit dans mon dos. Elle gronde avant de hurler et de s'abattre sur moi avec toute sa violence. Je suis sonné. La vague, si puissante, m'écrase. Mes oreilles se remplissent d'eau. Je culbute au-dessus d'une patate de corail, essaie de m'accrocher. Illusion ! Je tire sur le *leash* et fais surface, juste le temps de reprendre ma respiration, avant de me faire aspirer au fond et de me promettre de ne plus jamais tenter le diable.

L'ouragan

Pendant la saison creuse, quand Liam ne jouait pas au base-ball, nous reprenions notre habitude de surfer en duo, sillonnant chaque jour Kam Highway pour vérifier l'état des vagues. Liam n'avait aucune intention d'abandonner le base-ball, mais sa flamme était intacte.

J'avais 15 ans et lui 13. Un peu avant Thanksgiving, nous marchions avec notre copain Dennis sur un chemin au milieu des cannes à sucre, non loin de notre maison de Waialua. C'était la saison des récoltes et les agriculteurs brûlaient déjà quelques champs. L'air sentait bon le caramel pendant que de petits et longs rubans de cendre s'élevaient et retombaient dans le ciel. De lourds nuages obscurcissaient l'horizon au Nord, animés par un fort vent. Nous étions bien. On nous avait autorisés à sortir plus tôt du collège pour une sombre histoire de cookies au cannabis.

Ce matin-là, levé à l'aube pour une première session de surf avant l'école, je n'avais pas pris le temps de manger avant les cours, juste celui de fumer un joint, caché dans les fourrés. À l'heure du déjeuner, un garçon de mon âge a fait circuler une boîte recouverte d'une feuille en alu : elle était remplie de cookies au chocolat et noisettes, tous fourrés au cannabis. Nous les avons dégustés en buvant un verre de lait. Un gâteau, puis deux, puis trois, jusqu'à être rassasiés.

On m'avait collé à cette époque dans la classe spéciale de Mme Wee, celle pour les enfants ayant des difficultés de lecture. Bien que ce soit la dernière heure de cours de la journée, cela ne me contrariait pas. L'anglais était mon cours préféré avec l'agronomie et la menuiserie. Mais quand Hale-'iwa était en condition, il n'y avait plus personne… Alors de me voir sagement vissé sur ma chaise, mon livre ouvert sur le bureau, cela rendait Mme Wee particulièrement joyeuse. Peut-être y voyait-elle le signe d'un progrès ? Elle était patiente et attentionnée avec moi, tout en sachant que je ne m'intéressais ni à ses cours ni à ses efforts louables. Quand elle m'a dit d'aller à la page – impossible évidemment de me rappeler le numéro ni le livre – et de lire le premier paragraphe, j'ai voulu lui faire plaisir. Je regarde le premier mot : *Le… le… le…* Je me sens perdu. Je louche sur la phrase, mais aucun mot ne sort de ma bouche. Les cookies avaient largement entamé mes capacités orales.

Dans ma classe se trouvait un jeune psychopathe en devenir. En comparaison à ce phénomène, Liam et moi étions des enfants de chœur. Il volait à la roulotte, cambriolait des maisons et dealait des drogues dures. Ce n'était pas un petit sauvage de la côte nord, mais un vrai gangster en puissance.

« Il est camé, il est camé… » a dénoncé le psycho en herbe.

« Ça ira Garrett. Vous êtes dispensé de lecture aujourd'hui », a rétorqué Mme Wee.

J'ai baissé la tête et me suis replié sur moi-même. Je l'avais déçue, et pourtant elle m'accordait un bénéfice du doute que je ne méritais pas.

L'après-midi était venteux avec de lourds nuages. Nous nous sommes dépêchés de traverser les champs pour rejoindre Changes, un spot secret avec une gauche géniale. Le vent forcissait. Les palmes et les feuillages proches du rivage semblaient nous applaudir en s'agitant. Planche sous le bras, nous avons pris le sentier sableux entre deux rangées de koas qui mène à la plage. Je marchais en tête, quand soudain une rafale a soulevé la planche de Dennis, le faisant tournoyer avant de le projeter dans un buisson.

Le spectacle était impressionnant. Nous étions excités comme des puces de mer ! Les nuages noirs obscurcissaient l'horizon et les séries de vagues défilaient à un rythme effréné. Elles ne paraissaient pourtant pas très hautes. Mais le vent de terre, de force 5 à 7, leur donnait une forme nette, presque parfaite. Après nous être éloignés du rivage, assis sur ma planche, j'ai entendu un bruit étrange et lointain qui faisait « *Wah, wah, wah* » ou quelque chose comme ça. Un mirage sonore ?

« Eh Liam, tu entends ça ? ai-je fait.

— C'est quoi ? Des baleines ? »

Une vague nous est passée dessous. Nous avons regardé vers la plage. Une petite silhouette jaune faisait des moulinets avec ses bras. Malia, revêtue de son imper jaune, s'égosillait en bondissant sur place. Sans attendre, nous avons pris la vague suivante pour revenir à la plage. Elle n'était vraiment pas le genre de mère à paniquer, encore moins pour notre sécurité. Mais, alors que nous sortions nos planches de l'eau, elle a couru dans notre direction en agitant son index : « Un ouragan approche ! Vous n'avez rien de mieux à faire que de vous mettre à l'eau ? »

On s'est marré comme des fous alors qu'elle nous chassait vers la maison. L'ouragan Iwa est arrivé sur l'archipel pour Thanksgiving. L'île de Kaua'i a souffert le plus. Les vagues sur O'ahu ont submergé les rues autour de Waikiki, le quartier touristique de Honolulu. Sur la côte nord, de grosses branches ont été arrachées et des arbres déracinés. Quand notre conduite de gaz s'est rompue, nous avons dû nous réfugier chez un ami pendant une semaine, le temps qu'elle soit réparée. Les journaux télévisés ont annoncé que le président Reagan avait déclaré l'état d'urgence. Malgré cela, nous avons dû retourner au collège le lundi suivant. Nous étions furieux !

Karma

Lorsque nous vivions dans la communauté, les grands parlaient souvent de karma. Des discours inspirés où l'on nous disait « attention, on récolte toujours ce que l'on sème ». Je me suis d'ailleurs souvent demandé s'ils parlaient de vraies graines. Une affaire d'adultes, comme la guerre, l'avenir de l'humanité, ou la répartition des corvées ménagères. Cela faisait partie de leur quotidien sans jamais faire partie du mien, ni de près ni de loin.

Mais le karma m'a rattrapé l'hiver de ma seconde. J'avais remarqué que dès que je sortais du droit chemin – pour emprunter un vélo à quelqu'un, tricher à un examen, mentir à ma mère –, j'étais aussitôt puni par une énorme gamelle et une séance de machine à laver au cœur de la vague. Je m'entraînais à faire des figures acrobatiques en décollant au-dessus des vagues, et me suis bientôt retrouvé marqué de points de suture des pieds à la tête. Je me faisais même mal les jours de grand calme quand les vagues n'atteignaient pas la hauteur de ma poitrine.

Malgré ces avanies à répétition, je progressais rapidement, probablement grâce à ma pratique du skate. Mais une rampe de skate n'est pas une montagne d'eau en mouvement qui vous soulève et se transforme sous vos pieds avant de vous engloutir. Il m'a fallu du temps pour assimiler comment les vagues se déplaçaient et pour les déchiffrer afin de prévoir leur évolution. Je savais où et quand me lever et faire mon *bottom turn*. À Hale-'iwa, j'étais désormais capable de localiser tous les rochers immergés et de repérer l'endroit où les vagues déferleraient en fonction de la houle et de la direction du vent.

Mais ces coups à répétition entamaient peu à peu mon moral. Je ne comprenais pas pourquoi je me blessais encore si bêtement alors que je maîtrisais chaque jour davantage mon sujet. Vers la fin de l'hiver, je me suis retrouvé dans un *barrel* au moment où la lèvre de la vague a percuté mon genou avant et m'a éjecté de la planche. J'ai entendu un « pop ! » et mon genou s'est mis à enfler pour devenir aussi gros qu'un pamplemousse. Pas d'autre choix, après quelques jours de repos, que d'aller chez le médecin. Après analyse des radios de mes ligaments et tendons, il n'a rien trouvé d'anormal. Je pouvais marcher, mais le genou restait gonflé. Contraint de délaisser provisoirement le surf, je me suis mis au *bodyboard*. Mais impossible de m'appuyer sur ce genou de tout l'été.

Je me suis rappelé les grands discours que tenaient les adultes. Étais-je en train de payer ma dette pour toutes mes couillonnades ? Ou parce que je ne me souciais pas assez de savoir quel genre de personne j'étais devenu ? Jusqu'ici, je faisais ce que je voulais, sans me préoccuper de ce que les autres pensaient. Liam et moi volions ceux et celles qui, d'après nous, n'étaient pas autant dans le besoin que nous. Enfin, c'est ce que je me disais. Et si j'avais tort ? Il m'est venu à l'esprit que le karma demandait à l'océan de me donner une petite leçon, pour me démontrer que « tu récoltes bien ce que tu sèmes » comme le répétait Malia.

J'ai donc mis fin à ma carrière de voleur : plus de nouveaux vélos, d'outils, de vols à la tire... J'ai arrêté de dealer contre des résultats d'examens et de piquer dans le porte-monnaie de ma mère. J'ai mis un terme à tout ce que je considérais comme mauvais, même quand le risque était minime.

« Change tes actions et change ta vie » était mon nouveau mantra.

Quelques mois plus tard, Liam et moi avons profité d'une longue session à Hale-'iwa. Les vagues étaient modestes, mais nous avons travaillé nos *cut backs*, ces virages qui permettent de revenir vers le point de déferlement de la vague, sur une belle gauche, bien longue jusqu'au crépuscule, quitte à nous rentrer plus d'une fois dedans, alors que la plupart des cracks préféraient rester sur la plage. Sur le chemin du retour, nous nous sommes arrêtés à la salle communale où un groupe de chrétiens projetait *Shout for Joy*, un film où Ricky Irons remporte le championnat américain de surf en... rencontrant Jésus ! La salle était pleine à craquer, peut-être 200 personnes assises, épaule contre épaule, sur des chaises pliantes devant l'écran amovible.

Peu avant la projection, les organisateurs avaient distribué des billets de tombola. Pendant tout le film, Liam m'a cassé les bonbons : « Hey, Garrett, tu veux pas me vendre ton ticket ? » Pas question ! Même si je n'avais qu'une chance infime de gagner, je comptais bien la prendre. À la fin de la séance, le public a applaudi mollement et ils ont rallumé la salle. J'étais debout à l'arrière avec mon short de surf, sans chemise ni chaussures, les cheveux en bataille, quand soudain, la fille qui tirait les billets gagnants a appelé mon numéro.

Le prix était une planche neuve à choisir chez l'un des meilleurs *shapers* de la côte nord. J'ai opté pour Bill Barnfield, qui faisait des planches pour les vedettes de Sunset, avec le label de Shaun Tomson. Ce fameux « chargeur », venu d'Afrique du Sud et d'Australie pendant les années 1970 pour explorer la côte nord, était mon héros. Il avait gagné le Championnat du monde IPS, l'organisation internationale des surfeurs professionnels, en 1977. Je n'étais pas particulièrement un fan de sa façon de surfer à Pipeline – car même si j'évitais les vagues de plus de deux mètres, je jugeais avec sévérité les gars qui surfaient là-bas. Mais Shaun avait créé une marque de fringues appelée Instinct et c'est le seul qui prenait la peine de se déplacer à Hale-'iwa. La plupart des sponsors et fabricants n'avaient d'yeux que pour les gros spots bien voyants qu'étaient Wai-mea, Pipeline, Sunset, et les grandes stars qui les fréquentaient. Pour eux, nous n'étions que des rigolos, des prolos méconnus de la côte nord. Mais Shaun Tomson, lui, venait régulièrement sur notre plage pour distribuer des autocollants à coller sur nos planches, des shorts et des T-shirts. Malia, qui élevait seule deux adolescents, n'avait pas la vie facile et nous maintenait avec peine au-dessus de la ligne de survie. La générosité de Shaun a eu un gros impact sur moi.

Après la planche récupérée dans un vide-grenier, celle obtenue pour 15 dollars chez Roy Patterson et celle que j'avais sciée dans ma chambre, je me retrouvais enfin avec une planche de compétition ! Ma toute première.

Gustavo le Péruvien

Nous avons déménagé de Waialua à Sunset, dans un appartement à quatre chambres qui coûtait 400 dollars le mois, à une dizaine de kilomètres plus à l'est, en prenant Kam Highway. La dénomination « Highway[35] » est un peu exagérée pour une route à deux voies qui file au travers des plantations et de la forêt tropicale. Le seul avant-poste de la civilisation du coin était le Sunset Beach Store, une petite épicerie avec deux pompes à essence.

Sur la route qui mène à Sunset, la plupart des maisons sont dissimulées par la végétation, tout comme l'océan d'ailleurs. Parfois, lorsque les vagues grondent, on sent le volant vibrer entre les mains. Un virage sec sur la gauche vous amène sur le parking en terre de Sunset : la carte postale d'Hawaï avec son eau turquoise, ses vagues ourlées d'écume qui déferlent sur le sable blond, ses palmiers qui oscillent dans la brise. De là, en regardant vers la gauche, on voit Kammieland et Rocky Point. Au-devant se trouve le Sunset Inside Bowl, une vague bien méchante formée de deux vagues qui se chevauchent puis fusionnent pour n'en faire qu'une, augmentée

35. Autoroute.

en puissance et qui crée une marche d'escalier au milieu de la face, signifiant soit le tube de votre vie, soit votre mort. Loin sur la droite, on voit le pic du milieu qui fait la jonction avec l'Inside Bowl. Il y a aussi un pic extérieur qui suit la direction de la houle : quand elle arrive de l'ouest, la vague casse et déferle tout du long ; quand la houle arrive du nord ou du nord-ouest, la vague s'enroule bien et fort. Il y a alors trois ou quatre zones de *take off*. Les bons jours, les vagues se forment loin du rivage. On peut les surfer sans fin du pic extérieur jusqu'à l'Inside Bowl en passant par le Middle Bowl.

Depuis le parking, Sunset ressemble à un jacuzzi ; exigeant, mais pas si effrayant que cela. Mais quand on marche sur la plage vers la droite en direction du pic, on voit les vagues, massives et lourdes, dévoiler toute leur puissance. Vous comprenez alors qu'il faut être un peu dingo pour ramer dans ce bouillon d'enfer.

Nous vivions maintenant à portée de marche de l'un des plus fameux spots de la côte nord. J'avais même trouvé un nouveau spot « *six feet and under* » : Velzyland, du nom de Dale Velzy, un fabricant de planches. V-land est une droite un peu vicieuse à la pointe nord-est de l'île. Turtle Bay est théoriquement le spot le plus au nord de la côte, mais il ne fait pas partie du *Seven-Mile Miracle*, une étendue de 12 kilomètres qui regroupe quelques-uns des meilleurs spots de la planète avec une trentaine de vagues de légende. V-land, près de chez moi, était donc le dernier arrêt.

Liam, désormais en quatrième, fut inscrit par ma mère au collège de Kahuku, sur la côte est, tandis que je suis resté en cours à Waialua. Je prenais le bus pour m'y rendre tous les matins, ce qui me permettait, en faisant la route, de vérifier les conditions de tous les spots. Si je ne voyais plus mon frère pendant les heures de classe, je le retrouvais souvent sur la plage, qu'il préférait manifestement au collège. Sa vocation de joueur de base-ball s'était effritée. Mon petit frère grandissait entre Rocky Point et Pipeline, surfait du gros et avait oublié ses rêves de ligue majeure pro.

Et quand tu ne surfes pas, sur la côte nord, tu tues ton ennui le long de Kam Highway ou tu glandes devant la télé. Rien d'autre à faire. Pas de cinoche ni de bowling ou de centres commerciaux. Quelques bars… Mais cela coûte cher et nous étions fauchés. On a donc commencé à traîner avec un géant charismatique et un peu barjo venu du Pérou : Gustavo. Il était grand, avec des cheveux très noirs. Il parlait et suait fort. Fondu de surf, il aimait en toute occasion proclamer son amour pour ce sport. Gustavo était aussi l'un des plus importants dealers de cocaïne de la côte. Nous l'adorions. Comme Roy Patterson, il est devenu l'un de mes pères adoptifs.

La plupart des intérieurs des maisons de surfeurs où j'avais été invité étaient sur le même modèle : un matelas posé à même le sol ou un sofa posé de guingois avec des ressorts qui te piquent les fesses, une table basse encombrée de papier-cul, de *wax* et de magazines de surf, et peut-être une pipe à herbe sur une étagère ; des piles d'assiettes éternellement sales dans l'évier sauf quand une petite amie agacée passait par là… Rien de cela chez Gustavo. Ses meubles étaient assortis, le parquet était ciré sans aucune trace de sable. Il avait même une pièce spéciale pour ses planches, des *boards* cool et chères auxquelles je ne pouvais que rêver, sagement alignées sur leur support et non pas empilées sur une mauvaise pelouse ou appuyées contre la première surface verticale à proximité. Gustavo, pour ne rien gâter, avait une jolie compagne, à la fois accueillante et gracieuse. Nous n'avions jamais rencontré une personne comme lui.

Nous avons fumé pas mal d'herbe ensemble, mais cela s'arrêtait là car il n'a jamais voulu qu'on touche à la coke. Gustavo, malgré son activité, était du genre conservateur. Pour lui, nous étions des apprentis surfeurs – nous avions 16 et 14 ans – qui ne devaient pas être corrompus. Il nous appelait « les petits Punks », avec Liam.

Un jour que nous traînions chez lui, il m'a dit : « Eh, Punk numéro un, allons voir comment sont les vagues. » Je savais très bien que cela impliquait de devoir se mettre à l'eau. Car quand Sunset se réveille, on le devine au seul grondement que font les vagues et nul besoin d'*aller voir comment elles sont*. Je n'avais rien oublié de mon dernier et seul essai à Sunset. La terreur totale sur ma miniplanche Rozo, légère comme une chips, mais aussi cette confrontation, un peu honteuse, avec ma propre peur. Il me suffisait de fermer les yeux pour me revoir basculer dans le creux avant de me faire boxer, l'eau noire, les poumons prêts à éclater, l'impossibilité de savoir où se trouvent le haut et le bas, les doigts et les orteils, mais aussi les mains et les pieds râpés sur les rochers volcaniques, le nez en sang. Et puis la fin de mon amourette avec Michelle, que je n'avais guère impressionnée.

J'ai inventé des devoirs à faire ou prétendu que ma mère m'avait dit de rentrer l'aider. Rien à faire, Gustavo a rigolé devant la grossièreté de mes mensonges : « Arrête de te défiler. Tu viens avec moi aujourd'hui. Il est temps. » Il a disparu dans la pièce à planches pour revenir avec un *gun* de deux mètres, une Pat Rawson Sunset Point. Rawson était alors probablement le meilleur *shaper* de *guns* de toute la planète surf, ou au moins de la côte nord. Tous les pros de l'époque – de Michael Ho, qui avait remporté la Triple Crown à Tom Carroll, le champion de la WSL et maintenant Gustavo – surfaient sur ses planches. La mienne était blanche comme un béluga. J'avais 16 ans, je mesurais environ un mètre 68 et pesais 55 kilos. Voilà cinq ans que je surfais tous les jours.

Je l'ai suivi le long de Kam Highway. Il y avait beaucoup de circulation. Nous sommes restés un moment sur le bas-côté avant de traverser. J'étais si nerveux que tous les organes de mon corps me semblaient en surrégime. Mon cœur battait dans mes tempes et mes oreilles, j'avais les paumes des mains en sueur et bon sang, une envie pressante de couler un bronze ! En marchant sur le parking, on a salué quelques habitués de Sunset. J'avais sous mon bras la Rawson blanche faite sur mesure pour Gustavo qui pesait 40 ou 50 kilos de plus que moi. Cette planche était bien plus longue et épaisse que tout ce dont j'aurais pu rêver si j'en avais eu les moyens.

Le vent, qui venait de terre, était cinglant. Passer le *shore break* peut être traître. Nous avons ramé vers West Peak. Le *rocker* de la Rawson permet de ramer plus facilement et, dopé par l'adrénaline, j'avais instantanément mis le turbo. Gustavo était sur ma gauche. Une série arrivait droit sur nous. « À toi de jouer, petit Punk ! » Soudain, un pic bleu m'a soulevé. La vague géante devait faire trois mètres hawaïens, donc un creux de cinq à six mètres, plus de trois fois ma taille. Je me sentais comme dans un dessin animé ou un conte de fées.

J'ai fendu la face avec les rails de ma planche. Le vent me fouettait le visage, l'eau rugissait dans mes oreilles. Je retrouvais mes sensations de gamin quand je glissais le long des arbres de Belize ou que je me jetais du toit du garage à Berkeley. Poursuivi par la montagne bleue, ce *ride* semblait infini. Mais non, j'ai percuté un gros remous. Mes os se sont entrechoqués, mon cerveau s'est mis à vibrer. Ce n'était pas terminé. Je suis remonté sur mon *gun*. La fête foraine continuait avec toujours plus de vitesse et l'eau lisse qui filait sous ma planche.

Gustavo, dans sa grande sagesse, m'avait prêté une planche préparée pour ce type de vague. Ramer et la placer me paraissait si simple. J'avais plus de mal à me lever au dernier moment, en *late take off* – une technique que je ne maîtrisais pas encore –, et je n'arrivais pas à manœuvrer. Mais cette planche était parfaite pour prendre de la vitesse et se tirer le plus loin possible.

Depuis ce jour, je n'ai respiré et vécu que pour les grosses vagues.

On a surfé ensemble tout l'hiver. L'été venu, Gustavo est reparti pour le Pérou ou l'Indonésie. Comme son business atteignait son pic pendant la saison morte – les gars avaient la mélancolie de l'hiver et se shootaient régulièrement –, Gustavo avait un partenaire qui gérait ses affaires en son absence et deux « mules » qui ramenaient la coke du Pérou tout en travaillant comme photographes. Dans les années 1980, il était assez facile de passer au travers du filet tendu par les douanes d'O'ahu en utilisant un boîtier d'appareil photo ou un double fond.

Si tu n'avais pas comme lui les moyens de mettre les voiles, la saison d'été était ennuyeuse à mourir. L'océan se transformait en lac et on ne pouvait plus circuler sur Kam Highway, embouteillé par les familles de touristes intrépides dans leurs voitures de location, qui avaient quitté la ville pour voir cette côte nord sauvage, et pour « surfer ». Liam et moi nous occupions de notre petite plantation de cannabis et passions des heures à sauter des rochers volcaniques de Wai-mea, ou de Towers, qui approchaient les dix mètres et s'avançaient dans la baie. Tous les après-midi, on fumait des joints en nous préparant à bombarder au mieux la falaise. En ajustant notre trajectoire et en nous regroupant au dernier moment, on pouvait arroser tous les touristes agglutinés sur le rivage qui attendaient leur tour pour grimper. Pour éviter de se prendre de trop grosses claques sur le cul, nous revêtions une paire de pantalons sur nos shorts.

Il arrivait que des vagues se réveillent en ville, car la côte sud restait exposée à la houle durant l'été. Nous ne nous déplacions que lorsque les conditions étaient excellentes, pour justifier le coût de l'essence et les désagréments de la foule. Tard dans la saison, j'ai ainsi pris ma Toyota Celica en direction de Waikiki. La houle levait des vagues atteignant les trois mètres. Ma bagnole était à bout de souffle, mais à mes yeux cette berline à deux portes avec des pneus larges à l'arrière était magnifique avec sa robe rouge carmin… Le top, c'était de foncer sur Kam Highway une nuit de pleine lune que l'on pouvait voir à travers le toit ouvrant, le radio-cassette à fond, pour se rendre à une soirée où, nous avait-on dit, des jolies filles n'attendaient que nous. Ala Moana Bowls était en condition ce jour-là, mais le *line up* était bien embouteillé. Trois gars sur des *longboards* sont partis en même temps sur la même vague, se sont percutés et ont fait une chute spectaculaire. Et puis la houle s'est calmée.

J'ai croisé une vieille connaissance d'Hale-ʻiwa, qui était un peu plus âgé que moi : Arty ou Marty ou un nom comme ça. Sa copine, qui vivait dans l'une des tours proches du zoo de Honolulu, organisait une soirée. « Tu peux venir, si tu veux », m'a dit Marty ou Arty machin chose.

J'ai attaché ma planche sur les barres de la Celica et l'ai suivi dans un immeuble haut d'une vingtaine d'étages, non loin de là. L'appartement, petit et basique, appartenait à la mère de sa copine et donnait effectivement sur le zoo. J'ai engagé une conversation avec une fille aux longs cheveux bruns et aux yeux noisette. Elle semblait avoir pitié de mes efforts maladroits et pathétiques pour la séduire. À 16 ans, gauche et timide, je ne savais toujours rien de la drague. Je l'ai invitée sur le balcon pour « admirer la vue ».

À peine sortis sur la terrasse, nous avons entendu un crissement de freins et un fracas de tôles. En bas, un fourgon venait de se transformer en un tas de ferraille basculé sur le côté. La voiture de police qui l'avait pris en chasse s'est bruyamment arrêtée. Des flics ont jailli comme dans Starsky et Hutch. Sur le parking, à moitié vide en cette fin d'après-midi, les rares touristes étaient figés, bouche bée.

« La vache, c'est du lourd ! » ai-je crié.

Vraisemblablement plus défoncé qu'en temps normal, il m'a fallu une bonne minute pour m'apercevoir que ce fourgon n'était pas un van quelconque, mais celui que j'avais souvent vu garé dans l'allée de mon ami péruvien. Au moment où j'en ai pris conscience, alors que tout le monde s'amassait sur le balcon, j'ai vu un grand gars brun avec des cheveux noirs sortir en rampant par la fenêtre passager avant de s'enfuir en courant. Gustavo.

J'ai appris plus tard qu'il réceptionnait ce jour-là sa mule-photographe à l'aéroport. Elle avait dénoncé l'ensemble du réseau et tous deux sont directement passés à la case prison sans passer par la case départ.

Pipeline

Une stricte hiérarchie règne sur le *line up*. Dans la plupart des spots de la côte nord, au sommet de la pyramide, on trouve les Hawaïens amateurs de grosses vagues, puis d'autres Hawaïens pur jus ; ensuite les *haoles* qui envoient du lourd et qui vivent toute l'année sur la côte, puis les autres *haoles* résidents. Viennent enfin les surfeurs « étrangers » qui se sont fait un nom et qui participent aux compétitions hivernales, et en dernier les petits jeunes du coin qui promettent.

Cette hiérarchie est encore plus marquée à Pipeline, au sud-ouest de Sunset, où la vague principale déferle très près de la plage. Le site est engorgé tout l'hiver par des surfeurs, photographes, organisateurs de compétitions, sponsors, spectateurs, touristes et des jeunots comme moi qui pensent avoir enfin le niveau pour se mesurer à cette vague mythique. Pipe est le spot le plus dangereux de la planète océan. Les surfeurs s'y brisent les bras, les jambes et le dos, se font entailler, découper et massacrer. Pipe a dérobé plus de vies que n'importe quel autre spot. La vague principale que l'on peut voir sur les posters paraît lisse et parfaite. Mais la vérité est autre, car elle déferle sur un fond de deux mètres à peine.

Son premier *reef break*, à environ 70 mètres du rivage, est une suite chaotique de replats dentelés avec des creux, des pointes et des têtes de corail causant de gros remous. Ceux-ci peuvent vous éjecter de votre planche et détruire un *ride* parfait en l'espace d'une seconde, ou vous projeter sur une pique de lave pour vous empaler comme au temps des croisades. Ce *reef*, lorsque la houle vient de l'ouest, soulève une vague de deux à quatre mètres qui s'enroule pour donner un tube lisse, le rêve de tout photographe. Pour le prendre, il faut partir sur la vague sans aucun esprit de recul, tant le mur est vertical, et, sans perdre une seconde, placer sa planche en équilibre sur les rails. Le *barrel* est profond. Si le surfeur assure, il pourra surfer pendant une dizaine de secondes jusqu'à toucher le sable avant de marcher sur la plage comme s'il venait de traverser Kam Highway. Il y a deux autres *reefs* à Pipeline, en eaux plus profondes. Quand la houle est forte, de l'ordre de quatre mètres, elle déferle sur le deuxième, à 100 mètres au large du premier. Quelquefois, des vagues géantes déferlent sur le troisième *reef*, situé bien plus au large, à environ 270 mètres de la plage. Quand la houle arrive du nord-ouest, la gauche habituelle se transforme alors en un pic parfait, une vague en forme de A qui déferle des deux côtés avec une droite féroce que l'on appelle Backdoor.

À Pipeline, se faire dégager de sa planche pour être projeté sur le récif peut être assimilé à chuter du troisième étage d'un immeuble sur le trottoir. Plus d'une fois, Liam s'y est blessé sérieusement. Depuis, il porte systématiquement un casque.

La première fois que je me suis rendu à Pipeline, la vague déferlait sur le deuxième récif. Haute de trois à quatre mètres, elle semblait un peu moins rapide, mais plus haute que le pic principal et ne demandait pas aux surfeurs de décision instantanée. Sagement assis sur la plage, j'ai compté les intervalles entre les vagues et les séries – trois à cinq vagues pour chaque série, trois à cinq séries toutes les cinq à dix minutes –, et je suis parti à l'extrémité est de la plage pour ramer dans le *channel,* la zone plus profonde où les vagues sont moins hautes et permettent de ramer plus facilement. Sur ma gauche, les vagues explosaient avec violence. Je me sentais aspiré vers le prochain spot et la plage. Afin de garder mon cap, j'ai redoublé de puissance à grands coups de moulinets en avalant de grandes gorgées d'air et d'eau salée. Quand j'ai enfin dépassé le *channel,* je me suis retourné et j'ai ramé vers le *line up*.

Tous les cracks de la côte nord étaient là : Gerry Lopez – Monsieur Pipeline en personne –, Derek et Michael Ho, Johnny Boy Gomes, Ronnie Burns et j'en passe. Ils m'ont suivi des yeux alors que je me rapprochais d'eux en les saluant. Respectueux de la hiérarchie, j'étais résigné à patienter des heures que mon tour vienne. Les gars se répartissaient les vagues. Dès qu'une bonne vague arrivait, l'un d'eux la prenait sans attendre. Si vous leviez la main et s'ils vous la laissaient, il ne fallait surtout pas hésiter et y aller avec tout votre cœur au risque sinon de passer pour un blaireau et de vous voir interdire les vagues suivantes. Si vous preniez une vague sans lever le bras ou si vous vous adressiez à la mauvaise personne, vous vous exposiez à une raillerie cinglante, à une insulte, voire un renvoi immédiat à la plage. Cela pouvait même dégénérer en : « Eh *haole,* tu prends le prochain avion et tu te casses ! » N'importe qui pouvait en faire les frais.

Assis, les jambes pendantes des deux côtés de la planche, je voyais les vagues dérouler, l'une après l'autre, en formant des tubes parfaits. L'eau était si claire que je pouvais distinguer le récif, sept mètres plus bas. Pendant une demi-heure ou plus, je me suis contenté de regarder les gars prendre les vagues. Isolé dans mon coin, personne ne me prêtait attention. Soudain, une vague s'est formée près de moi. J'étais le mieux placé. Un surfeur à plusieurs mètres ne pouvait manifestement pas la prendre. La meute de chiens de mer m'a observé. Aucun n'a bougé. La vague se levait à présent sous ma planche. Du gros ! Si je la laissais passer, j'allais perdre le respect de tous ces durs de la côte nord qui ne me donneraient aucune autre chance. Que je me la mange, que je sois balayé comme un alevin ou traîné jusqu'en Californie, plus rien ne comptait.

Baissant la tête, j'ai ramé aussi vite que j'ai pu. Je suis parti sur le point idéal et je me suis jeté dans le tube, tout en volonté, sans l'ombre d'un doute… Tout au fond du *barrel*, je n'ai pas réussi à m'en extraire. En une fraction de seconde, la vague m'a gobé. Putain, j'allais ramasser ! J'ai pris une grande respiration alors que la vague aboyait au-dessus de ma tête. Mes sinus se sont remplis d'eau. Recroquevillé en boule, je me suis fait valdinguer de droite à gauche comme la bille d'un flipper. J'ai volé au-dessus du récif et réussi à attraper mon *leash*, tirant dessus pour remonter à la surface et retrouver ma planche. Le bleu outremer virait au bleu ciel, ou presque. J'ai fait surface au moment où la lèvre d'une vague de cinq mètres se pulvérisait sur mon crâne. J'ai pu reprendre un peu d'air. J'ai compris à cet instant que tant que l'océan m'autorisait à prendre ne serait-ce qu'une bouffée d'air, je devais accepter d'être tourneboulé et secoué dans tous les sens et d'être le prisonnier provisoire d'une énergie qui me passait au-dessus de la tête. J'étais ravi comme si j'avais surfé la vague de la journée.

De nouveau en surface, je suis revenu au *channel* et j'ai ramé pour rejoindre la meute, boosté par cette expérience. Johnny Boy Gomes, un surfeur considéré comme étant l'un des plus agressifs de la côte, prêt à cogner quiconque oserait prendre « sa » vague, m'a salué d'un signe de tête. Un autre m'a dit : « Waouh, c'est du lourd ! Bien tenté, juste un peu trop profond… » J'avais gagné leur respect. Une autre vague est passée à ma portée. Je suis reparti pour me faire coincer dans le tube. De nouveau, la vague m'a avalé. Mes poumons ont failli exploser. J'ai tiré sur le *leash*. Enfin la surface. J'étais totalement dopé.

Troisième essai… Je n'ai rien changé et je me suis lancé comme les fois précédentes. La vague a été magnanime et mes rails ont bien tenu. Une seconde, deux secondes dans ce tunnel bleu aux parois lisses. L'eau blanche comme une clameur au-dessus de ma tête. Je suis ressorti à la troisième seconde, juste avant que la vague se referme.

Un photographe japonais, Denjiro Sato, était ce jour-là assis sur sa planche, dans le *channel*. Connu pour son travail avec Gerry Lopez, il avait pris la toute première photo de moi parue dans un magazine de surf : une fin d'après-midi pourrie sur la plage de Velzyland, il s'était approché et m'avait demandé si je pouvais lui servir de modèle afin d'essayer son nouveau flash. Je m'étais mis à l'eau. Les vagues modestes, avec des pics peu définis, ne présentaient aucun intérêt. Le ciel s'était assombri. La séance me semblait compromise.

Au large, j'ai alors vu une crête se former : une série surprise. J'ai ramé jusqu'au *line up* et pris la vague pour surfer un petit tube merdique qui, magnifié par Denjiro, est apparu comme une chambre magique aux parois étincelantes.

À Pipeline, Denjiro s'est surpassé. Les photos qu'il a faites de moi se sont retrouvées dans *Surfing*, un magazine de référence aux yeux de tous.

Partie III – Semi-pro

Sunset Beach, Hawaï, 1989.
(Photographie : Tomomi Mizuguchi.)

Devenir pro

Les frères Willis – des jumeaux monozygotes – sont devenus nos sponsors pour les planches. Premiers surfeurs à avoir osé affronter les vagues monstrueuses du *reef* extérieur de Sunset, ils *shapaient* des planches pour tous les cracks du coin, rassemblant autour d'eux une équipe de rêve constituée, entre autres, de Johnny Boy Gomes, Jason Majors, Titus Kinimaka et des frères Moepono.

Liam n'était pas dans le haut du panier, mais avait intégré un groupe qui envoyait du lourd. Moi, même si l'on me respectait pour avoir continué à surfer après un sévère *wipe out*, on m'avait associé à des surfeurs de catégorie C, et encore, pour faire plaisir à mon frère. J'étais en retrait par rapport à la réputation de Liam. La plupart des gars pensaient même que j'étais son cadet. Liam était connu pour ne rien lâcher au *line up*. Plutôt grande gueule, il se fichait bien de la hiérarchie que les anciens voulaient imposer. À l'inverse, on me tenait pour plus sociable et moins menaçant. Les frères Willis m'ont donné une grande planche de trois mètres avec une seule dérive. Avec un tel engin, je me sentais capable de surfer n'importe quelle vague.

Michael Willis et son épouse Bellina vivaient dans une petite maison à Sunset Point. Milton, son frère, habitait un peu plus haut sur la colline. Plutôt que d'attendre que nous débarquions à l'improviste, comme le font la plupart des surfeurs, ils invitaient toute leur écurie à des soirées relativement formelles. Le barbecue allumé, Bellina nous servait des légumes, de la salade et des fruits. Voilà un régime qui me changeait de mes plats réchauffés au micro-ondes et de mes céréales, et qui ne pouvait que contribuer à faire évoluer mon surf. Sur leur terrasse, confortablement assis sur un canapé, on regardait le soleil se coucher. Peter Davi nous rejoignait parfois. Ce pêcheur professionnel épargnait toute l'année et venait de Monterey pour surfer l'hiver à Pipeline. Bellina faisait circuler un joint après le repas avant de disparaître à l'intérieur où elle s'activait à je ne sais quoi. Contrairement aux filles que je connaissais, c'était une hyperactive, toujours en train de planifier quelque chose. Elle avait largement contribué à la réussite des frères Willis, prenant en charge leur comptabilité, et s'assurant qu'ils sponsorisent des surfeurs avec un véritable potentiel plutôt que le premier zozo qui aurait pris la vague du jour à Sunset. Dans les vapes, le ventre plein, les pieds en éventail sur la balustrade, rafraîchi par le souffle des alizés alors que le soleil rouge sombrait dans la mer, je me suis dit qu'être défoncé en permanence ne me mènerait pas très loin.

Grandir. Devenir adulte et ramener un salaire. Gagner sa vie. J'y pensais sans cesse. J'étais en terminale et je n'obtenais que de médiocres C, plus souvent encore de pitoyables D, voire d'exécrables F. Ce qui m'a inévitablement amené dans le bureau de la directrice, au milieu du deuxième trimestre. Sans prendre de gants, elle m'a averti que si je continuais sur ce chemin, je ne finirais pas diplômé. Je suis sorti de son bureau en haussant les épaules. Né au mois d'août, j'étais parmi les plus jeunes de ma classe. Un redoublement n'aurait rien de dramatique. Je pourrais même bénéficier d'une année supplémentaire pour savoir ce que je voulais faire de ma vie. J'ai continué à sécher les cours et mes rares C sont tous devenus des D.

Et pour la première fois de ma vie, j'ai eu la trouille.

Les bons surfeurs ne manquaient pas au lycée. Mais personne n'osait évoquer l'avenir ; il se limitait pour nous aux vingt-quatre heures du bulletin météo. À bord du bus scolaire, j'ai vu un jour à Wai-mea l'un mes camarades de classe, Brock Little, en solo sur sa planche rouge, sur une vague de six mètres. Plutôt solitaire, originaire de Californie comme Liam et moi, il avait la réputation de surfer les plus grosses vagues de la côte nord, sans trop se poser de questions lui aussi.

Obsédé par cette baie, je surfais dès l'aube. Me levant dans l'obscurité, ma journée démarrait par un gros joint, histoire de me caler l'estomac. Je conduisais ma Toyota jusqu'au parking de l'église, prenais ma planche sous le bras et traversais la route pour suivre un étroit sentier taillé dans les broussailles. J'avais adopté les couleurs *flashy* de l'époque : shorts de bain verts ou rouges et débardeur fluo, vert ou rose fuchsia. Je faisais une halte dans les buissons pour *waxer* ma planche et fumer un dernier pétard, que je partageais volontiers avec le premier venu s'il était aussi matinal que moi.

Liam et moi avions un nouveau sponsor, Randy Rarick de Surfers Alliance. Randy était un sacré personnage : l'un des rares surfeurs pros ayant réussi à devenir organisateur et agent – il avait été demi-finaliste au Championnat du monde de 1970. Un mec facile d'accès, honnête et franc. Randy avait l'habitude de porter toutes sortes de casquettes aux couleurs de ses partenaires. En 1983, il a créé la Triple Crown of Surfing, une épreuve inspirée de certaines compétitions de chevaux qui regroupent trois courses à quelques semaines d'intervalle. Son championnat récompensait le meilleur surfeur sur les trois spots les plus difficiles de la côte nord lors des compétitions suivantes : les Pipeline Masters, la World Cup de Sunset et la Hawaïan Pro de Hale-'iwa.

Il était inévitable que nous nous rencontrions. Randy habitait à Sunset et moi je vivais quasiment au *line up* de Sunset, surfant trois ou quatre fois par jour. C'est en ramant vers moi qu'il m'a abordé pour me proposer que Surfers Alliance devienne mon sponsor – ce qui revenait à porter leurs T-shirts et casquettes – et à participer à sa Triple Crown.

Liam et moi fréquentions les compètes locales depuis quelques années déjà. Le genre de rassemblement où l'on s'inscrit sur une table de camping posée sur le sable et où le vainqueur récupère un bon d'achat dans le magasin de surf du coin. Rien à voir avec les épreuves qualificatives des compétitions majeures qui, aujourd'hui, sont transmises en direct sur Internet. La circulation sur Kam Highway est alors complètement à l'arrêt et le devant de la plage est occupé par une montagne de gradins décorée avec les bannières flottantes des grandes marques : Billabong, Vans, Hurley, Volcom, etc.

Lors des qualifications pour la Triple Crown, tous les cracks hawaïens étaient présents, de Dane Kealoha à Michael Ho, vainqueur de la dernière édition. Âgé de 17 ans, j'étais très impressionné par une telle concentration de stars. Mais je ne m'inquiétais pas plus que ça, car Sunset est un immense terrain de jeu où il est facile de s'étaler pour trouver sa propre vague. Si les autres gars étaient plus doués et expérimentés que moi, je compensais mes faiblesses par une excellente connaissance du site. Il y a trois zones de *take off* où l'on peut chasser la vague. La première, un peu à l'intérieur, l'autre plus à l'extérieur, et la dernière, au loin, au nord et à l'ouest. Je savais d'avance où les vagues déferleraient, et je comptais bien devancer les autres. Mais je ne surfai pas comme j'aurais voulu ce jour-là. Convaincu d'avoir été éliminé, aussitôt mon tour passé, je suis reparti vers un autre spot pour surfer tranquillement, pour mon seul plaisir. Heureusement que ma mère était sur la plage. Après avoir entendu mon nom parmi les qualifiés de la seconde manche, elle m'a couru après pour me faire revenir. J'ai fini par me retrouver dans le groupe de tête, de ceux qui sont récompensés par un véritable chèque : 250 dollars que pour moi ! Voilà qui me changeait des T-shirts, shorts ou planches qui s'empilaient dans ma chambre. Et à partir du moment où l'on amassait quelques billets dans la poche arrière de son short, on était considéré comme un pro.

C'est ainsi que j'ai croisé mon destin : celui de surfeur professionnel.

Je suis retourné en cours, mes notes ont frôlé les B, ou presque, et j'ai obtenu mon diplôme avec mes camarades de la promotion de 1985.

Tora ! Tora ! Tora !

En 1983, la côte nord est devenue populaire auprès des surfeurs japonais. Des *kooks* – frimeurs incompétents – et de vrais gros durs ont débarqué en masse sur nos plages pendant tout l'hiver. Les locaux ne voyaient pas cela d'un bon œil. Nous avions déjà les Californiens, les Sud-Africains et les Australiens. Et maintenant eux ? Liam et moi n'étions pas du même avis. Ayant passé notre vie à subir les caprices et folies des autres, nous avions appris à mettre de côté nos émotions pour tirer profit de chaque situation et transformer le négatif en positif. Nous étions déjà amis avec Nick Nozaki, un Japonais installé sur la côte depuis quelques années. Il nous a initiés à la mentalité japonaise en nous invitant chez lui les après-midi sans vagues, et en nous enseignant des rudiments de sa langue. Ainsi, plutôt que d'être assis sur nos planches à maudire cette horde de Nippons qui envahissaient « nos » *line ups*, nous leur faisions un signe amical, demandions leurs noms et d'où ils venaient. Rien de très héroïque, mais en retour, ils nous ont appris un impressionnant vocabulaire salace que Nick n'aurait jamais osé prononcer. S'il existe une multitude de termes pour désigner un cerisier, il en existe tout autant pour dire « se branler » !

Nous avons rencontré Ken et Eito au *line up* de Wai-mea, deux gars d'une vingtaine d'années qui avaient abandonné leurs jobs tokyoïtes pour faire du surf à plein-temps à Hawaï. Tous deux cherchaient à se loger. Après une session, Liam est rentré à la maison pour parlementer avec Malia. Quelques jours plus tard, elle a adopté le sofa convertible du salon pour faire de la place à nos nouveaux locataires dont la contribution couvrait la totalité de notre loyer.

On a montré à Ken et Eito le potentiel du site d'Hale-'iwa, compte tenu de leurs capacités. On a essayé de leur transmettre l'éthique complexe du surf et sa hiérarchie – dont l'impossibilité de prendre la première vague qui vient sans l'assentiment des cracks locaux qui attendent au *line up*. Je ne suis pas sûr qu'ils aient tout compris avec notre japonais de pacotille et notre langage des signes.

Un jour froid de printemps, une série géante de belles vagues s'est annoncée. Elles étaient si puissantes qu'on pouvait sentir leur souffle depuis la plage quand elles se fermaient. « Vas-y, Vas-y », m'encourageaient-ils. « Non, non, allez-y, vous », ai-je répondu. Sans hésiter, ils ont couru à travers la plage, se sont jetés à l'eau et ont immédiatement ramassé. Ils sont sortis tant bien que mal de l'eau bouillonnante en rigolant.

Pour nous remercier de ce qu'ils croyaient être de la gentillesse – incapables dans leur ingénuité de comprendre que les frangins McNamara étaient devenus experts pour tirer profit de toute situation –, ils nous invitaient à dîner dans les restaurants chics des grands ensembles touristiques de Honolulu. Ils nous commandaient des steaks dignes d'un gaucho argentin, des cocktails bleu fluo avec des morceaux d'ananas empilés sur une épée en plastique, puis nous ramenaient en riant à la maison avec leur voiture de location. D'autres Japonais vivaient plus haut dans la rue. Nous les avons présentés à nos deux amis pour surfer tous ensemble. Chaque matin, Liam et moi prenions le bulletin météo pour leur indiquer les spots de la journée. En tant que « propriétaires », il nous paraissait de notre devoir de les conseiller sur tous les bons plans.

Peu à peu, l'information a filtré jusqu'au pays du Soleil levant, amenant davantage de leurs compatriotes, dont certains étaient déjà célèbres au Japon.

Takayuki Wakita est arrivé un jour d'hiver. Liam le connaissait du Paskowitz Surf Camp, la plus vieille école de surf des États-Unis, où Wakita avait séjourné quelques années auparavant. Nous avons appris par radio noix-de-coco – la version hawaïenne de radio tam-tam –, qu'il surfait des grosses vagues du côté de Shōnan, le berceau du surf nippon, une longue côte avec une étonnante variété de *beach breaks* et de *reef breaks* entrecoupés d'estuaires de rivières, accessible en transports en commun depuis Tokyo. Notre nouvel ami, bien qu'âgé de 16 ou 17 ans, avait suffisamment économisé sur son salaire d'ouvrier pour se payer le voyage et partir à l'assaut de Pipe. N'ayant plus assez d'argent pour une voiture de location, il se déplaçait avec un vélo juste assez grand pour un gamin de dix ans. Il ne voulait surfer qu'à Pipeline. Wakita, d'apparence placide, presque flegmatique et poli, était néanmoins animé par une volonté inflexible. Comme les autres, il a dû faire sa place au *line up*. Liam, toujours prêt à porter secours à la veuve et à l'orphelin, l'a pris sous son aile et a partagé tout ce qu'il savait. Un véritable maître d'école : « Écoute-moi, sauterelle, voilà les règles si tu veux surfer à Pipeline. Règle numéro un :

toujours porter un casque. Règle numéro deux : assieds-toi bien sur ta planche et mets-toi à côté de moi. Règle numéro trois : ne rame pas vers la vague en disant “Ho ho…” ou un truc du genre. Règle numéro quatre, mais pas la moins importante : n'abandonne jamais, tu entends, jamais. »

La zone de *take off* à Pipe est très étroite et le *line up* surpeuplé. Liam a fait découvrir à Wakita un spot secret, un peu plus profond, au large du pic principal : une petite section méchante avec des grosses vagues plus épaisses et rapides que le premier et le deuxième *reef* ; une gauche courte et redoutable au milieu d'un chantier de droites hachées. Wakita s'est mis à surfer cette section jour après jour au point qu'elle a été baptisée le « Bowl de Wakita ». Dans un monde plus juste, elle aurait dû porter le nom de « Bowl de Liam »…

Des photographes japonais, comme Denjiro Sato, celui qui avait shooté mes premiers essais à Pipeline, ont suivi leurs compatriotes. Denjiro nous a un jour proposé, à Liam et moi, de partir en Californie pour un *road trip* surf et photo. Après avoir débarqué à Ocean Beach, près de San Francisco, nous sommes descendus au sud, sans nous arrêter de surfer jusqu'à la frontière mexicaine.

Ken et Eito ont cédé leur chambre à d'autres surfeurs japonais qui, une fois partis à leur tour, s'empressaient de dire du bien de ces frères McNamara tellement sympas qui partageaient les secrets de la côte nord.

Pendant près de dix ans, Malia a ainsi loué des chambres à des surfeurs et des photographes japonais. Des années plus tôt, elle aurait sans doute songé à s'envoler avec l'un d'eux pour, qui sait, disparaître et fonder une communauté rurale dans une vallée cachée du Japon… Mais elle avait changé depuis que nous étions à Sunset. Dans ce petit village où les cancans allaient bon train, elle était résolue à se ranger et se fondre dans la classe moyenne américaine. Blonde et bronzée, avec un visage gracieux, elle faisait encore tourner quelques têtes. Elle aimait raconter l'histoire de ce réceptionniste de Turtle Bay Resort qui avait confié à un ami qu'il aurait aimé sortir avec elle. L'autre lui avait répondu : « Oh non, tu rigoles, elle est bien trop conventionnelle pour toi ! »

Et surtout, en lisant les petites annonces, elle avait fini par trouver du travail chez un designer local qui cherchait une artiste. Elle peignait des fleurs hawaïennes sur des jupes, des vestes et des sacs. Cela payait bien, jusqu'à 60 dollars de l'heure. Elle est même allée une ou deux fois à Honolulu avec lui pour un salon artisanal. Elle était heureuse. Et nous aussi.

NAMI OKI

J'ai fêté mes 18 ans cet été-là. L'océan semblait dormir tant il était calme. Des files de touristes venus de Honolulu encombraient Kam Highway et ralentissaient en espérant apercevoir une vague gigantesque au large… Voilà longtemps que mon classement à la Triple Crown était oublié.

Avec Liam, sans espoir de houle à l'horizon, on s'ennuyait à crever, nous contentant de fumer jusqu'à dix pétards par jour. Dès le réveil, j'attrapais un mégot de fin de soirée, tirais deux ou trois taffes, avalais mes céréales avant de rouler un gros joint pour me caler pour la journée. J'appelais parfois mes potes de la côte sud pour voir si cela valait le coup de me mettre à l'eau. Sinon, je m'en allumais un autre. Le soir, nous faisions la fête avec nos amis japonais. Le seul bénéfice de cet interminable été fut d'avoir amélioré mon japonais. La nuit tombée, nous rendions visite à Michael Willis dans sa petite maison à Sunset Beach, histoire de fumer un dernier pétard et de profiter de la cuisine végétarienne de Bellina.

Un matin, surexcité, Michael a appelé chez ma mère pour me dire de rappliquer. « Garrett, on va t'envoyer au Japon ! » a-t-il hurlé en me voyant débarquer. Avec son frère, ils venaient de signer un contrat avec un fabricant de combinaisons de surf. « Et on aimerait bien que tu nous représentes là-bas. » Sa voix cachait mal son émotion. Sans doute craignait-il un refus de ma part, dans le genre : « Qu'est-ce que tu veux que j'aille foutre au Japon ? La côte nord a les plus belles vagues du monde. D'ailleurs regarde tous les Japonais qui rappliquent ici l'hiver. » Mais Michael s'inquiétait pour rien. Voilà longtemps que malgré mon jeune âge, j'avais appris à ne négliger aucune opportunité. Trois jours plus tard, je débarquais sur une autre planète.

Je me suis rendu au Japon quatre années de suite, loin de mon rocher volcanique. Après que les frères Willis m'aient présenté à Hotline, un fabricant de combinaisons, j'ai signé avec Peakaboo, une marque de fringues et les magasins Murasaki Sports. Le premier été, j'y suis allé seul. Liam n'avait que 15 ans, il était au lycée, encore tiraillé entre son rêve de devenir un pro du base-ball et le surf. Surtout, il était tombé raide dingue d'une fille superbe – et future Miss Hawaï – un peu plus âgée que lui.

On m'a envoyé un billet d'avion première classe par Federal Express ; un chauffeur à casquette m'attendait à l'aéroport avec un panneau « Monsieur McNamara ». On m'a déroulé le tapis rouge. Je gardais les yeux grands ouverts. Jamais je n'avais vécu un tel luxe, moi le gamin aux pieds nus et aux shorts troués, le voleur de bicyclettes, le cancre amateur d'école buissonnière, le fumeur de pétards incapable, hormis son joint, de finir ce qu'il avait commencé. Le chauffeur à casquette m'a conduit chez M. Shinzo Tanuma, le patron de Hotline, à Shōnan, dans la baie de Sagami. Il m'a présenté aux frères Sakino, deux des meilleurs surfeurs du Japon, histoire qu'ils me dévoilent leurs spots secrets. Difficile de ne pas tomber sous le charme de ce pays, et de ce peuple, si différent, humble et accueillant. Je rencontrais et travaillais avec des responsables et des cadres qui me traitaient avec respect, moi l'adolescent marginal à peine sorti du lycée. Il m'a fallu un peu de temps pour m'habituer à l'idée que mon visage serve à vendre des shorts, de la bière ou des planches de surf. À mes yeux, de belles photos de surf, telles qu'elles étaient publiées dans les magazines spécialisés, avaient plus d'impact. Mais aux yeux des Japonais, j'étais l'archétype du jeune surfeur américain. J'avais même droit à une campagne de pub avec ma tête affichée sur des grands panneaux publicitaires à travers la ville. Il fallait le voir pour le croire !

Rapidement, j'ai mis en place une petite routine basée sur le principe que, tant qu'à être là, autant être sérieux. J'attaquais la journée par une série d'exercices physiques : abdos et pompes suivis par une séance d'assouplissements et d'étirements qu'un coach m'avait spécialement préparée. Je partais ensuite surfer avec un collègue japonais, la plupart du temps sur un spot à 50 kilomètres à l'ouest de Yokohama : une droite et une gauche, face à l'estuaire de la rivière Sakawa, avec des vagues bien creuses de deux à trois mètres quand la houle, générée par les typhons de la mer des Philippines, vient du Sud. La droite me rappelait Off the Wall, mais ici, l'eau, loin d'être turquoise et cristalline, était laiteuse et épaisse, chargée de sables et de sédiments.

Seul *gaijin* – étranger – au *line up,* je m'inquiétais un peu de la hiérarchie régnant entre surfeurs. Mais heureusement, les frères Sakino étaient potes avec Eka, le caïd du spot. Je pouvais surfer en quasi-liberté. Après notre session, on rentrait chez Shinzo où son épouse nous régalait sans que nous ayons à parler, pas même de nos vagues. Puis on allait dans l'atelier où les planches étaient *shapées* et dans les bureaux où ils dessinaient les combinaisons.

Peu à peu, j'apprenais le métier.

Parfois, je m'envolais pour Nii-jima. Quarante minutes de vol de Tokyo pour rejoindre cette île de l'archipel d'Izu au nord de la mer des Philippines. Le lieu d'évasion idéal pour les citadins stressés. Nii-jima me rappelait Kaua'i avec ses profondes forêts vierges couleur émeraude au centre, ses falaises volcaniques surplombant des plages de sable blanc ou gris tout autour. Les compétitions de surf se déroulaient à Habushuira, une longue plage rectiligne de la côte est, avec un fond sableux en pente assez douce produisant des vagues *A-frame* aux droites et gauches si régulières et parfaites qu'on pourrait les croire sorties d'une piscine à vagues ; des vagues japonaises… lisses et polies. À Nii-jima, les maisons d'hôte sont toutes alignées dans la même rue, celle où se retrouvaient les surfeurs pros invités pendant la durée de la compétition comme Derek et Michael Ho ou Ronnie Burns. Je les retrouvais au *line up* ou au Red Velvet Bar qui ne pouvait accueillir qu'une dizaine de personnes assises. J'y ai rencontré Brad Gerlach la première année. Il venait de battre Tom Carroll dans une compétition australienne et était au sommet de sa forme. Carroll, quant à lui, avait gagné la *World Surf League* deux années de suite en 1983 et 1984. Il deviendra le premier surfeur millionnaire après avoir signé un contrat en or avec Quiksilver. Gerlach, à peine plus âgé que moi, aurait pu être comédien s'il n'avait pas été un aussi bon surfeur. Il pouvait commencer une histoire et, avant de vous en apercevoir, vous étiez embarqué dans un véritable spectacle. Le lendemain matin, alors que je ramais, les côtes me faisaient encore mal tellement il m'avait fait rire.

Si je garde de bons souvenirs de Nii-jima, je dois reconnaître que je n'y ai jamais brillé, me faisant même éliminer dès les premières manches qualificatives. Rien d'étonnant avec ces vagues qui atteignaient à peine la hauteur des genoux… En gars de la côte nord habitué à surfer des vagues de trois mètres au standard hawaïen, je ne voyais aucun intérêt à multiplier des pirouettes sur des vaguelettes de bord de plage. Mais cet échec était amer. Je n'aime pas stagner et, plus encore, je déteste perdre. Je gardai cependant ma rancœur pour moi, admettant volontiers que je n'étais pas assez compétitif. Après tout, n'étais-je pas, aux yeux des autres, « le grand frère décontracté de Liam » ?

J'ai tout de même essayé de tirer profit de cette expérience, de changer le négatif en positif. Nii-jima était une étape du circuit mondial pro qui attirait les meilleurs surfeurs de la planète. Assis sur ma planche, je passais mes journées à les regarder, à apprendre encore et encore : l'université Harvard du surf. Plus âgé que moi de trois ans, Tom Curren est l'un des premiers à être apparu sur mon radar. Il avait gagné une compétition junior en 1978, l'année où Liam et moi avons débarqué à Hawaï. En 1985, quand je suis devenu pro, Curren était déjà champion du monde. Tous les surfeurs des années 1980 essayaient de copier son style basé sur la gestion de la vitesse et la fluidité des enchaînements. Dès qu'il se redressait, il ancrait ses pieds sur sa planche pour ne plus en décoller tout le temps de sa vague. Il abaissait alors un peu son genou arrière, et utilisait ses hanches et ses genoux pour tracer une ligne propre à travers la face.

Moi aussi, un jour, je surferai comme Tom Curren.

Liam le terrible

Quelques semaines avant mon vingt-deuxième anniversaire, j'avais comme d'habitude fumé un joint digestif avant de piquer une petite sieste qui s'est transformée en grosse sieste jusqu'à la fin de l'après-midi. Au réveil, après m'être mis la tête sous le robinet d'eau froide, j'ai pris ma planche sous le bras direction la plage. Arrivé au parking, tous les photographes qui couvraient le spot avaient plié leurs trépieds et quitté la plage. C'était un jour moyen, avec des petites vagues, mais l'idée que j'aurais pu rater une belle journée m'a soudainement frappé : au lieu de viser la couverture d'un magazine, de figurer sur une photo qui aurait satisfait mes sponsors, j'étais en train de roupiller comme un collégien.

Ce jour-là, j'ai décidé d'arrêter de fumer pour de bon.

La règle du jeu, pour vivre du surf, était claire. Obtenir de bons classements dans des compétitions prestigieuses, grappiller des points au classement ASP, c'était bien, mais rien ne valait une belle photo sur une vague de légende. Tailler la face verticale d'un monstre bleu outremer, avant d'être recraché par un tube bleu marine. Une insignifiante silhouette fragile sur sa planche fuyant une vague immense et blanche de colère. Chaque année, les sponsors calculaient leur budget en fonction des photographies de l'année précédente. Si vous n'aviez pas été vu domptant une vague géante sur la côte sud-africaine ou calé au fond d'un tunnel à Tahiti ou encore en train de vous envoyer en l'air sur une jolie petite vague de Huntington Beach, au sud de Los Angeles, vous pouviez être certain que quelqu'un avait pris votre place. Et depuis peu, cet autre surfeur était… Liam.

À peine revenu de mon premier voyage au Japon, je l'avais pris entre quatre yeux : « Liam, il est temps d'arrêter tes conneries. Si tu t'en donnes les moyens, le surf peut t'offrir de vraies opportunités. » Il n'avait que 16 ans, mais vivait de manière autonome, chez l'un ou l'autre de ses amis. Oubliés les rêves d'une carrière pro de joueur de base-ball. Il aimait surfer, bien sûr, mais il aimait encore plus faire la fête. Profitant de mon absence, il s'était mis à fréquenter des surfeurs junkies et à prendre, occasionnellement, de la coke.

Entêté, mon frère n'aimait pas qu'on lui dise quoi faire. Mais, étonnamment, il m'a écouté. Depuis que nous étions mômes, il était capable de piger rapidement nombre de situations alors que je n'assimilais les choses que progressivement. Je lui ai parlé de mon voyage en première classe, des hôtels quatre étoiles, des sessions de surf, de la rencontre avec les meilleurs pros du monde, des planches gratos, des combis, de la *wax*, des chapeaux et des T-shirts à volonté, des accolades, de la satisfaction d'avoir un objectif que l'on peut atteindre et de la possibilité de vivre en surfant… Une étincelle s'est allumée dans ses yeux et quelques jours plus tard, alors que Pipeline était en condition, Liam était l'un des premiers à mettre sa planche à l'eau.

Il s'est concentré sur le surf à l'exclusion de toute autre activité. Finies les sessions à glandouiller sur des vagues de Mickey à Chun's Reef, Lani's ou Hale-'iwa où nous avions tout appris. Du jour au lendemain, Liam ne surfait plus que les spots fréquentés par les meilleurs photographes. Tout ou rien… Du pur Liam ! Il ne ciblait que les vagues stars – Sunset, Pipeline et Rocky Point –, ne se laissant nullement impressionner par les gros balèzes hawaïens qui faisaient la loi au *line up*. Il avait retenu de notre enfance chaotique que lorsqu'on se heurte à un obstacle, il faut soit renoncer, soit passer en force en s'en donnant les moyens. Si Liam avait attendu gentiment que l'un des roitelets locaux l'autorise à prendre la bonne vague, il serait encore assis le cul sur sa planche. Il y allait sans aucune hésitation, et prenait les meilleures vagues, souvent la troisième d'une série, celle d'ordinaire « réservée » au cercle restreint des locaux. Il ramait à fond dans le dos des caïds du coin, quitte à les gêner, sans se soucier des conséquences de ses actes.

Il faut dire qu'il avait sympathisé avec les frères Moepono, des forces de la nature, qui faisaient la loi sur V-land. Junior Boy, un bébé de près de 150 kilos, surfait sur la plus grande planche que l'on avait jamais vue, une vraie barge de débarquement ! Malgré cela, il arrivait à se glisser au fond d'un tube et à effectuer des virages et des *cut backs* de dingue. Quand Junior traversait la lèvre avec sa péniche, il projetait tellement d'écume que l'on se croyait sous le jet d'une lance à incendie. Ses trois autres frérots étaient tout aussi massifs et impressionnants. Alika – 125 kilos en slip et en tongs – était un gentil géant au cœur d'or. Elliot était le plus spontané, mais aussi le plus rentre-dedans. Quant à Alan, qui avait un an de moins que moi, il est devenu pendant un temps mon meilleur ami.

Durant un accrochage entre frangins, Junior a levé la main contre Alan. Celui-ci, plus rapide, s'est baissé. Placé derrière lui, je me suis pris la baffe sur la joue : 150 kilos de cador hawaïen en pleine figure ! Un miracle qu'il ne m'ait pas disloqué la mâchoire.

Perry Dane, un *haole* du coin avec, sans doute, une goutte de sang hawaïen, se prenait pour le shérif du *line up* en charge de la régulation de la population. Imbu de sa personne, il décidait, selon son bon vouloir, si tu pouvais ou non surfer. Si ta tête ne lui revenait pas, tu finissais ta journée sur la plage. Les pontes de la partie orientale de la côte étaient les plus gros, les plus méchants et les plus bornés des insulaires régnant sur les spots de l'île. La plupart étaient hawaïens ou originaires des Samoa. Si tu étais blanc ou ne résidais pas sur la côte nord, il valait mieux être en bons termes avec eux, au risque sinon de se prendre un coup, de se faire renvoyer sur la plage, ou les deux.

Depuis que nous étions petits, Liam et moi n'avions pas eu d'autre choix que de nous adapter à toutes sortes de contextes et de personnes : les hippies et les junkies de la communauté, les copines de notre père, les employés du restaurant, Mad Bob, Luis ou les allumés de la Famille du Christ. On s'est donc adapté aux règles et aux caïds du *line up*. Bien que *haoles* et malingres par rapport aux Hawaïens XXL, nous nous sommes intégrés sans mal dans l'équipe des mecs de V-land, fiers de notre spot et de nos nouveaux amis.

Un matin que, avec Liam, nous étions partis surfer, la houle de nord-ouest s'était levée gentiment. Les vagues de Pipeline montaient à peine au-dessus de nos têtes. Rien à voir avec les grosses vagues que je chassais et qui faisaient mon bonheur. Un bon vent soufflait depuis la terre alors que des vagues *A-frame* se formaient. Quand ce type de vague déferle, deux surfeurs peuvent partir simultanément, l'un sur la droite – côté Backdoor – et l'autre sur la gauche – vers Pipeline. Une vague idéale pour surfer avec mon frère, puisque je suis *regular*, pied gauche en avant, la position idéale pour les droitiers, et que Liam est *goofy*, la position indiquée pour les gauchers. Nous l'avons tant enchaînée que ma mère en avait peint un tableau.

Au *line up*, assis sur nos planches à quelques mètres de distance, nous étions observés d'un œil mauvais par les bandits du coin qui grognaient et hochaient du menton. Liam avait pris un casque blanc avec une visière rétractable teintée. Nous étions alors à la fin des années 1980, ou au début des années 1990, et tous les jeunes qui faisaient du skate ou du vélo sur les trottoirs n'avaient ni casque, ni genouillères, ni protège-poignets. Porter un casque était pourtant fortement indiqué à Pipeline, mais Liam était le seul à le faire. Avec sa visière rabaissée, je ne voyais plus ses yeux et ne pouvais que deviner ses intentions. La première vague d'une belle série se formait sous nos planches. Nous l'avons laissée passer ainsi que la deuxième. Quand la troisième est arrivée, nettement plus grosse que les précédentes, la gauche s'est rapidement refermée, alors que la droite gardait toutes ses promesses. J'ai fait un signe de tête à Liam pour lui dire que je prenais la droite, orientant ma planche et ramant avant de me redresser d'un bond. Je suis parti dans le creux quand j'ai soudain aperçu du coin de l'œil un flash rouge sur fond turquoise. À la dernière seconde, Liam s'était précipité sur ma droite, quitte à me gêner. Sacré mafioso de frangin… Dévaliseur de vagues de luxe !

Personne n'engageait autant que lui. Il n'avait rien d'un tricoteur de vagues, rien de la grâce et l'élégance d'un Dane Kealoha ou d'un Tom Curren, ni de la vivacité d'un Sunny Garcia. Liam donnait toujours l'impression d'être dans le dur, mais il attaquait les vagues avec une telle férocité qu'il attirait tous les regards. En quelques mois, il a réussi à se faire un long *barrel* sur le premier *reef* de Pipeline.

Cette vague se soulève au moment même où elle bute contre le fond rocheux. Vous n'avez qu'une seconde pour vous décider. Si votre trajectoire est trop haute sur la face de la vague, vous risquez d'être projeté ou emporté ; si votre ligne est trop basse, la lèvre de la vague peut vous écraser sur le récif. Mais Liam était capable de dessiner une ligne parfaite, comme s'il était né sur cette vague. À Rocky Point, il travaillait ses figures aériennes et ses *ollies* sur une large gauche engendrée par la houle d'ouest. Il savait tout faire, et je le regardais à la fois amusé et admiratif.

En 1987, lors de mon troisième été au Japon, j'ai emmené Liam avec moi. Nous logions chez Shinzo Tanuma et surfions avec les frères Sakino à l'embouchure de la rivière Sakawa. La routine.

Partis pour Nii-jima, nous avons bu des bières en compagnie des pros au Red Velvet Bar avant de participer à quelques compétitions. Contrairement à moi, Liam était en pleine forme et se classait loin devant. Peakaboo, mon meilleur sponsor, lui a proposé un contrat avant la fin de notre séjour. « 5 000 dollars par mois, frangin. Comme tu me l'avais dit. Ça le fait non ? » m'a dit Liam les yeux brillants. Je n'ai pas répondu. Peakaboo me filait royalement 500 dollars par mois.

Je ne suis pas de nature envieuse ni inquiète, mais depuis ma blessure au dos, l'anxiété me guettait.

Mon frère allait-il me piquer tous mes sponsors ?

Rêve de tube

Après cet été, Liam et moi n'avions plus grand-chose à nous dire. Je ne prenais plus la peine de me mettre à l'eau s'il y était. Je n'avais aucune envie de me disputer avec lui uniquement parce qu'il me volait, sans vergogne, toutes les bonnes vagues quand nous surfions ensemble. Malgré tous mes défauts, je savais instinctivement quand un combat en vaut la peine et quand il n'y a rien à gagner. Après tout, que m'importait que mes sponsors lui fassent signer de meilleurs et de plus juteux contrats. Quel intérêt de faire des acrobaties aériennes ou de chasser les *barrels* sur des vagues de trois mètres à Pipeline ? Je rêvais de vagues géantes, de montagnes d'eau en mouvement qui parfois se formaient à Wai-mea ou à Avalanche, un spot au large de Hale-'iwa où le fond plonge soudain dans les abysses. Quand une forte houle arrive, son énergie se convertit en une véritable avalanche : une vague au bleu profond, presque un diamant noir, raide comme un couloir de montagne. Se lancer dans cette face revient à sauter d'une falaise. Si Liam a continué à fréquenter Pipeline et Rocky Point, je me suis replié sur Velzyland, Wai-mea et Sunset. Après tout, l'océan était bien assez grand pour nous deux.

Prostré, sans perspective ni plan, ni même le début d'une idée pour récupérer mes sponsors, je me contentais de me lever tôt, de prendre ma planche et de ramer vers le large en espérant que le destin me ferait un signe. Je partais à la recherche de spots secrets du côté de Lani's, ainsi que vers mon vieux terrain de jeu, Hale-ʻiwa, où les vagues me semblaient presque amicales et domestiquées, bonnes pour s'amuser avec les autres habitués comme Kerry Terukina, Marvin Foster et Brock Little, mon vieux pote de lycée.

Brock accomplissait déjà les prouesses dont je rêvais. En 1990, il avait obtenu une seconde place à l'Eddie en se faisant un *barrel* sur une vague bien creuse de six ou sept mètres. Cette compétition, sponsorisée par Quiksilver et qui attire les surfeurs du monde entier, a été créée en mémoire d'Eddie Aikau, un Hawaïen pur jus et une icône du surf. Premier sauveteur en mer de Wai-mea, il a sauvé, au cours de ses dix ans de carrière, des centaines de personnes, sans jamais en perdre une seule, même lors des pires tempêtes quand tout le monde restait sur la plage à regarder déferler les vagues. On dit qu'à cette époque, il a surfé toutes les grosses houles de Wai-mea. En 1978, il s'est porté volontaire pour rejoindre l'équipe du *Hōkūleʻa*, un canoë à double coque censé atteindre Tahiti par l'ancienne route des Polynésiens, longue de 4 000 kilomètres. À une vingtaine de kilomètres au sud de Molokaʻi – une île au centre de l'archipel –, le canoë, pris dans une mer agitée, a commencé à prendre l'eau. Eddie a sauté sur sa planche pour aller chercher du secours vers l'île de Lā-naʻi. Les garde-côtes ont fini par sauver toute l'équipe restée à bord du canoë, mais Eddie et sa planche n'ont jamais été retrouvés.

Le premier Eddie, en 1984, s'est déroulé sur une vague ordinaire de Sunset, de deux à trois mètres. En 1985, les organisateurs ont émigré à Wai-mea, le spot favori du sauveteur, et ont décrété que cette compétition d'un jour n'aurait lieu que si les vagues atteignaient une hauteur minimum avec des faces hautes de 12 mètres. George Downing, le précurseur du surf de grosses vagues, une personnalité respectée par tous les surfeurs de la côte nord, fut longtemps l'homme à décider du sort de la compétition, bien qu'il prétendait que seul l'océan règne[36]. Chaque année, la période d'attente est amorcée le 1er décembre pour se clore à la fin février. Si, pendant cet intervalle, les vagues ne dépassent pas la taille imposée, la compétition est reportée à l'année suivante. Ce critère incontournable est si strict que l'Eddie n'a été organisé que neuf fois en trente ans. Les participants sont sélectionnés par un petit groupe d'experts – surfeurs de grosses vagues, photographes, journalistes, représentants des sponsors – qui font des recommandations à Quiksilver et à la famille Aikau. Être invité est une véritable reconnaissance, le rêve de tout surfeur de grosses vagues.

Un jour de janvier 1990, j'étais en train de faire la queue chez Foodland, quand j'ai entendu le caissier dire que l'Eddie était sur le point de démarrer. Foodland est le seul supermarché de la côte nord. Les caissiers sont au courant de tout ce qui se passe dans le milieu. Tous les surfeurs, même les cadors internationaux, s'y retrouvent immanquablement pour acheter leur jus d'orange ou un paquet de tortillas. J'ai laissé mon caddie

36. George Downing est décédé en mars 2018, à l'âge de 87 ans.

en plan et j'ai sauté dans ma Coccinelle décapotable pour foncer, malgré sa transmission capricieuse, jusqu'au parking sous les *kiawes*, des cousins des mimosas. Courant comme un dératé sur la plage, je sentais les vibrations des vagues géantes qui explosaient dans mes joues et ma poitrine. Elles étaient bien là !

Mon ami Brock et quelques potes de Hale-'iwa avaient été invités par le comité d'organisation. La houle était grosse. Un fort vent de terre redressait les vagues qui progressaient à grande vitesse comme savent le faire les vagues hawaïennes. Le *line up* était encombré, car cette compétition, qui se déroule sur une seule journée pour une trentaine de concurrents, se joue en trois manches qualificatives, soit une dizaine de surfeurs par poule de qualification, contre deux à six lors d'une compétition classique.

Je suis arrivé juste à temps pour voir Brock dans la deuxième manche. La première vague, très épaisse, déroulait rapidement avec une face de 15 mètres au moins. Parti en confiance, la vague s'est soulevée massivement à la verticale dans son dos. Des traînées blanches striaient sa face. Sa lèvre, lourde, s'est enroulée. La ligne de Brock semblait la bonne jusqu'au moment où il a heurté un remous. Il s'est soudain retrouvé en l'air avant de faire un double salto. La foule sur la plage a poussé des cris, puis la vague s'est refermée sur lui… Il a refait surface, tiré sa planche et ramé vers le *line up* avant de s'aligner pour une deuxième vague, aussi lourde, générée par la même houle puissante qui se redressait en pénétrant dans la baie. Peut-être a-t-il pensé qu'il avait choisi une mauvaise ligne, car il a décollé dans la partie la plus raide de l'épaule. La vague s'est levée et s'est enroulée de haut en bas.

Il s'est enfoncé dans le tube. Incroyable ! Personne ne faisait des *barrels* à Wai-mea. À Pipeline, bien sûr, mais pas à Wai-mea ! Cette vague n'est tout simplement pas faite pour cela, et le corps humain non plus d'ailleurs. Si l'on se trompe de ligne ou si l'on ne peut pas tailler la face avec son rail, la chute est inévitable. La lèvre t'explose alors comme une tapette à mouches. Un jeu de dupes où tu as toutes les chances de terminer dans une chaise roulante.

Et pourtant, je ne rêvais pas, Brock était en train de sortir du tube comme la balle d'un fusil. Il a essayé de virer, mais son *gun* n'a pas pu tenir sur ses rails et il est tombé. Tout le monde sur la plage, y compris les juges, a crié de stupeur, puis les applaudissements ont crépité. Je ne suis pas très envieux de nature, mais à cet instant, je dois le reconnaître, j'ai envié l'ami Brock.

De ce jour, je suis devenu obsédé, de mon réveil à l'aube jusque tard dans la nuit, par l'idée de prendre un tube sur une vague de plus de six mètres. Je l'imaginais avec ses parois lisses tournoyant autour de moi, un tube si profond et si large que je pourrais me redresser et toucher le mur d'eau du bout de mes doigts. De longues secondes de silence, hors du temps, et tout au bout, les larmes d'un ciel délavé. Dans le fond, une boule d'écume à ma poursuite jusqu'à ce que je réussisse à m'échapper un quart de seconde avant que la vague ne s'écroule et meure dans un rugissement. Oubliés les sponsors, les compètes et les photographes, oublié Liam qui engageait plus que moi. Seul ce tube de rêve comptait.

Plus dures sont les chutes

Deux semaines avant l'Eddie, un pote était venu me voir pour me dire qu'il avait fait un drôle de rêve. « Mec, à Wai-mea les conditions dans la baie étaient d'enfer. Tu ramais plus vite que tous les autres et tu as chopé la plus grosse vague qu'on ait jamais vue. Ça a fait la couverture de tous les magazines », s'était-il réjoui. Intrigué par son rêve prémonitoire, je suis descendu de ma colline de Pūpū-kea pour vérifier que les conditions d'enfer que m'avait décrites mon ami étaient bien là. Hélas, la mer, couleur d'aigue-marine, ressemblait à un lac. L'eau était si calme qu'on aurait pu y donner un cours de natation pour nourrissons.

Mais en quelques jours, l'histoire a pris un virage différent. Quasi inexistantes le matin, les vagues se sont formées vers midi, l'une après l'autre sous l'effet de la houle : un mètre, puis deux, puis trois… J'ai pris ma planche direction Wai-mea et j'ai déroulé mon petit rituel. Marcher sur le sable, la planche sous le bras, avant de faire face à l'océan. Puis le signe de croix. Enfin, à ma façon. Aujourd'hui encore j'observe ce rituel…

En m'éloignant vers le large, allongé sur ma planche, je n'arrêtais pas de penser au rêve de mon pote. Les vagues arrivaient rapidement, et en séries. Des vagues à surfer au moins une fois dans sa vie, avec des faces de six à dix mètres.

J'ai pu prendre un courant qui m'a emmené sans grand effort droit derrière le *line up*. Soudain, elle était là, la vague de mes rêves. À grands coups de rames, j'ai dépassé tous les autres surfeurs. Je me suis retourné et j'ai ramé encore plus vite et plus fort jusqu'à ce que mes triceps demandent grâce. Derrière moi, le monstre s'est redressé. Après mon *take off*, accroupi, solide sur mes appuis, totalement concentré, j'ai pris la vague presque facilement. J'étais bien. Je me suis relevé détendu, sûr de moi et de ma planche, une Willis Brothers longue et épaisse avec une seule dérive. Au moment où je criais victoire, un gros tourbillon a surgi devant moi, à dix ou peut-être 15 mètres dans le creux de la vague ; un disque aux franges blanches d'eau instable qui se crée quand la vague passe au-dessus d'un fond irrégulier, d'habitude une roche ou une patate de corail ou encore une cavité. Un tel remous peut transformer un *ride* de rêve en cauchemar en moins d'une seconde.

À l'instant où le nez de ma planche a frappé le bouillon, le ressac a percuté son rail. Mes yeux, grands ouverts, fixaient le soleil. Mes pieds et ma planche ont divorcé et elle est retombée à côté de moi. Le *leash* m'a tiré la cheville. J'ai fait un demi-axel entre ciel et mer avant d'entrevoir ma planche amerrir dans la dépression, la dérive dressée vers moi. Une vive douleur m'a déchiré la poitrine. Levant les yeux, j'ai vu un énorme *barrel* translucide se former avant de m'avaler en entier. La peur avait disparu. Je me suis juste laissé aller. Aller au massacre… Après tout, les vagues finissent toujours par passer. Mais il fallait remonter pour respirer, car cette vague colossale n'était que la première d'une série. Après avoir été chahuté dans tous les sens, de nouveau à la surface, j'ai eu le temps de prendre une profonde respiration avant de me préparer à la suite.

J'ai fini par émerger, ma planche toujours entière et le *leash* à ma cheville. J'ai tiré ma planche vers moi, je me suis glissé dessus et, enragé, j'ai ramé vers le *line up* en toussant comme un forcené. C'est alors que j'ai réalisé que je crachais du sang…

Mon ami Kolohe Blomfield, un surfeur pro et secouriste de la côte nord, observait la scène depuis la plage. Il s'est précipité vers moi : « Ben mon gars, tu as envoyé du lourd, c'est le *wipe out* le plus impressionnant que j'ai jamais vu. » J'ai beaucoup de respect pour Kolohe. J'ai donc traduit cela par : « Garrett, tu es invincible ! Rien de ce que l'océan produit ne peut te détruire. » Et une semaine plus tard, malgré une côte cassée, lassé de traîner chez Foodland au milieu de la journée au lieu d'être dans l'eau, je n'ai pas pu résister à l'appel de la houle.

C'est ainsi que, le 28 janvier 1990, à Wai-mea, entraîné au fond de l'eau, je me suis cette fois brisé les cervicales avec ma propre cheville.

Le souffle coupé, nauséeux, le dos transpercé par la douleur, je flotte inerte comme un bouchon. Une vague, puis une autre… Je reste sous l'eau sans pouvoir respirer. Mais qu'importe. Tout est préférable à cette intolérable douleur.

Alec Cooke[37], heureusement, ramait non loin de là. Surfeur intrépide, accoutumé aux situations extrêmes, il avait souvent frôlé la mort. Alec s'était fait un nom en sautant d'un hélicoptère pour surfer une houle géante sur le récif extérieur. Il a disparu en 2015, lors d'une session de surf, exactement au même endroit. « Ça va ? » me demande-t-il. Incapable de lui répondre, je râle comme un animal agonisant. Conscient de

37. « Ace Cool », né en 1956, est l'un des pionniers du surf de grosses vagues.

la gravité de la situation, Alec me passe sa planche et m'aide à rejoindre la plage. Jeff, qui louait à l'époque une chambre chez ma mère, attendait sur la plage. Il attrape mes bras et m'allonge sur le sable. Un attroupement s'est formé autour de moi. On me demande si je vais bien, ce qui s'est passé ou on me dit que j'ai de la chance d'être encore en vie. Je leur gueule de dégager. La douleur est insupportable. Je dis à Jeff : « Mon dos, c'est mon dos. » Des éclairs traversent mon corps jusqu'au bas des jambes.

J'étais probablement le seul à savoir dompter l'embrayage capricieux de ma vieille Coccinelle. Jeff tente le coup avant d'abandonner aussitôt. Je ne sais pas comment, mais j'ai réussi à conduire le kilomètre nécessaire pour remonter la colline de Pūpū-kea. Malia était-elle là ? Je n'en ai aucun souvenir. Je me suis traîné vers la salle de bains. J'ai rempli la baignoire autant que possible, pris un masque et un tuba, et me suis calé dans le fond en position fœtale. C'est comme ça que j'imaginais maîtriser la douleur. J'y suis resté des heures jusqu'à ce que l'eau froide me glace le sang. M'extrayant de la baignoire, j'ai rampé vers le salon avant de m'écrouler sur le futon.

Je me suis réveillé aux aurores. Voilà près de vingt-quatre heures que je n'avais rien avalé ni bu. J'espérais que la douleur s'en irait après une nuit de sommeil. Mais c'était pire que tout, elle était profonde comme un poignard enfoncé dans le dos. Pas d'autres choix que d'appeler un médecin. Alors que j'étais au téléphone pour expliquer à son assistante ce qui s'était passé, j'ai perdu connaissance et me suis écroulé sur le sol.

Touché, mais pas encore coulé

D'après le médecin, j'avais de la chance de ne pas être paralysé. J'ai bien cru m'être brisé le dos, mais le diagnostic était plus subtil, avec deux hernies discales sévères. La partie externe des deux disques a été tordue lors de la chute. La partie interne, moins rigide, s'est déplacée sous la pression, au travers des fibres, vers la moelle épinière. Au-delà du jargon médical, je me suis surtout retrouvé allongé à regarder le ventilo du plafond tourner et tourner encore.

Pendant deux mois, je suis resté ainsi, le dos sur le sol de la maison de Malia à Pūpū-kea. Ceux qui me connaissent vous le diront, je ne connais que deux vitesses : à fond ou profondément endormi. Être sur le dos pendant des heures et des heures, sans rien d'autre à faire que de ruminer, était une torture bien pire que de se faire râper contre le fond, sans pouvoir respirer en risquant de se faire exploser les os.

Et n'oublions pas que tout cela se passait en 1990, sans smartphone ni tablette ou ordinateur portable. Si je voulais lire un magazine ou un livre, je devais lever les bras pour le porter devant les yeux, ce qui me provoquait un affreux mal de crâne. Mais qu'importe, je n'ai jamais été un grand lecteur.

Non loin de moi, Malia s'asseyait à la table de la cuisine pour travailler à ses projets de peinture. Liam était dehors à surfer. Nos locataires – aucun souvenir d'eux – s'écartaient de moi en me frôlant comme si j'avais été une table basse. La nuit, ma mère étendait une couverture qu'elle enlevait le matin. Ma plus grande aventure consistait à aller aux toilettes ou dans la salle de bains, avec l'aide de quelqu'un bien entendu…

Et pourtant, je n'étais pas plus angoissé que cela. Deux choses ponctuent votre quotidien : l'imprévu et le changement. Autant les accepter ou en tirer parti. Le surf m'avait appris à regarder loin pour comprendre l'évolution de la houle, et à négocier avec les éléments. Mais cette épreuve était également cruelle. Chaque matin, le postier m'apportait de nouvelles factures sans que j'aie les moyens de les payer. J'avais des prêts en cours ; ma petite renommée de surfeur pro avait convaincu les banques de prendre quelques risques. Pour échapper à ces tourments, je tournais la tête en direction de la télévision. Des séries, des jeux… Je me gavais de codéine autant que l'ordonnance m'y autorisait. Je tournais ensuite la tête de l'autre côté pour zieuter l'horloge sur le mur. Compter les heures était devenu mon émission préférée. Compter les heures et les heures, jusqu'au moment, enfin, où je pourrai avaler une nouvelle pilule de codéine.

En mars, alors que la saison des grosses vagues se terminait, on m'a autorisé à déambuler autour de la maison. Un ami, qui venait de terminer sa formation d'acupuncteur, passait de temps en temps pour se perfectionner en me transformant en pelote à épingles. Je suis également allé voir un chiropracteur d'Hale-'iwa qui m'a généreusement proposé de sponsoriser ma rééducation. Avec un kiné, qui me prenait vingt dollars par séance, ils se sont mis à deux pour me remettre sur pied. Vieux débris avant l'heure, mes jours s'organisaient autour de ces séances. Parfois je rendais visite à des amis qui ne voyaient pas d'inconvénient à ce que je m'allonge sur leur parquet. Chez Buddy McCray, à Sunset, je profitais d'un futon extraferme. Lors de certaines soirées, les invités, assis à mes côtés, s'appuyaient sur mon épaule pour se lever. J'étais devenu un meuble. Quand je rentrais chez moi, j'étais incapable de regarder les vagues, ça me faisait trop mal.

Trois mois après ma chute, je tenais à peine debout. Une nuit, après une journée passée vautré sur le futon de Buddy, j'ai senti une démangeaison entre les jambes. Dans la salle de bains, j'ai vu ce qui ressemblait à un pou qui jouait à l'accrobranche entre les poils de mon pubis. J'ai porté l'intrus à la lumière et examiné ses petites pattes agitées. L'une des copines de Buddy avait dormi sur le futon la nuit précédente. J'en ai pleuré de rage. J'avais chopé des morpions sans même m'envoyer en l'air !

Peu à peu, je suis devenu accro à la codéine. À la fin du troisième mois, j'ai pu faire un peu d'exercice : marcher sur un kilomètre dans le quartier. Impossible de savoir si j'avais mal, car j'avais doublé ma dose de codéine, et cela 24 heures/24. Irritable, j'enrageais quand je ne pouvais pas prendre ma dose en temps voulu. Ma conversation se limitait à « File-moi mes putains de pilules ». Ma mère – à sa décharge – me les tendait alors sans dire un mot.

Comme si cela ne suffisait pas, mon pote Tom Tom Watawitz a disparu. Tom Tom était un gars solide et responsable. Pas le genre à fuguer ou à s'évaporer sans laisser de traces. On a retrouvé son corps dans le fossé d'une route qui traverse l'île. Les flics ont dit qu'il avait été balancé d'un véhicule en mouvement après avoir été massacré à coups de pied de biche. D'après ce que je sais, personne n'a été arrêté et nul n'a su pourquoi il avait été tué. Tom Tom était un chic type, aimé de tous. S'est-il retrouvé au milieu d'une sombre affaire qui le dépassait, après avoir voulu rendre service à un voyou ?

Les surfeurs ont l'habitude d'honorer leurs morts en mer. On se rassemble dans l'eau à l'aube ou au crépuscule, au large d'un spot, en se tenant par la main, puis on lance des guirlandes ou des fleurs au centre du cercle. Cette triste cérémonie était ma première sortie en mer depuis ma chute. Il le fallait pour honorer la mémoire de mon ami. Je suis descendu de la colline vers la plage en écoutant les Smiths. J'ai rarement été aussi ému et triste. Aujourd'hui encore, à cette seule pensée, j'ai les yeux emplis de larmes. Nous avons ramé jusqu'à Rocky Point alors que le soleil se couchait. Les vagues n'étaient pas grosses, un mètre peut-être, mais suffisamment formées pour martyriser mon dos. Après avoir franchi la barre, on a rassemblé nos *boards*. Tom Tom n'avait que 19 ans, l'âge de Liam. Nous avons prononcé quelques mots d'adieu maladroits avant de lancer nos guirlandes rouges et d'applaudir. Puis on a fait une minute de silence.

Une petite série de vagues s'est annoncée. Le vent était tombé et la première, une droite bien propre et sans piège, m'est arrivée à la taille. Tranquille Émile. Instinctivement, j'ai orienté ma planche et commencé à ramer. Mes bras me semblaient en plomb, mes épaules dans un carcan, mais je suis parti assez facilement. J'étais comme ivre lorsque j'ai quitté la vague dans les mousses. Je renouais avec le bonheur, même si, à court de souffle et à bout de forces, j'étais cassé en deux. Conscient de ma faible condition, je me suis persuadé de ne plus surfer avant d'avoir récupéré toutes mes capacités. J'avais connu le pic de ma carrière peu avant ma chute, et je pensais pouvoir rivaliser avec n'importe quel surfeur, car si je n'étais pas le meilleur technicien ni le plus doué, j'étais de loin le plus fort rameur. Il me suffisait, d'après moi, lors des compétitions qui ne réunissaient pas plus de six concurrents par manche, d'arriver le premier sur le meilleur spot et sur la meilleure vague pour l'emporter. Je me berçais d'illusions.

Les amis et la famille de Tom Tom sont retournés vers la plage en ramant. En regardant derrière moi, j'ai vu deux baleines à bosse nager au milieu des pétales de fleurs et des guirlandes. L'une d'elles a roulé sur le côté et a levé sa nageoire, pendant que l'autre sondait en soulevant sa queue. Jamais vu une chose pareille ! « Tom Tom nous fait ses adieux », ai-je dit à Kelsey, qui se trouvait à mes côtés. Kelsey faisait partie des filles de la plage qui, chaque année, faisaient rêver tous les surfeurs de la côte nord. Avant ma chute, j'avais bien essayé de la brancher lors d'une soirée. Elle m'avait laissé en plan avec dédain. Sur la plage, assis avec elle sur un tronc flotté près du feu, je lui ai fait mon plus beau sourire, censé ravir tous les cœurs. Je crois qu'elle a bâillé. Un énorme mille-pattes hawaïen, gros comme ma main, a rampé sur son pied avant de remonter sur sa jambe nue. Avant qu'il ait eu le temps de la piquer, je l'ai pris, sans montrer aucune émotion et l'ai jeté dans les flammes. Deux minutes plus tard, elle était dans les bras de son héros. À moins que Tom Tom l'y ait poussée.

Garrett McNamara était de retour… Ou presque.

Pot au Noir

Quand j'ai enfin réussi à ramer sans me torturer le dos, j'ai pris conscience de la situation. Elle n'avait rien de réjouissant. Je n'avais plus un rond et Liam avait progressivement détourné tous mes sponsors. Je n'avais qu'une envie, continuer à surfer des grosses vagues, mais comment vivre de ma passion, en sachant qu'au début des années 1990, la seule compétition dédiée à ce type de vagues était la très sélective Eddie, qui ne se tenait que tous les deux ou trois ans si les conditions étaient bonnes ?

J'ai repensé aux 250 dollars de la Triple Crown que j'avais gagnés à 17 ans. Pourquoi ne pas tenter une nouvelle fois ma chance ? L'ASP organisait chaque année 25 grandes compétitions internationales. Aujourd'hui devenu le World Champion Tour, les organisateurs n'y invitent que les meilleurs surfeurs. Mais à l'époque, n'importe quel surfeur classé parmi les 200 meilleurs mondiaux pouvait y participer en signant un chèque de 150 dollars. Je n'avais guère d'autre choix si je voulais rester dans le coup.

L'ASP ne montrait qu'un intérêt minime pour le surf de grosse vague, trop confidentiel à leurs yeux. Il était plus rentable pour eux de viser le grand public. Des centaines de milliers de personnes regardaient les compétitions de golf. Alors pourquoi pas le surf ? Mais pour cela, il était essentiel que le public, juché sur des estrades, puisse voir les surfeurs et soit proche des vagues. L'ASP sélectionnait dès lors des spots proches de la plage et donc de petites vagues. Oubliant mes rêves, je me suis résolu à être pragmatique et raisonnable. Afin de viser une carrière, même modeste, de surfeur pro, il me fallait retourner là où les sponsors m'avaient trouvé, là où se trouvaient le public, l'argent et les applaudissements.

J'ai amélioré mon style sur les petites vagues avec une planche YU épaisse, courte et plate, en travaillant mes *cut backs*. Je m'étais persuadé que c'était mon avenir. Mais quel autre choix avais-je ? À force de tricoter sur des petites vagues, j'ai acquis une meilleure technique et gagné en confiance. Il faut être véloce, agile et jouer aux acrobates en ne lâchant jamais rien, en relançant sans cesse sa planche, en gardant le contact avec la vague jusqu'à ce qu'elle meure. Bien sûr, le *rush*, la poussée d'adrénaline que l'on ressent en surfant les monstres que j'aimais plus que tout, n'y est jamais garanti. Je suis parti en Californie pour améliorer mes virages avec Dino Andino, le *maestro* de San Clemente. De retour à la maison, je me suis rendu à Moku-le'ia, à l'extrémité occidentale de la côte nord, aussi loin que possible des spots de grosses vagues, comme Pipeline ou Sunset, pour m'entraîner sans relâche sur des vagues avec des faces qui ne dépassaient pas deux mètres.

Lors d'une manche qualificative pour la Triple Crown, j'ai surfé contre Tom Curren, mon idole et modèle, que j'avais longuement observé à Nii-jima. Nous avons ramé ensemble vers le *line up*. Je sentais mon cœur battre la chamade. J'allais me confronter au grand Tom Curren ! Le battre peut-être ! La journée était chaude et humide. Les vagues atteignaient à peine la hauteur d'un homme. Qu'importe, tendu vers mon objectif, en sueur, j'étais certain d'avoir mes chances… Mais je me suis fait dégager. Je n'ai jamais su où j'avais pêché. Tout ce que je savais, c'est que je n'étais pas Tom Curren.

Je vivais dans un état de frustration permanente. Frustré par ces compétitions. Frustré par les organisateurs qui attendaient des semaines que les conditions s'améliorent et, quand finalement ils étaient en mesure de prendre une décision, la hauteur des vagues ne dépassait pas celle que nous surfions enfants.

Frustré par l'état de mon compte en banque, j'étais incapable de joindre les deux bouts – les compétitions se déroulaient au Japon, en Australie, Californie et Indonésie – et une fois les factures payées, il ne me restait quasiment rien pour acheter les billets d'avion. Et quand je les achetais, au retour, j'étais sûr de recevoir un appel des huissiers ou de la banque. Habituellement, nos sponsors payaient pour nous, mais la plupart avaient mis un terme à mes contrats après ma chute. Certains organisateurs s'arrangeaient pour que nous dormions dans des familles du coin, sans rien débourser, mais il restait la bouffe et le transport. Au Japon, je m'en sortais mieux ; j'y avais encore quelques amis qui prenaient soin de moi et me traitaient comme si j'étais le roi d'O'ahu. Mon havre de paix.

Ma seule source pérenne était la location de chambres aux surfeurs nippons. Après une année, j'ai réussi à économiser suffisamment pour partir au Japon et voir si je pouvais réveiller l'intérêt de mes sponsors. Les patrons de Hotline, Peakaboo et YU, mes supports historiques, ont montré un intérêt poli, poussant même la courtoisie jusqu'à me promettre quelques centaines de dollars par mois. Rien d'impressionnant, mais c'était un début.

J'ai ensuite décroché un rendez-vous avec Murasaki Sports. On m'a fait attendre dans la salle d'accueil, mon portfolio sur les genoux. Pour cette occasion, j'avais adopté une tenue *casual chic,* aux antipodes de ma tenue habituelle : bermuda, T-shirt et tongs ou claquettes. Attifé d'un jean beige et d'un polo, l'étiquette de ce dernier m'irritait le cou et je me sentais à l'étroit dans mes chaussures neuves. Une secrétaire m'a conduit dans le bureau d'un malabar chauve. De l'autre côté de son bureau, je lui ai proposé en japonais de voir mon portfolio. Il ne semblait pas savoir ce que je faisais là, même si ce rendez-vous m'avait été accordé de longue date. Mon *book* contenait mes photos favorites, ainsi que des coupures d'articles publiés dans divers magazines de surf. Je croyais plus judicieux de ne montrer aucune publicité, mais seulement du rédactionnel, pensant, à tort, qu'un nouveau sponsor n'apprécierait pas de me voir représenter un concurrent, comme une fiancée n'aimerait pas regarder les photos de vos ex. Le colosse ne montrait aucun intérêt alors que je tournais les pages et m'évertuais à expliquer tout ce que je pouvais offrir. Mais me comprenait-il seulement ?

« Si vous me sponsorisez, je mettrai un autocollant de votre marque sur ma planche et j'irai dans vos magasins pour signer des autographes.

— Des autocollants sur votre planche ? »

Cette rencontre tournait à la farce. Si mon japonais était suffisamment solide pour commander des sushis, il n'était apparemment pas au niveau pour convaincre un grand patron, pour lui expliquer comment la légende et le charme du surf l'aideraient à vendre plus, et comment mes photographies renforceraient cette histoire. C'est sûr, d'un instant à l'autre, il allait me montrer la porte. Mais non, après un long silence, il m'annonça qu'il me paierait 800 dollars par mois. Ce n'était pas encore l'eldorado ni la fin de mes problèmes avec les huissiers et mon banquier, mais c'était une première victoire et le début d'un long et amical partenariat.

Le plus difficile pour moi à cette période fut de devoir constater que la planète surf était en train de se retourner contre Liam.

La petite communauté du surf de la côte nord, régie par ses règles et ses interdits, a aussi ses cancans et ses jalousies. Et mon frère, ce cœur tendre qui donnerait sa chemise sans hésitation s'il le fallait, ne baissait toujours pas l'échine au *line up*. À Pipeline ou à Rocky Point, ce guerrier au cœur de lion se battait pour prendre toutes les vagues qui lui semblaient bonnes. Il s'est peu à peu aliéné les surfeurs les plus coriaces, et sa réputation en a souffert ; la mienne aussi, par ricochet. Et bientôt, les magazines de surf, qui dépendaient des encarts publicitaires des grandes sociétés qui sponsorisaient les caïds en colère du coin, n'aimèrent guère ses manières non plus. Ignorant les signaux, concentré sur son objectif, Liam s'isolait progressivement des autres.

Dès le mois de novembre, quand les dépressions se mettent à défiler à travers le Pacifique et que les grosses vagues reviennent, tous les pros de la planète surf débarquent. Des milliers de personnes sur une bande côtière longue de seulement quelques kilomètres. Chacun est persuadé d'être le propriétaire d'une vague. Certains ont dépensé une fortune pour se retrouver là. Les photographes sont avides de prendre LA photo qui boostera leur carrière ; celle qui finira en pleine page de l'un des grands magazines de surf. Et c'est là que les ennuis ont commencé. Car Liam, qui passait l'été à subir une saison sans vagues, avec une seule activité, attendre, voyait soudain Pipeline et Rocky Point, les spots qu'il surfait presque religieusement et travaillait inlassablement pour bâtir sa carrière, encombrés du jour au lendemain. Hors de question de laisser sa place à n'importe quel star qui venait d'atterrir à l'aéroport de Honolulu. Et peu importe qui était dans l'eau, ou qui avait levé le bras pour prendre une vague.

Les journalistes, avides de sujets à sensation, n'ont fait qu'empirer la situation. Ni Liam ni moi n'étions alors sponsorisés par de prestigieuses marques comme Billabong ou Quiksilver, et nous sommes devenus de parfaits boucs émissaires. Toutes les bonnes histoires ont besoin d'un grand méchant et Liam correspondait précisément à cette caricature, d'autant qu'il ne montrait aucun remords. Il y avait les Californiens blonds, cool et décontractés, les Australiens un peu bruts de forme, habitués à engager, et les nobles Hawaïens, héritiers des traditions ancestrales, mais qui savaient se montrer agressifs. Il y avait aussi les Sud-Africains un peu excentriques ou encore quelques Tahitiens mystérieux. Sans oublier la drogue, des frictions, des querelles, mais pas de véritables méchants. Des voyous, des rebelles, ça oui, mais pas de chevaliers noirs. À l'exception de Liam McNamara.

C'était injuste. En refusant les règles archaïques du *line up*, Liam avait prêté le flanc aux critiques les plus acerbes. Mal noté lors des compétitions, il se plaignait que les juges avaient des préjugés contre lui. Bien entendu qu'ils en avaient ! La très respectée *Encyclopedia of Surfing* a écrit à son propos : « Souvent qualifié de figure la plus antipathique du surf. » Quant à moi, impossible de me détacher de cette image. Ceux qui ne me connaissaient pas ne m'aimaient pas. Même quand j'essayais de me placer loin de mon frangin au *line up*, je ressentais leur gêne chaque fois que je ramais.

Je vivais toujours chez Malia à Pūpū-kea, mais dans un nouveau préfabriqué avec trois chambres et un abri voiture transformé en auberge de jeunesse pour surfeurs japonais. La façade de la maison était plus présentable : bleue avec une bande blanche et une petite terrasse devant l'entrée qui donnait sur un bout de pelouse. Même si je dormais sur un canapé chez des amis quand l'envie me prenait, je ne voyais aucune raison de déménager. Pendant les mois d'hiver, il y avait une dizaine de surfeurs dans le garage et autant dans la maison. Liam et Brandee, sa petite amie rencontrée en Californie, vivaient également avec nous, ainsi que la mère de Brandee, qui avait suivi sa fille depuis Santa Cruz, soi-disant pour chercher un appartement, mais qui, selon toute vraisemblance, n'avait plus aucune intention de déménager. Nous nous sommes parfois retrouvés à plus de vingt sous le même toit.

Cela ne changeait guère Malia de son expérience de vie communautaire. Tant que les « invités » n'encombraient pas la table où elle peignait et que le plan de travail de la cuisine était relativement propre, elle n'y voyait aucun inconvénient.

Puis ce sont trois surfeurs pros, des vieilles connaissances de Californie, Barney Barron, Josh Loya et Flea Virostko qui se sont installés chez nous, après avoir logé un temps chez un voisin, chasseur de cochons sauvages, qui pendait les carcasses de ses victimes puantes et dégoulinantes dans son garage. Le style local. Liam et moi étions ravis de les héberger. On ne leur avait même pas réclamé de loyer. Nous nous étions habitués à trouver une guirlande de shorts trempés sur la balustrade, un tas de claquettes devant la porte, des planches empilées un peu partout, un flacon de shampoing spécial sur le rebord de la douche pour la copine de Liam et un autre pour sa mère, sans compter les serviettes humides éparpillées dans la maison et les piles d'assiettes sales dans l'évier.

Mais trop c'était trop, même pour notre ex-hippie de mère. Dehors, tous ceux qui ne payaient pas. Dehors, les Japonais qui n'avaient pas de lit et couchaient par terre. Dehors, les copines et leurs mères et finalement dehors Liam et Garrett qui étaient bien assez grands pour se trouver un appartement. Ça nous a bien fait rire. C'est sûr, elle plaisantait. On l'a taquinée en lui rappelant le bon temps de la communauté, et comment elle nous avait élevés au contact d'étrangers dans une harmonie quasi parfaite.

Mais elle n'avait jamais été aussi sérieuse.

Deux semaines plus tard, Liam et moi avons trouvé une jolie maison rénovée du côté de Velzyland. Nous étions au beau milieu du déménagement, qui consistait à récupérer les clés et à mettre notre sac de fringues devant la porte d'entrée avant d'aller surfer, quand nous avons appris que la maison de notre mère avait pris feu : un court-circuit dans le garage. Heureusement, il n'y avait personne à l'intérieur. Mais toutes les planches de nos locataires et de nos amis japonais étaient parties en fumée, tout comme les peintures de Malia, qui lui avaient donné tant de mal.

Tracté

Il était facile de savoir quand il n'y avait pas école sur la côte nord. Sunset et Velzyland étaient pleins de jeunes apprentis surfeurs – des *grommets* – avec leurs planches de nains et leurs hauts de combinaison fluo. V-land en particulier, qui offre à volonté des vagues pépères comme les aiment les mères de famille, est le paradis des débutants. On y trouve aussi nombre de « tontons » hawaïens, comme les locaux appellent leurs anciens. Le spot est alors aussi animé qu'un magasin de jouets la veille de Noël.

Quand les vagues ferment brutalement près de la plage, le récif du large promet de belles perspectives. Depuis la plage, on peut voir au loin les vagues se creuser et s'enrouler en dispersant des nuages blancs qui scintillent au soleil… en pure perte ! Impossible de les chasser tant elles sont lointaines et rapides ! Il faudrait pouvoir mettre un turbo sur ses épaules pour ramer assez vite. D'ailleurs le simple bon sens couplé à l'expérience nous dit de ne pas y aller. Seul un athlète d'exception, doublé d'un apnéiste de classe, pourrait affronter la puissance sauvage de l'océan capable d'écrouler un immeuble liquide de dix étages au-dessus de votre tête avant de vous écarteler et de vous entraîner dans l'obscurité à dix ou même

15 mètres sous la surface. Résultat : lorsque le *line up* près de la plage est noir de monde, les vagues au large restent désertes…

Un jour de l'hiver 1992, j'étais sur la plage quand j'ai vu des points de couleur se déplacer à grande vitesse au large de Backyards, entre V-land et Sunset. L'un d'eux traçait une ligne sur la face d'une vague pendant que l'autre faisait le yoyo un peu plus loin avant que les deux taches ne fusionnent, une fois la vague consumée. Une belle journée avec un soleil haut. Je me suis frotté les yeux, pensant me faire des idées. Mais non… Il s'agissait de Laird Hamilton, Darrick Doerner et Buzzy Kerbox. Ils utilisaient un Zodiac de cinq mètres équipé d'un moteur hors-bord de 60 chevaux pour expérimenter le surf tracté dont je n'avais jamais entendu parler. Je ne savais surtout pas que cette invention allait changer ma vie. Je suis allé chercher mon *gun*, un 9' Wai-mea, avec la ferme intention de ramer jusqu'à eux, les saluer et leur demander si je pouvais me joindre à eux. Mais, la planche sous le bras, je suis resté vissé sur le sable, une main sur le front en guise de visière, incapable de détacher mes yeux des taches multicolores. Fasciné, j'ai passé des heures à les regarder. Le pilote du Zodiac tractait le surfeur, comme un skieur nautique au bout de sa corde, pour l'amener sur l'épaule de la vague. Au moment opportun, le surfeur lâchait la corde et partait sur la vague. Le Zodiac attendait alors derrière l'épaule avant de récupérer le surfeur et de le ramener au *line up*.

À cette époque, je surfais principalement avec une 6'6" ou une 6'8", plus maniable que les *guns* et les *longboards* et plus facile à immerger pour faire un canard et passer sous la vague. Mais une planche de cette taille ne facilitait guère la chasse aux grosses vagues. Parmi les raisons qui me poussaient à surfer figurait en bonne place la quête de liberté et d'évasion. Or cette quête se heurtait au développement du surf à travers le monde et aux embouteillages aux *line ups*. Si je pouvais surfer au large, tracté comme ces gars, je n'aurais plus à me battre avec les autres surfeurs ni à me disputer avec mon frangin pour prendre la bonne vague.

Je suis resté planté là jusqu'à ce que le soleil disparaisse à l'horizon. J'étais radieux. Un espace nouveau, celui des récifs du large, s'ouvrait à moi. Avalanche, Walls, Hammerheads, Backyards, Phantoms devenaient accessibles. On changeait de dimension : la vitesse, mais aussi… les grosses gamelles, un peu comme si les dieux des océans avaient, d'un coup de baguette magique, multiplié la taille des vagues par deux ou trois. Ce soir-là, j'ai fait un pacte avec moi-même. J'allais économiser pour me payer un Zodiac.

Une année plus tard, j'en achetais un d'occasion, tout noir. Après quelques travaux de rénovation, j'ai peint, sur la proue, une énorme mâchoire de requin, blanche et rouge. Je l'ai mis à l'eau en compagnie d'amis surfeurs. Hélas, mon pneumatique s'est vite révélé trop lourd et peu manœuvrable. Impensable de l'amener dans des eaux tumultueuses ! Difficile aussi de récupérer un surfeur en péril avec une hélice qui pourrait le découper comme les tranches d'un salami.

Il me fallait une embarcation adaptée, mais aussi une équipe en qui je pouvais avoir confiance. Ramer sur une planche est un exercice solitaire. S'il vous arrive un accident, vous n'avez qu'à vous en prendre à vous-même. Se faire tracter sur une vague est une autre paire de manches. Il faut trouver des gars capables de piloter un jet-ski chahuté par la houle et par des vagues géantes, qui ne se contentent pas de vous déposer au bon endroit, mais qui ont les tripes et la discipline pour foncer vers d'effrayants tourbillons et venir vous chercher. Votre vie en dépend.

Je m'étais récemment mis au *paddle racing*, une course qui consiste à ramer une distance donnée sur une houle qui ne déferle pas encore. Mes deux concurrents les plus sérieux étaient Charlie Walker et Dawson Jones. Désireux comme moi d'explorer les possibilités du surf tracté et de contribuer à son développement, ils avaient acheté un jet-ski léger et surpuissant : un Sea-Doo Explorer tout neuf. Ils m'ont invité, lors d'une chaude journée sans vent, à faire des essais avec eux à Lani-ākea. Les vagues dépassaient trois fois notre taille. Piloter cet engin était plus complexe qu'il n'y paraissait. Il fallait déposer le surfeur sur le pic de la vague, mais la précision de cette opération restait très approximative, car le pilote se trouve toujours dix mètres – la longueur de la corde – devant son partenaire. Dawson, pilote pour Hawaïan Airlines, disparaissait parfois durant des semaines. Je me suis donc longuement entraîné avec Charlie. J'avais pour objectif de savoir définir, en un coup d'œil, comment une vague allait déferler dix mètres en arrière.

Un matin où les conditions étaient parfaites, nous nous sommes dirigés vers Alligators, un récif au large qui produisait à la chaîne des vagues de dix mètres ou plus. Elles ne mesuraient que sept mètres ce jour-là, mais sept mètres de rêve ! Perchés sur notre engin pétaradant, nous avons dépassé Ken Bradshaw, un adversaire du *tow-in* qui radotait un sempiternel « si tu n'es pas capable de ramer, tu n'as rien à faire sur la vague » – jusqu'au jour où il a essayé. Dawson était aux commandes. Une montagne d'eau d'un bleu profond a roulé sous la coque et a placé Charlie pile-poil sur le pic. Nous avons suivi le long de l'épaule et l'avons vu chuter. On l'a rapidement rejoint. Charlie galérait comme un forcené pour monter sur le *sled*, alors que le jet-ski semblait buter contre un obstacle. Dawson mettait plein gaz, mais n'avançait pas d'un pouce. On avait dérivé à l'intérieur du spot. Une énorme vague s'est levée au-dessus de nous, prête à nous engloutir tous les trois. On allait se faire bouffer si on restait là. J'ai regardé Charlie. Ses yeux exorbités exprimaient une panique totale. Dawson a hurlé : « On dégage ! » D'un bond, j'ai sauté dans le bouillon alors que la vague s'abattait sur ses trois victimes, pulvérisant notre monture : trappes explosées, sièges envolés… Tout ce qui pouvait être arraché l'a été. En une fraction de seconde, le spot avait pris les aspects d'un site de crash d'avion. Plus d'autre choix que de nager. Mais il fallait encore aller jusqu'à la plage. Enfin assis sur le sable, haletants, on a compris les causes de notre infortune. La corde de remorquage s'était enroulée autour de la jambe de Charlie. Heureusement qu'il s'agissait d'une vieille corde de ski nautique qui s'est rompue quand la vague a frappé… Neuve, la jambe de Charlie aurait été arrachée !

La plupart d'entre nous ont appris dans la douleur que l'on ne peut pas prendre une vague de 15 mètres en étant tractés, comme l'on prend une vague de sept mètres en ramant. L'eau se déplace si rapidement que si l'on part dans le creux avant de virer, comme on le fait en ramant, on est à peu près certain de chuter.

Marvin Foster, un local de Hale-ʻiwa, était l'idole des surfeurs quand j'ai commencé à barboter. Gaucher, il a été l'un des premiers à saisir le rail de la planche tout en faisant un tube – cette figure s'appelle maintenant un « Marvo ». Comme la plupart des gars de la côte nord, de retour sur terre, il avait un peu de mal à se tenir tranquille. Il a fait plusieurs séjours derrière les barreaux. Profitant d'une permission, il m'a rejoint pour une session de surf tracté à Himalayas. J'avais alors un jet-ski Yamaha de quatre places, avec des bords larges et plats, mais dépourvu du *sled* sur lequel les surfeurs se hissent. Je pouvais uniquement les transporter et les déposer. Les faces mesuraient 15 mètres au moins. J'ai répété à Marvin, comme je l'avais appris à mes dépens, qu'une fois le palonnier lâché, il fallait tracer « quoi qu'il arrive » et qu'il ne fallait surtout pas plonger dans le creux de la vague, mais rester sur la face en appui sur les rails. Je l'ai déposé sur le pic et, évidemment, la première chose qu'il a faite a été de piquer droit vers le bas avant de manger du plancton. Il n'avait pas surfé depuis son incarcération et avait pas mal fumé avant de se mettre à l'eau. Pas la préparation idéale pour affronter des monstres rugissants de 15 à 18 mètres. En me voyant foncer à pleine vitesse à travers les mousses, l'écume et les remous, des Brésiliens, qui patientaient assis à califourchon sur leurs jet-skis dans le *channel,* n'en ont pas cru leurs yeux. Marvin a réussi à monter à bord : une armoire à glace *made in Hawaï* décorée de multiples tatouages, avec des yeux comme des dollars en argent. Tout en cherchant à reprendre sa respiration et crachant encore de l'eau de mer, il avait compris la leçon. L'année suivante, il participait au championnat de surf tracté à Puaʻena Point.

Quoi que nous fassions pour améliorer notre embarcation ou nos systèmes de flottaison, notre trio était toujours en retard par rapport à Laird Hamilton et sa bande, qui, pour progresser, ont déménagé à Pe'ahi, plus connue sous le nom de Jaws, un spot géant au large de la côte nord de Maui. Ainsi, au moment où nous avons compris qu'il valait mieux utiliser des planches de taille intermédiaire plutôt que nos longs *guns* – qui sont utiles pour prendre de la vitesse en ramant –, Laird, Darrick et Buzzy fixaient déjà des *straps* sur les leurs !

Le surf tracté se développait de manière confidentielle, à l'abri des regards, comme l'avait fait le surf classique voilà plus d'un demi-siècle. Il n'y avait pas encore de compétition ni de bagarre pour trouver un sponsor, et les vagues du large étaient désertes. En participant à son essor, auprès de ces pionniers, j'avais accès à une totale liberté. J'adorais ça.

J'assimilais à présent le surf classique à un exercice laborieux où, équipé d'une longue et lourde planche, vous restiez assis pendant des heures à attendre la vague parfaite en espérant avoir choisi le bon spot. Quand finalement elle arrivait, vous deviez ramer comme un dingue à vous en désarticuler les épaules puis, sur la vague, vous aviez bien du mal à piloter votre planche-péniche. Rien à voir avec le surf tracté. Un nouvel univers de plaisir, pour soi et ses amis, où l'on pouvait enchaîner vague sur vague. Il suffisait d'avoir un jet-ski, une corde et un bon pilote pour être déposé exactement là où la vague déclenchait.

L'artisanat *versus* l'art…

Je pouvais enfin me concentrer sur la seule glisse.

Quand j'étais môme, à l'école, j'avais l'habitude de gribouiller sur mes cahiers. L'un de mes dessins favoris représentait une vague colossale avec un tout petit surfeur sur la face en train de faire des acrobaties. Cette vision, ce rêve impossible, je le vivais désormais. J'étais devenu le petit surfeur de mes dessins d'enfant.

Père de famille

Connie vivait à Pūpū-kea, en face de la maison de Malia, celle qui avait brûlé. Une authentique fille des îles avec des cheveux noirs et soyeux, pas très grande, silencieuse et, à mes yeux, très mystérieuse. Sa mère, témoin de Jéhovah, ne l'autorisait pas à sortir aussi facilement que la plupart des filles de la côte nord. La première fois que je l'ai abordée, nous sommes allés sagement manger une glace chez Häagen-Dazs. Puis je me suis retrouvé la bague au doigt. Après notre mariage, nous en avons souvent plaisanté. Nous étions en 1994 et j'avais 26 ans, un adulte désormais.

Nous avons emménagé dans une jolie petite maison, non loin de Foodland. Nos meubles se limitaient à une table de ping-pong et un lit. Nous avons continué à louer des chambres, allant jusqu'à accueillir 15 surfeurs sous notre toit. Les sponsors japonais me payaient chichement, mais avec ce revenu supplémentaire, nous nous en sortions plutôt bien. Ariana, notre fille, est née le 9 mars 1995. Comme la plupart des hommes, je suppose, le bonheur d'être père m'a pris par surprise. Notre bébé avait le visage en forme de cœur, les yeux noirs de sa mère et un sourire malicieux. Prenant conscience de mes nouvelles responsabilités, il m'importait de devenir une meilleure personne. Jusqu'ici, Dieu avait toujours pris soin de moi, même lors de mes dérapages successifs. Il était temps de mériter cette bienveillance. Finies les beuveries et la fumette. J'ai aussi arrêté de me raconter des histoires sur le surf. Si j'avais un don, celui-ci ne s'exprimait que sur les spots du large, là où naissent les vagues géantes. Ce n'est pas que je n'avais pas peur, comme certaines personnes le prétendaient. J'avais peur, mais j'acceptais cette émotion. Elle faisait partie du *rush* qui me faisait me sentir vivant.

Du jour au lendemain, j'ai quitté le tour ASP et me suis inscrit à des compétitions de grosses vagues, la plupart à quelques kilomètres de la maison. J'ai atteint le quart de finale de la Triple Crown en espérant que cela me vaudrait un jour ou l'autre une qualification pour l'Eddie. J'ai décroché des couvertures de magazines, un classement en milieu de tableau et quelques rares photos : un échafaudage branlant sur lequel reposait ma carrière pro. J'essayais de prendre les choses avec philosophie et d'accepter les événements comme ils venaient. Pourquoi accorder de l'importance au classement ? Je savais que je ne serais jamais un acrobate de petites vagues.

Une nouvelle opportunité s'est bientôt présentée lorsque j'ai fait la connaissance de surfeurs brésiliens. Tout comme je l'avais fait avec les Japonais, je leur indiquais les meilleurs spots et les accueillais à la maison. Rapidement, certains sont devenus des amis proches comme Taiu, Zecau, Jimenez et Jorge Piceli. J'étais particulièrement impressionné par le surf tout en précision de Taiu, à Sunset et Wai-mea. (Il se brisera la colonne vertébrale en surfant une vague de 60 centimètres déferlant sur un banc de sable et deviendra tétraplégique.)

D'autres ont suivi et sont devenus des habitués de la côte nord en hiver, raflant les meilleures places dans les compétitions locales. C'est grâce à eux que j'ai connu Marco Merhej, le distributeur brésilien d'une marque californienne de sportswear : Bad Boy. Nous nous sommes immédiatement entendus. Marco, excellent surfeur, pratiquait aussi le jiu-jitsu brésilien, une forme dérivée du judo qui se focalise sur le combat au sol. Ce sport, quasiment inconnu aux États-Unis, est très populaire au Brésil. Marco avait suggéré à Bad Boy de sponsoriser Rickson Gracie, le fils de Helio Gracie, fondateur de cette discipline et bientôt, tous les pratiquants du jiu-jitsu brésilien se mirent à porter un T-shirt Bad Boy, ce qui encouragea l'entreprise à développer une ligne dédiée aux sports de combat. Le surnom de Marco, un as du marketing, était Marcoting. Alors, quand il a proposé de renforcer la présence de la marque dans le monde du surf, ils ont immédiatement accepté de me sponsoriser. La meilleure saison de surf au Brésil va du mois d'avril à octobre, l'hiver dans l'hémisphère sud correspond donc aux interminables étés de la côte nord. Il me faisait venir sur place où je vivais dans l'une de ses deux maisons de plage à Maresias ou Florianópolis. Marco m'amenait partout où il allait, même à ses réunions de travail. Il a rapidement pigé les règles du business du surf. De mon côté, j'ai appris les bases et l'importance du marketing auquel je n'avais jamais prêté attention malgré mes années de partenariat avec les Japonais.

Maresias est réputée pour son spot de grosses vagues et pour ses boîtes de nuit. Quand nous n'étions pas en train de surfer, nous nous retrouvions en soirées Bad Boy où nous offrions des produits siglés. Nous parcourions aussi la ville en distribuant des T-shirts et des casquettes aux passants qui nous promettaient de les porter : surfeurs, lutteurs et judokas, voyous de quartier et même militaires des forces spéciales. Policiers et gendarmes ont rapidement adopté la marque. Ils s'arrêtaient régulièrement devant le petit bureau de Marco pour récupérer n'importe quel vêtement ayant le cachet Bad Boy. Pendant une période, la société a même fourni leurs rangers.

En décembre 1995, le rêve de ma vie est devenu réalité. J'ai été invité à surfer l'Eddie, grâce à Eddie Rothman, le « parrain » de la côte nord, qui a insisté pour inscrire mon nom dans la liste des heureux élus. J'allais surfer avec une bande de gars qui envoyaient du lourd : Brock Little, mon camarade de lycée, Johnny Boy Gomes, le mauvais garçon, Sunny Garcia, les fameux frères Ho, Marvin Foster le tatoué enfin sorti de prison, etc. Que des « chargeurs » que j'admirais et auprès de qui je m'étais frotté au *line up*. Kelly Slater, le charismatique champion du monde californien, était le seul non-Hawaïen.

Le 29 décembre, George Downing, qui suivait l'évolution des dépressions à travers le Pacifique, a convoqué les concurrents à Wai-mea. La météo avait lancé une alerte de submersion sur l'ensemble de la côte avec des vagues capables de recouvrir Kam Highway et Lani-ākea. Tout indiquait que cette année les vagues seraient largement suffisantes pour l'Eddie.

Je me suis pointé à Wai-mea alors que le soleil n'était pas encore levé. Pas un nuage. Une brume légère et salée enveloppait le paysage. La baie était plongée dans une pénombre à peine rosée. Le soleil allait bientôt émerger du côté des montagnes de Ko'olau, mais on pouvait déjà deviner que les vagues étaient parfaites avec des faces bien raides qui cassaient tout au long de la baie. Un léger vent de terre garantissait qu'elles garderaient leur forme toute la journée. Une série de six ou sept mètres s'est déclenchée. Les vagues, en déferlant, ont expulsé de l'écume à plus de dix mètres dans les airs. Le sable de la plage s'est mis à vibrer.

À 8 heures, une longue file de voitures, pare-chocs contre pare-chocs, bouchonnait sur Kam Highway. Le parc de Waimea était plein à craquer et tous les gradins des tribunes étaient pris. À 9 h 30, les juges ont pris place sur leur échafaudage et les photographes, installés sur les rochers, ont sorti leurs trépieds pour fixer leurs gros objectifs sur le spot. Nous étions 33 concurrents, répartis en trois poules avec des manches de 50 minutes. Surfer l'Eddie était pour moi une expérience spirituelle. Je célébrais, bien sûr, le souvenir d'un grand Hawaïen, un homme de bien, mais je célébrais aussi la grande nature avec ses vagues magnifiques qui déferlaient devant ma porte.

Comme toute création humaine, l'attribution des notes, subjective et peu cohérente, était loin d'être parfaite. Les sept juges notaient chaque vague en fonction de sa hauteur, de la qualité du *take off*, des virages ou des *cut backs*, ou encore sur le fait d'avoir ou non pris un tube. Comme aux Jeux Olympiques, les notes les plus basses et les plus hautes n'étaient pas prises en compte. Parfois vous partiez sur une vague qui fermait et les juges vous donnaient une bonne note. À l'inverse, si vous preniez une vague parfaite, vous obteniez malgré tout une note minable. Pendant des années, j'ai essayé de comprendre les règles du jeu. En vain. Je n'ai retenu qu'une chose : « Celui qui gagne l'Eddie est celui qui en veut le plus ! »

Je faisais partie de la troisième poule : cinquante petites minutes pour partir sur les plus grosses vagues, surfer le mieux possible, et impressionner les juges. Sans doute un peu trop impatient, j'ai ramé de toutes mes forces, encore et encore, vers la première série. Le vacarme des vagues en train de s'écraser était assourdissant. Il m'empêchait de trop penser à ma récente chute et aux mois où j'étais resté allongé sur le dos à regarder tourner le ventilo. Enfin parvenu au large, je me suis dirigé vers le spot où, d'après mes observations matinales, les vagues devaient déferler. Bingo ! Une nouvelle série se formait à une dizaine de mètres de ma planche. Je suis parti. La face était si raide que je me suis retrouvé en l'air. Mes pieds ont décollé. J'étais en état d'apesanteur. Seul le bout de mes orteils était encore en contact avec la planche. Oscillant à la limite de la chute, j'ai pu me stabiliser avant d'amorcer un virage pour remonter la face. Des monstres tourbillonnants d'écume me poursuivaient sans relâche. J'arrivais enfin dans le *channel*. Pas vraiment mon meilleur *ride* sur une vague de six mètres, standard hawaïen, mais j'étais aux anges.

J'étais remonté comme une pendule pour la manche suivante. Les conditions étaient en train de s'améliorer, je me voyais déjà surfer la vague de la journée, rafler la première place et devenir la star du surf de grosses vagues. Un rêve qui, ces derniers temps, était bien éloigné de mon quotidien : assis sur le porche à bricoler mon jet-ski, je ressassais souvent, me disant que ma laborieuse carrière de pro était derrière moi.

En début d'après-midi, nous avons tous constaté avec stupeur que la houle avait soudainement disparu, comme si l'océan s'était épuisé dans la matinée et avait volontairement quitté le ring. Après concertation entre George Downing et les juges, la compétition fut annulée, ou plutôt reportée. Nous étions encore tôt dans la saison et il semblait possible, d'ici fin février, de convoquer un nouveau rendez-vous. Mais non. Cela n'est jamais arrivé. Nous n'avions surfé que la moitié d'un Eddie. L'organisation a décidé de répartir la somme du gagnant en 33 parts égales. J'ai touché 1 500 dollars. Qu'importe, j'étais content. J'avais réussi mon baptême.

Boutiquier

En 2000, soucieux de m'assurer des revenus réguliers, j'ai ouvert une boutique, Epic Sports, en plein centre de Hale-'iwa, le long de Kam Highway ; un emplacement idéal à deux pas du *Cafe Haleiwa*, un lieu de rassemblement très fréquenté. Epic Sports ne proposait pas seulement des articles liés au surf, mais aussi les produits Bad Boy, y compris leur ligne d'arts martiaux. Les frères de Connie m'ont donné un coup de main pour repeindre la dalle de ciment et monter les rayonnages ainsi que les présentoirs. Nous avons installé des étagères en bois dans la pièce arrière pour exposer une sélection de planches. N'ayant pas les moyens d'avoir un stock de planches neuves, je vendais, en dépôt-vente, les planches d'occasion de mes amis.

Quand on entrait dans le magasin, la première chose que l'on voyait était une photo de moi : le poster classique du surfeur de grosse vague – vague géante et petit bonhomme –, prise depuis un hélico avec un téléobjectif qui accentuait la taille de la vague. La lèvre lourde, en équilibre face au ciel, s'apprêtait à déferler. Une image du bonheur, figée à jamais. Cette photo avait été prise à Avalanches le jour de Noël. J'avais sorti mon jet-ski, un WaveRunner. Nous étions toute une bande : Kalani Foster, le jeune frère de Marvin ; Ross Williams, une figure de la WSL, bien qu'il n'ait jamais gagné une compétition, mais qui était toujours dans les bons coups, ainsi que Kelly Slater et Rob « Monsieur Relax » Machado. Rob, qui n'avait jamais été tracté jusqu'à ce jour, voulait absolument essayer sans plus attendre, même si nous ne disposions que de ma planche, dont les *straps* étaient adaptés à ma posture et pas du tout à sa position de gaucher. Nous avons rigolé un bon moment en le voyant prendre sa vague et tracer une ligne hésitante, comme un danseur de tango qui aurait enfilé ses chaussures à l'envers ! En racontant cette histoire, cloué à mon comptoir de magasin, elle aurait pu me rendre nostalgique ou mélancolique, mais elle fonctionnait si bien et m'aidait à vendre, que j'ai dû la répéter une centaine de fois.

L'ouverture de cette boutique a été ma seule bonne idée à l'époque. À la naissance de Titus, le 3 mai 1997, Connie et moi avions décidé de mettre un terme aux locations, ce qui nous contraignait à gagner des revenus plus réguliers et fiables que ceux de mes sponsors. Je continuais à porter les couleurs de Bad Boy qui profitait de la popularité croissante du MMA – les arts martiaux mixtes – sur l'archipel et le continent. Comme j'étais un de leurs athlètes, j'avais l'exclusivité sur O'ahu ainsi qu'une grosse remise sur l'ensemble de leur offre. De son côté, Connie, excellente couturière, créait toutes sortes d'articles *made in Hawaï*, du bikini aux robes d'été : une véritable entreprise familiale dont je tirais une certaine fierté.

J'ai loué une autre maison derrière la remise pour avoir un bureau, et nous y avons déplacé la table de ping-pong. Les surfeurs aimaient se retrouver au *Cafe Haleiwa* pour le petit déjeuner. Je misais sur le fait qu'après leurs œufs au bacon, ils franchiraient le seuil de la boutique pour discuter un peu, jouer une partie et dépenser quelques dollars avant d'aller surfer. J'ai même songé à installer un dojo pour le jiu-jitsu.

L'affaire tournait plutôt bien. Je remboursais mes factures et cette seule idée m'apaisait. J'ai dû me faire violence pour ne plus passer les appels téléphoniques du petit matin qui avaient rythmé mes journées pendant des années – ceux pour relever les indications de la houle et du vent. Ma nouvelle routine me convenait, je me levais avec les enfants, m'habillais et filais chez Starbucks dans la galerie marchande de Foodland. Je savais que j'y retrouverais des amis surfeurs avant la session du matin. Si je n'avais jamais été un grand buveur de café, j'avais maintenant besoin d'un double expresso sucré avec un nuage de lait pour démarrer la journée. Puis je partais pour Hale-'iwa avec ma vieille Ford Taurus, et passais devant Wai-mea, Chun's, Jocko's et Lani's, mes spots préférés. J'essayais de ne pas trop ralentir en regardant les vagues, pour ne pas gêner la circulation. Quand j'avais le temps, j'allais au *Cafe Haleiwa* où je prenais mon menu favori : un *Barrel* – un taco avec un œuf, patate-burrito, fromage, épinard – accompagné d'une salade verte. Le tout arrosé d'un second double expresso.

Les jours où mes potes me rendaient visite et les semaines avant Noël étaient les meilleurs. Les heures défilaient à toute vitesse à écouter les dernières nouvelles de radio-cocotier : qui sortait avec qui, ou qui s'était fait larguer, ou viré du *line up*, ou quelles nouvelles équipes de surf tracté s'étaient formées ou encore quels types de jet-ski ou de planches étaient utilisés... Les gars de Maui étaient toujours à la pointe. Ils utilisaient un puissant Yamaha WaveRunner de 150 chevaux. Lorsque j'arrivais à confier le magasin à quelqu'un, je m'éclipsais quelques heures pour une session impromptue. Je me suis fait des tas d'amis, des personnes que je n'aurais jamais rencontrées sans ça. J'appréciais autant mes clients les plus fidèles que ceux qui venaient par le bouche-à-oreille : la preuve que mes efforts portaient leurs fruits. Cela me motivait à me concentrer sur les aspects positifs de ma vie. Pas facile de rester positif en permanence et de regarder toujours le bon côté des choses. Mais, jusqu'ici, cela avait été ma philosophie de vie. Comme dans toute entreprise, tout n'est pas toujours rose. Nous avions quatre places de parking devant notre magasin. Mais pour une raison que j'ignore, le propriétaire des lieux n'y autorisait que les clients désireux d'acheter. Du coup, elles étaient souvent vides, comme si le magasin était fermé, et cela décourageait certains curieux.

Les jours sans clients étaient interminables. Même si l'air conditionné coûtait une fortune, je laissais la porte ouverte pour les encourager à rentrer. Assis sur le palier, avec le sourire forcé de l'hôte accueillant, j'attendais vainement les touristes en chemises hawaïennes qui défilaient tout l'été avec leurs glaces géantes aux couleurs arc-en-ciel et qui me regardaient comme si je n'existais pas. J'avais tout le temps de méditer. Si l'on ne peut pas passer mille fois le chiffon sur les vitrines d'exposition ni aligner cent fois les planches de surf au cordeau, on peut s'interroger un nombre incalculable de fois sur le sens de sa vie. Chaque jour la même cage d'écureuil, mais chaque jour un écureuil différent, enjoué ou mélancolique, selon mon humeur du jour. Le lundi, j'attaquais la semaine plein d'ambition : c'est sûr, j'allais ouvrir une chaîne de magasins, avec une boutique à Honolulu, une autre, non deux, en Californie ou ailleurs. Le mardi, je maudissais ma condition de terrestre en regrettant amèrement de ne pouvoir mettre à l'eau mon WaveRunner qui dormait sous sa housse bleue sur la terrasse arrière.

Le *rush* du surf me manquait tellement que lors d'un voyage au Brésil, j'ai passé en fraude 300 kilos de T-shirts et de shorts sans les déclarer à la douane, juste pour que mon cœur s'emballe de nouveau. J'avais viré les protections en plastique et les étiquettes, puis fourré le tout dans huit gros sacs, en les recouvrant de mes fringues sales. Les taxes douanières pour toutes ces marchandises dépassaient largement le prix du billet d'avion. Quand je me suis retrouvé dans la queue devant la douane à l'aéroport de New York avec mes deux chariots remplis à ras bord, je me suis amusé à chercher des raisons crédibles pour expliquer pourquoi je voyageais avec huit sacs pleins de vêtements neufs. Mais le douanier m'a fait signe de passer.

Un jour d'été, en route vers la maison après une journée de travail, j'ai commis la grosse erreur de m'arrêter chez un ami qui organisait une soirée… Le point de départ d'une habitude qui me suivrait pendant des années : échapper à l'ennui et à ma réalité en faisant la fête. Connie m'a bientôt fait la guerre, me suppliant d'arrêter de sortir. Peu à peu, tout s'est détraqué. Les soirées ont pourri mon mariage ou, pour être franc, j'ai pourri mon mariage. Je lui promettais de me calmer et tenais bon quatre, cinq ou six mois. Et puis j'étais de nouveau invité à une fête pour célébrer les vainqueurs d'une compétition. Comment refuser ? J'y allais, laissant en plan une Connie déchaînée. De retour, sincère, les yeux dans les yeux, je lui promettais de ne plus recommencer… Et ainsi de suite. Alors plutôt que de subir les foudres de mon épouse, j'ai fini par attendre qu'elle s'endorme et je m'échappais par la fenêtre. Je me sentais merdeux. Je lui mentais et je me mentais à moi-même. Telle était ma vie. J'avais 33 ans.

Partie IV – Forcer le destin

L'auteur, lors du ride le plus mémorable de sa vie,
en surfant Jaws (Pe'ahi) sur la côte nord de Maui, Hawaï, 2002.
(Photographie : Ron Dahlquist.)

Le business plan

Été 2001. Assis derrière le comptoir, je fixe du regard le grand poster derrière la caisse. J'essaye de me convaincre que l'argent ne compte pour rien. Qui est le plus heureux : le petit homme sur sa planche ou le boutiquier perché sur son tabouret ? Le petit homme et la vague géante… C'était moi. Ce fut moi. Un type aujourd'hui à des milliers de kilomètres de ce qu'il aurait voulu être. Facile de reconnaître la vérité : il suffit de la formuler cent fois dans sa tête, et quand tu n'es plus capable de la réfuter, tu l'as trouvée.

Quand j'ai ouvert le magasin, j'avais acheté *Créer sa boîte pour les nuls*. J'ai appris à faire un business plan, mais en vérité, le seul plan que j'avais en tête était de retourner à l'océan. J'y avais renoncé uniquement parce qu'on m'avait persuadé que je serais incapable d'en vivre et encore moins de subvenir aux besoins de ma famille. Lorsque nous avons déménagé sur la côte nord, ma mère croyait dur comme fer qu'il était plus simple de devenir un professionnel de base-ball que de gagner péniblement sa vie en surfant. Une pensée qui ne m'a jamais quitté et qui se confirmait jour après jour. N'avais-je pas passé dix ans de ma vie à galérer pour joindre les deux bouts ?

Et pourtant, je demeurais toujours aussi convaincu que si j'étais capable de me dédier entièrement à mon objectif, le destin, la providence, Dieu ou l'entité imperceptible qui nous observe et nous donne parfois un petit coup de pouce, s'arrangerait pour déblayer le chemin de tout obstacle. Si je croyais en moi, alors Il croirait en moi. J'ai compris ce jour-là que lorsqu'on unit ses pensées avec l'énergie et les vibrations qu'on répand autour de soi, on peut forger une autre réalité.

J'ai pris un *flyer* qui traînait sur le comptoir – une pub pour une planche ou un bateau – et j'ai écrit au recto : « Comment continuer à surfer ? » Comment pouvais-je orienter mon quotidien pour y intégrer le surf ou, de façon plus explicite, comment gagner ma vie en surfant ? Plus bas j'ai ajouté : « Gagner l'Eddie et la compétition de surf tracté de Jaws. » Cette dernière allait être inaugurée en 2002 à Pe'ahi avec 70 000 dollars à la clé pour le vainqueur. Jaws serait la toute première compétition de surf tracté, ce qui lui valait l'attention de toute la planète surf. Quant à l'Eddie, son premier prix s'élevait à 50 000 dollars. Cela commençait à chiffrer et, surtout, une victoire dans ces compétitions renforcerait ma notoriété et attirerait les sponsors qui m'avaient lâché.

Le plus gros challenge consistait à obtenir une invitation à participer. Impossible de s'inscrire en signant un chèque, comme cela se pratiquait dans le bon vieux ASP tour. Pourquoi les organisateurs me sélectionneraient-ils alors que je n'avais pas surfé depuis plus d'un an ? J'étais loin d'avoir considéré ce détail quand j'ai décidé de forcer le destin… Si ces deux compétitions m'étaient venues à l'esprit c'est par simple envie d'y participer et parce que je pensais avoir mes chances. Certes, je n'étais peut-être pas capable de multiplier les acrobaties, mais j'avais un avantage sur mes collègues : sur une grosse vague, j'acceptais la peur avec sérénité. Ces vagues pouvaient m'anéantir tout autant que les autres, mais mon endurance sous l'eau et ma capacité à encaisser me poussaient à prendre des risques que certains surfeurs évitaient.

En haut de la feuille, j'ai noté trois caps à tenir : s'entraîner dur, se nourrir correctement, se concentrer. J'ai ensuite détaillé chaque action en établissant un programme d'exercices, un menu diététique ainsi que quelques idées pour rester focalisé sur mon objectif.

J'ai tout exposé à Connie. Comme je m'y attendais, elle ne partageait pas mon enthousiasme et restait sur ses gardes, jusqu'au moment où je lui ai dit que j'allais inévitablement devoir arrêter les soirées arrosées. J'envisageais même d'abandonner mon double expresso matinal. J'ai alors eu son plein soutien.

J'ai choisi le 10 août, le jour de mon anniversaire, pour lancer mon programme. Premier acte : débarrasser la cuisine de toute malbouffe, sacs de chips et bouteilles de coca. Désormais, je préparerais des repas maison à base de légumes, poissons bouillis et salades. Je n'étais pas végétarien, et encore moins vegan, mais je comptais ne mettre au menu que des choses saines : du thon blanc, du riz brun, des pousses, des avocats ; parfois du poulet et, quand j'aurais besoin de varier les plaisirs, un assortiment de chilis végétariens. J'attaquai mon entraînement sans coach ni instructeur fitness : réveil avant l'aube, musculation sous le patio couvert derrière la maison et VTT sur la colline de Pūpū-kea. Je grimpais les 100 mètres de dénivelé sur un sentier raide et accidenté qui traversait la réserve forestière. Au sommet se trouvait le plus grand *heiau* de la côte nord, un temple édifié avec des roches et des blocs de corail par les îliens afin de pratiquer leur religion officiellement abolie au début du XIXe siècle. Après la mort de Kamehameha le Grand, en 1819, la religion hawaïenne fut interdite par son fils, Liholiho, et le *heiau* de Pūpū-kea fut réduit en cendres. Il ne reste plus que les fondations bordées par des blocs de lave et la vue splendide sur les plages de sable blond et les eaux cristallines de la baie de Wai-mea. Quand les vagues se forment, on peut voir au large la houle progresser en rides bleues comme les stries d'un velours côtelé. Lorsque l'air est limpide, on aperçoit Kaua'i à 100 kilomètres de là.

J'arrivais au temple en sueur, assoiffé et à bout de souffle. Quatre puissants dieux hawaïens m'y attendaient : Kāne, le créateur de toute chose, Kū, le dieu de la guerre, Lono, le dieu de la fertilité, et Kanaloa, le dieu de l'océan. Tout cela me semblait de bon augure. Je les imaginais faire leur ronde autour du *heiau*, en recevant leur *mana*, l'émanation de leur puissance spirituelle.

J'ai bien cru, pendant les premières semaines de ce régime, mourir d'un infarctus. Les mollets tétanisés, debout sur les pédales, je gravissais la côte en pleine chaleur mètre après mètre. L'air, lourd et humide, ne suffisait plus à alimenter mes poumons. Mon cerveau, sonné par le manque de café, résonnait dans mon crâne. Titus avait maintenant quatre ans et m'accompagnait parfois sur des sentiers avec son petit BMX. Le soir j'allais courir sur un stade en herbe de 400 mètres de circonférence qui appartenait à l'école élémentaire de Sunset Beach, de l'autre côté de la route, face à Pipeline. Je piquais une série de sprints, puis enchaînais avec une succession de flexions-extensions, de pompes et de tractions, tout en retenant ma respiration. L'idée était de m'habituer au manque d'oxygène lors d'une immersion. Il ne suffit pas de savoir surfer et d'être en pleine forme pour prendre une grosse vague, encore faut-il être capable de rester zen lorsqu'on est entraîné au fond de l'eau. Des vagues de 20 mètres peuvent vous garder prisonnier pendant plus de trente secondes : une éternité ! Mais si vous ne heurtez pas un rocher ou une patate de corail, vous finirez par retrouver l'air libre sans trop de dommage. Le danger survient quand la vague vous entraîne à dix ou 12 mètres de profondeur et qu'au moment de faire surface, vous vous faites coiffer par une autre vague – car l'intervalle entre deux vagues d'une même série peut être aussi bref que quinze secondes. Paniqué, vous vous agitez dans l'obscurité, sans distinguer le haut du bas, et il est alors possible que vous n'arriviez pas à reprendre votre respiration à temps. J'ai aussi plongé en apnée pendant l'été, quand la mer était calme, palmant de récif en récif en suivant le fond. La crique de Shark, dans le parc régional de Pūpū-kea, entre Pipeline et Wai-mea, était parfaite pour cela. J'ai réussi à retenir ma respiration durant quatre minutes et trente secondes.

Que je sois en train de soulever de la fonte, de faire du VTT ou de courir, je ne perdais jamais de vue mon objectif. Pour renforcer ma motivation, je m'imaginais sur le podium, levant les bras après ma victoire à l'Eddie. J'avais plus de mal à me projeter sur la première marche de Jaws, qui n'avait encore jamais eu lieu. Mais en fermant les yeux, j'arrivais à me visualiser sur les eaux profondes et agitées de Pe'ahi. Mon partenaire me lâchait à l'endroit idéal, sur un monstre bleu, et je partais comme un missile découpant la face de mes rails et de mes dérives dans le rugissement de la vague en colère qui s'écroulait derrière moi. Je faisais trois *rides* parfaits et, au quatrième, je prenais un tube… La vague de ma vie !

Lors de mes entraînements, j'écoutais de la musique, puis me concentrais sur ma respiration pour méditer et prier. Je tentais de mettre en phase mes pensées et mon énergie, tout en m'efforçant d'être humble, car je restais réaliste. La plupart des concurrents étaient meilleurs surfeurs que moi, mais j'avais confiance en mon plan et en mes capacités. Chaque jour, je remerciais Dieu de son soutien à venir.

Presque tous mes amis me pensaient fou.

J'avais pris quelqu'un pour m'aider au magasin. Quand les vagues étaient bonnes, je surfais au moins trois heures par jour, parfois jusqu'à huit heures. Je me levais dans l'obscurité, bien avant Connie et les enfants. Suivant la taille et la direction de la houle, je rejoignais Wai-mea à vélo, ou prenais ma voiture pour aller à Sunset. Si les conditions étaient bonnes, je m'offrais une petite session avant de reprendre mes exercices. Il n'y a rien de mieux pour célébrer la vie que de ramer vers le large au petit matin.

Vers la fin de l'année, je me suis rendu à Lani's. Ce spot, bien que peu considéré, reste l'un de mes favoris. Les vagues y déferlent assez rarement, mais quand elles le font, elles offrent sur un plateau les plus longs specimens de toute la côte, avec trois sections où l'on peut faire des tubes. La houle faisait peut-être quatre mètres avec une légère brise de mer. Pas idéal, mais je m'en foutais. Je ramais pour me placer au large. J'étais bien ; je ramais avec régularité, la respiration facile, l'esprit clair et en paix. Bientôt une vague est venue me cueillir pour m'offrir un voyage retour en première classe jusqu'à la plage.

J'étais heureux, même si rien n'avait véritablement changé dans ma vie, sinon mes intentions. J'étais toujours collé à la boutique, je n'avais toujours pas de fric ; j'avais toujours ce besoin d'évasion. Mais je n'aurais pas pu être plus heureux.

Ce soir-là, une grosse enveloppe couleur crème aux couleurs de Quiksilver m'attendait : une invitation – en qualité de remplaçant – pour l'Eddie 2001-2002. J'étais numéro sept sur la liste.

Jaws

7 janvier 2002. Allongé sur le lit, j'écoute les fenêtres s'agiter dans une nuit noire d'encre. Quand la houle est grosse, chaque fois qu'une vague s'écrase sur Wai-mea, les fenêtres se mettent à vibrer. Une fréquence basse annonce une vague de sept mètres. Plus la fréquence est haute, plus l'intensité est élevée. À la dernière vibration, je sens que l'on a affaire à une 20 mètres. Des vagues si hautes qu'elles vont rentrer dans l'histoire du surf. Je respire profondément, pour ne pas me laisser envahir par l'excitation. Est-il possible que toute l'énergie que j'ai dépensée depuis fin août ait déclenché cette tornade ? Durant cette première semaine de janvier, une tempête colossale a giflé l'archipel, enfantant une houle immense prête à submerger les côtes nord de O'ahu et de Maui. Sans attendre, les organisateurs de l'Eddie et du Jaws World Cup ont convoqué les concurrents. Les deux compétitions se tiendraient le même jour à la même heure. Il me fallait choisir…

J'avais trouvé mon partenaire de *tow-in* pour Jaws un mois plus tôt. Le brésilien Rodrigo « Monster » Resende, un surfeur réputé de grosses vagues, faisait, comme moi, partie de l'écurie Bad Boy. Il m'avait contacté pour faire ses premières armes en surf tracté. Jaws était sponsorisé par des marques brésiliennes, et en m'alliant à lui, je pensais augmenter mes chances d'être invité. J'avais vu juste.

Rodrigo a débarqué début décembre. En comparaison aux surfeurs brésiliens, qui sont souvent excentriques et grandes gueules, Rodrigo, calme et réservé, restait concentré en toutes circonstances, et honnête… Il n'a pas essayé de dissimuler le fait qu'il n'avait jamais piloté de jet-ski. Il a donc fallu lui apprendre le maniement de l'engin. Nous avons accroché la remorque à l'arrière de la Ford Taurus et sommes partis pour le port de Hale-ʻiwa. Les vagues, venues de l'ouest, nous arrivaient à peine à hauteur de buste. Nous avons mis le WaveRunner à l'eau sous le regard d'une famille avec deux jeunes enfants équipés de gilets de sauvetage rose fluo. Juste à côté du spot, à cinq minutes du port, cassaient une droite et une gauche, avec à leur extrémité une section suffisamment puissante pour faire un *barrel*. Jaws est une droite violente et rapide qui se lève et s'enroule en un tube parfait ; mais lorsqu'elle s'écroule, elle peut vous broyer en menus morceaux si vous vous y attardez. Avec un peu d'imagination, cette gentille petite vague pouvait servir de modèle réduit de Jaws. Sa modeste taille n'était pas un inconvénient. Au contraire. Quand les vagues sont puissantes et bien formées, on peut prendre son temps pour bien se placer avant de s'élancer. Avec des petites vagues qui se forment et disparaissent en un clin d'œil, il faut agir vite avant que la vague ne casse. Un gabarit parfait pour s'entraîner !

Assis tous les deux sur le jet-ski à faire le yoyo dans le *channel*, je lui ai appris à maîtriser sa machine et à s'habituer aux dix mètres de décalage entre le pilote et le surfeur pour déposer ce dernier sur le pic de la vague. À l'approche du spot, j'ai mis la planche à l'eau et fixé mes pieds dans les *straps*. Quelques curieux nous observaient depuis la plage. Sans doute s'étonnaient-ils de voir deux allumés faire du surf tracté avec de si petites vagues ! Rodrigo a pris de la vitesse et m'a déposé à l'endroit idéal. Un artiste ! Nous avons répété plusieurs fois l'opération, juste pour s'assurer qu'il avait bien compris son affaire. « Incroyable, lui ai-je dit, on dirait que tu as fait ça toute ta vie. »

Deux semaines plus tard, vers la fin décembre, les organisateurs de Jaws nous ont demandé de nous tenir prêts sous quarante-huit heures. Un délai permettant aux surfeurs éparpillés à travers le monde de rallier Hawaï et Maui avec leur équipement. Rodrigo et moi avons pris un avion depuis Honolulu dans l'après-midi. Nous sommes arrivés à proximité du ravin de Maliko à l'aube, pour constater que les conditions étaient décevantes, avec des vagues de huit mètres dont le vent du large contrariait la formation. Au soleil levant, on est partis dans le *channel*. La vague casse à 800 mètres du rivage. Quand Jaws est d'humeur racoleuse, les faces de 25 mètres peuvent se déplacer à 35 km/h. Le surfeur se déplaçant à la même vitesse, la sienne peut atteindre 60, voire 80 km/h par rapport au fond de l'eau, ce qui est bien plus rapide que sur une vague proche du rivage.

En guise d'entraînement, Rodrigo m'a posé sur une vague de taille moyenne. Alors que je filais vers le bas, la vague s'est creusée, aspirant l'eau sous mes pieds. Je me suis planté la face la première et je suis parti au fond. J'avais vu de nombreuses vidéos de gars en train de surfer Jaws. Je m'étais souvent demandé : « Mais qu'est-ce qu'ils foutent sur l'épaule ? Il y a un énorme *barrel* juste derrière eux, qu'est-ce qu'ils attendent ? »

Maintenant j'avais la réponse. Ils essayaient juste d'échapper à la mort. Après cette première vague, je sentis mon cœur battre dans mes tempes. Jamais je n'avais eu aussi peur. Il ne s'agissait plus de gagner, mais de survivre.

La compétition fut reportée. Les vagues moyennes s'étaient transformées en vaguelettes de trois mètres. Nous sommes rentrés à O'ahu. Je ne savais plus que faire. Je n'étais plus si sûr de vouloir remporter Jaws. J'essayais de maîtriser ma terreur, mais plus d'une fois j'ajoutai un codicille à mes prières pour que la convocation arrive le plus tard possible, voire jamais. Je me suis concentré sur l'Eddie, bien moins angoissant. Mon jardin marin de Wai-mea, dont je voyais les vagues depuis ma terrasse, je pouvais le gagner. Je m'y étais cassé le dos, j'y avais bouffé mes plus grosses vagues. J'aurais pu y surfer les yeux fermés.

Puis vint cette première semaine de janvier avec ses fenêtres tremblantes et ses volets qui claquent. Les deux compétitions ont convoqué les concurrents le même jour. La nuit précédente, je m'étais levé bien avant l'aube pour noter la direction ainsi que la force du vent et les indications des bouées au large. Les prévisions étaient mises à jour toutes les heures. Tout au long de la nuit, les mesures n'ont fait que monter. Allongé sur les couvertures, j'ai imploré Jésus, Bouddha, le gourou Lightning Amen, l'univers, n'importe qui éveillé à cette heure qui pouvait m'encourager d'un signe. Mais les fenêtres continuaient à vibrer avec une fréquence de plus en plus élevée.

Convaincu de pouvoir gagner l'Eddie, il avait ma préférence, mais j'avais un peu trop négligemment omis un détail.

Je n'étais qu'un invité remplaçant. L'année précédente, appelé au dernier moment, cela m'avait déjà valu une belle déconvenue. Après avoir récupéré mon lycra de couleur, ramé vers le *line up* et salué les six autres concurrents, le speaker m'avait finalement invité à regagner la plage. Le surfeur dont j'étais le remplaçant était réapparu. Et si ça se répétait ? Tout miser sur l'Eddie, qui se jouait à la rame, signifiait également renvoyer Rodrigo au Brésil et trahir sa confiance après tous ses efforts et sacrifices. Impossible. Il fallait que ce soit Jaws.

Roy Patterson, mon vieux mentor de la *cave à vagues*, avait déménagé à Maui voilà des années, et nous a prêté son engin, la Cadillac des jet-skis avec des phares, des fixations pour les cannes à pêche et même un système audio. Nous avons quitté la route principale à l'aube pour emprunter une route défoncée et battue par les vents dans un tunnel de feuillage vert qui longe la rivière. Un véritable orchestre de percussions nous accompagnait : des branches qui craquaient et volaient, des noix de coco qui s'entrechoquaient et des débris de toutes sortes projetés sous la voiture et contre la remorque. Les phares découvraient un terrible champ de bataille : de grosses branches arrachées, des récipients en plastique et même des pare-battages. L'océan était remonté jusqu'à la route. L'atmosphère était lourde d'air humide, de sel et de terre mouillée, menaçante, irréelle…

Une rampe cabossée, recouverte de béton, permettait la mise à l'eau. Il fallait aligner parfaitement la remorque, en marche arrière, pour que le jet-ski ne soit pas emporté par une vague comme un jouet d'enfant. Il arrivait que des gars y perdent jusqu'à leur voiture ! Les vagues, énormes, s'écrasaient contre la remorque du 4×4 alors que nous descendions le jet-ski dans l'eau centimètre après centimètre. Sans perdre une seconde, nous l'avons libéré et il a retrouvé son élément naturel. Je repris confiance.

Un rituel hawaïen a marqué le début de la compétition. Nous nous sommes mis en cercle, debout dans le sable, la main posée sur l'épaule de notre voisin. Un mage hawaïen nous a alors distribué des feuilles de ti pour nous porter chance ; une pour chaque surfeur et une pour nos machines. Il nous a mis en garde contre les vagues « de grandes tailles et dangereuses » et nous a recommandé de prendre soin les uns des autres. Rodrigo m'a tapé sur l'épaule en signe d'amitié et nous sommes partis.

L'océan avait pris des airs de grand Barnum avec des jet-skis striant l'eau, des photographes et vidéastes juchés sur leurs petites embarcations avec leurs gros appareils dans leurs caissons étanches, les équipes de sécurité, et les juges sur leurs gros bateaux équipés de panneaux. Des hélicos brassaient l'air comme le feraient des oiseaux-mouches, le grondement des vagues couvrant leur vrombissement.

La compétition comprenait deux manches d'une heure. Chaque équipage avait une heure pour surfer en permutant les rôles. Rodrigo surferait la première demi-heure et moi la seconde. Les trois meilleures vagues de chaque surfeur étaient prises en compte et additionnées à celles de son partenaire. L'équipage avec le plus grand nombre de points remportait la compétition. Le temps nous était donc compté ! Aligner six bons *rides* sur ces monstres en une heure, soit dix minutes par *ride,* ne nous laissait guère de marge d'erreur. La moindre chute entamerait notre confiance et notre énergie, mais se traduirait surtout par une grosse perte de temps : le pilote devait foncer pour vous récupérer ; ballotté et étourdi par les remous, il fallait vite monter sur le *sled* avant de tenter sans tarder un nouvel essai, et si vos pieds glissaient des *straps*, vous perdiez votre planche… Bonne chance pour la retrouver dans ce maelström, si elle n'avait pas fini éclatée contre les rochers. Afin de renforcer ma sécurité, outre mon gilet de sauvetage, j'avais doublé la flottaison de ma combinaison en fourrant à l'intérieur des morceaux d'un autre gilet de sauvetage. J'étais en avance sur mon temps, mais mon équipement « fait maison » était loin d'être aussi efficace que les combinaisons de survie que nous portons aujourd'hui.

Le vent maltraitait les vagues qui étaient d'un bleu foncé. En assurant les trois premières, nous avons décidé de ne prendre aucun risque. On verrait, selon le temps restant, si on pouvait attraper une vague pour tenter un *barrel*. J'ai ensuite placé Rodrigo sur trois vagues parfaites de 15 à 20 mètres. Il les a surfées impeccablement, tout en fluidité et élégance. J'étais certain que nous étions parmi les meilleurs. Je l'ai amené sur une quatrième vague, il est parti et a tenu une ligne assez haute. Mais le tube, jusqu'ici parfaitement circulaire, a pris une forme ovale et s'est soudainement fermé sur lui. Aspiré, il a disparu dans un tourbillon d'écume. Assis sur mon jet-ski, impossible de le repérer : une tête d'épingle dans un champ d'eau blanche et d'écume. Les secondes s'éternisaient... Là ! J'ai mis les gaz à fond pour le rejoindre avant qu'une nouvelle montagne d'eau ne s'écroule sur lui.

Je l'aide à monter sur le *sled* et mets de nouveau la poignée dans le coin. Mais rien ne vient. Le propulseur, noyé dans l'écume, ne produit aucune poussée. Panique à bord. Ce jet-ski, cette Cadillac des mers, celle de Roy, coûte une blinde. Je serre les dents et tente de me dégager, sans résultat.

Je me sens comme un marcheur pris dans des sables mouvants, ou comme un skieur coincé dans un trou qui voit une avalanche fondre sur lui. Tout autour l'écume et les remous. Rodrigo, épuisé, reprend son souffle. Puis il prend tous les risques, se jette à l'eau et essaie de me donner une impulsion. En vain. La vague l'engloutit, me bouscule et m'envoie cinq mètres en l'air. Je remercie aujourd'hui encore Roy d'avoir choisi un engin toutes options, équipé de *straps*. Alors que je fais l'avion, je m'agrippe au guidon et pousse sur mes pieds pour ne pas me faire éjecter. Je ne sais pas quoi faire d'autre. Si je tombe sur le côté ou sur le dos, ce sera la fin de Garrett McNamara et de sa rutilante Cadillac.

Dieu, Bouddha ou Lightning Amen ont eu pitié de moi, ou de Roy. Je me suis retrouvé assis sur le jet-ski, en équilibre, face au rivage, et j'ai mis les gaz au moment où j'amerrissais. La bête a repris vie et nous sommes repartis. Incroyable. Rodrigo, quant à lui, a été récupéré par une équipe de sécurité.

Quand mon tour arrive, je respire profondément pour me calmer et me concentrer sur l'instant présent. La première vague – six mètres hawaïens, 12 mètres de face – n'a rien de spectaculaire, mais elle est propre. Respectable. Je lâche la corde et choisis une trajectoire descendante. Après une vingtaine de mètres dans la face, je peux voir le mur d'eau devant moi se creuser, la lèvre lourde se faire menaçante. Il est urgent de me glisser dans le tube, mais comme je m'étais promis d'attendre jusqu'à la quatrième vague, un mélange de peur et d'excitation me saisit, et je choisis de m'échapper en passant derrière la vague. L'humiliation est soudaine et absolue. C'est la plus importante compétition à laquelle j'aie jamais participé, les plus grosses vagues que j'aie jamais surfé, le plus gros prix, ma carrière est en jeu et moi, je me tire, la queue entre les jambes… Je me rappelle les milliers de spectateurs massés sur la falaise de Pe'ahi. Malgré les 800 mètres de distance, je sens le regard de chacun d'entre eux m'enfoncer dans l'eau. Je peux même entendre leurs pensées : « Quel charlot ce Garrett McNamara ! »

Et ce n'était même pas une grosse vague.

Rodrigo revient vers moi, je saisis la corde et nous faisons des ronds dans l'eau en attendant la bonne vague. Je déteste attendre, je déteste l'idée d'avoir abandonné mon pote. Pire, je ne suis plus du tout concentré sur le moment présent. La cage d'écureuil tourne à toute vitesse dans ma tête. « Pourquoi ai-je fait ça ? Et maintenant ? Comment vais-je m'en tirer ? » Je repense à l'importance d'être honnête face à sa peur. Elle est le produit des souvenirs, des expériences douloureuses auxquelles on s'accroche, mais aussi le produit de notre imagination quand on se projette dans le futur. Pour évacuer la peur parasite, il importe de revenir dans l'instant présent.

Une nouvelle série arrive. Rodrigo me place sur une vague de dix mètres hawaïens, juste où il faut. Je file au travers de cette face de 20 mètres, et me fais presque un *barrel*, deux fois de suite – me raisonnant à tout prix pour ne pas dégager trop tôt – et j'atteins enfin le *channel* avant de sortir. Ma confiance est renforcée par la poussée d'adrénaline. « OK, je peux le faire. Je vais le faire. » Ma seconde vague est pareille à la première. Mais mon abandon m'a fait perdre du temps. Trop de temps. Mon sablier se vide à grande vitesse. « Plus que quelques minutes », me crie Rodrigo. La prochaine série approche. Il fonce droit dessus, puis se met en position pour me placer.

Je gueule : « Non, non, non ! » Rodrigo nous remet sur l'épaule. Nous attendons une vingtaine de secondes. Interminable. Une deuxième vague se forme. Rodrigo se dirige vers le pic qui se redresse. Je lui refais signe que non, et nous repassons sur l'épaule. Je mise tout sur la troisième vague qui devrait être la plus grosse de la série.

Rodrigo tape sur sa montre, puis hausse les épaules en signe d'incompréhension. Le sablier est quasiment vide. Je lui indique la prochaine vague qui se lève, étincelante. Il me catapulte en position. C'est parti. J'ai les crocs.

C'était une vague presque ordinaire. Mais j'ai réussi à enchaîner un *cut back* puis un *snap*. Le vent de terre soufflait un peu plus fort et je pouvais entendre le son de la corne de brume qui annonçait la dernière minute de la manche. J'ai fait un dernier *cut back* radical pour retourner vers le point de déferlement, conscient qu'une montagne d'eau m'y attendait. Mais je n'avais plus peur. J'ai surfé ainsi jusqu'au *channel* comme si j'avais domestiqué le fauve. Je ne pouvais pas croire à ce que je venais d'accomplir. Et dans les temps !

Rodrigo m'a récupéré et nous sommes retournés au ravin où nous avions mis le jet-ski à l'eau. En nous battant contre les vagues, comme le matin, pour sortir notre engin de l'eau, je l'ai cette fois pris à la rigolade.

La compétition était terminée. Les juges faisaient les comptes. J'étais plutôt confiant. Notre performance était solide, voire inspirée. Un bénévole s'est approché et nous a annoncé, avant la voix du speaker, que nous avions gagné. Je me suis éloigné de la foule qui s'était amassée autour de nous, pour me retrouver seul face à l'océan. Quelqu'un m'a passé un téléphone. J'ai entendu Connie avant de fondre en larmes. Tous ces mois d'efforts et de labeur : la musculation avant l'aube, la discipline diététique, les séances d'entraînement, le *mana* et la puissance que j'essayais de capter en faisant la ronde autour du *heiau,* le plan que j'avais griffonné sur le comptoir.

J'avais pris la bonne décision en sacrifiant l'Eddie. En tant que remplaçant, je n'avais aucune garantie d'y participer. C'est un Australien, Tony Ray, qui avait été déclaré vainqueur devant Kelly Slater avant de se voir destituer de son titre. Après que Slater ait demandé à vérifier les fiches des juges, il s'était avéré que le jury s'était effectivement trompé dans ses calculs... La célébration de Tony fut abruptement interrompue par le speaker qui déclara Kelly vainqueur tout en se confondant en excuses. J'aurais pu tout aussi bien me retrouver en lieu et place de Tony Ray.

Chien de la mer

Cette nuit-là, j'ai filé directement à la maison. Pendant toute la semaine et celle d'après, des amis, mais aussi des inconnus s'arrêtaient au magasin pour me féliciter. Quand j'allais faire les courses à Foodland, on m'interpellait. Un peu plus tard dans le mois, alors que Sunset était en condition, j'ai ramé vers le large. Les caïds locaux qui faisaient la loi au *line up* m'ont salué d'un signe de la tête tout en faisant un *shaka*, un geste traditionnel de la main, les doigts repliés à l'exception du pouce et du petit doigt, pour signifier leur respect.

J'étais fier d'avoir enfin atteint mon objectif, même si je ne savais pas encore comment construire ma carrière à partir de cette victoire. Les sponsors étaient loin d'accourir. J'ai reçu un appel de Red Bull avec qui j'ai signé un contrat – que je n'ai pas renouvelé les années suivantes, ne voulant pas faire de la pub pour une boisson nocive pour le cœur en particulier et la santé en général –, mais aussi de Quiksilver avec qui je n'ai pas signé. Ils m'offraient 2 000 dollars par mois et j'estimais que je valais plus. J'ai aussi signé avec No Fear, une marque de fringues et Xcel, un fabricant de combinaisons.

Même si j'essayais de mieux comprendre le monde des affaires, mon diplôme de fin d'études et la lecture de *Créer sa boîte pour les nuls* ne me permettaient pas d'aller très loin. La boutique fonctionnait pas trop mal, mais j'étais décidé à la fermer, et le plus tôt serait le mieux. J'envisageais de lancer un site de vente en ligne, et un autre pour développer mon image. Nous étions en 2002 et avoir un site web à son nom était en vogue. Je n'y connaissais pas grand-chose, comme tous mes amis d'ailleurs. Les surfeurs ne s'intéressaient guère à Internet, à l'exception des sites météorologiques pour prévoir les tempêtes et la houle.

Dans la culture surf, il était mal vu de se mettre en avant, notamment après avoir dompté telle ou telle vague monstrueuse ou lors d'une houle historique comme pourrait le faire un alpiniste après une première hivernale. Suivant votre renommée et la taille de la vague, vous pouviez éventuellement lever les bras en signe de victoire, après avoir été expulsé d'un *barrel*. Mais après ce bref moment de gloire, il était de bon ton d'adopter un profil bas en laissant les autres venir à vous et s'émerveiller de vos exploits. Bien que conscient qu'un site à mon nom revenait à lever les bras en permanence, je sentais que si je voulais réussir, il fallait aller vers les gens plutôt que de les attendre derrière le comptoir. D'ailleurs, Laird Hamilton, qui était particulièrement apprécié, avait déjà son propre site.

Pour le site du magasin, j'ai opté pour un hébergement web par GlobalHost, une petite boîte de Hale-'iwa dont j'avais vu l'annonce en ville. Je les ai contactés lors d'un après-midi qui tirait en longueur, en leur expliquant qui j'étais et ce que je faisais, et pour leur proposer un partenariat. Si nous trouvions un accord, je pourrais afficher leur marque sur un T-shirt, sur une bannière en ligne ou ailleurs. Le gars au téléphone m'a demandé un moment de réflexion en promettant de me rappeler. Quelques minutes plus tard, j'étais en ligne avec un certain

Lowell Hussey. Membre du conseil d'administration de GlobalHost, il vivait sur la côte nord. « Nous serions heureux d'héberger votre site. Mais pourquoi ne pas en développer un meilleur ? » Il m'a proposé de nous rencontrer afin de parler de *management*. Par principe, je ne refuse jamais une porte qui s'ouvre. Mais que voulait-il dire par *management* ? Manager mon site ? Non, il voulait gérer ma carrière.

Lowell Hussey est le genre de personne qui, après avoir fait fortune à 35 ans, s'est entièrement consacré à sa passion tout en développant d'autres business tout aussi profitables. Avec son MBA de Harvard en poche, il était devenu patron du marketing de Time Warner Cable et, depuis, investissait dans l'énergie solaire, l'hébergement de sites web, la communication digitale et que sais-je encore. Lowell aidait aussi, en tant que bénévole, le collège et le lycée de Kahuku à déployer leur site d'e-commerce. Les enfants géraient tout eux-mêmes et utilisaient les profits pour renforcer les programmes scolaires. La seconde année, ils réalisaient déjà un chiffre d'affaires de 150 000 dollars en vendant les T-shirts de leur équipe de football qui avait été deux fois de suite championne de l'État. Lowell aidait enfin quelques *start-up* et avait lancé deux fondations ; une pour le bien-être animal et l'autre pour introduire le football américain en Pologne…

J'ai enfilé un pantalon propre et mis une chemise hawaïenne pour aller au rendez-vous. Lowell, une armoire à glace, avec une poignée de main décidée, rayonnait de confiance en lui. La plupart des managers d'athlètes professionnels ne savent jamais – aujourd'hui encore – comment faire avec les surfeurs. Épris de liberté, la plupart refusent toute contrainte qui les empêcherait de surfer. Impossible de fixer un rendez-vous de peur de manquer une bonne vague. Notre quotidien est aussi variable que la météo et la houle. Si les sports d'équipe, les matchs de tennis sont organisés des années à l'avance, nous avons, au mieux, une visibilité de trois mois sur les événements de nos sponsors. Nous sommes les seuls professionnels au monde à inclure une clause « grosse vague » dans nos contrats, qui nous autorise à prendre le premier avion pour aller surfer une vague géante, quitte à laisser tomber une ouverture de magasin, une première, un gala de charité ou tout autre engagement. À rendre fous les individus les plus rationnels !

Mais cette difficulté renforçait la motivation de Lowell. Il tenait absolument à m'aider à vivre du surf, même s'il ne savait pas encore comment.

Nous avons travaillé quelques années ensemble. De lui, j'ai tout appris sur le monde des affaires ; le marketing bien sûr, mais aussi la froide réalité, cynique et politique ; une réalité que je ne voulais et ne veux toujours pas connaître. J'ai été élevé dans une communauté. Je n'ai jamais eu de père qui rentre à la maison chaque soir et ouvre son *Wall Street Journal* avant de raconter sa journée au bureau. Je n'ai jamais eu de vacances en famille ni entendu des proches parler d'acheter à bas prix pour revendre plus cher. J'ai grandi au milieu de plants de cannabis, dans un monde qui disait non au sexe, à la violence et au matérialisme. Comprenons-nous bien : il n'y a aucune poésie dans les affaires, c'est avant tout une histoire de chiffres et de profit. À la fin, seul compte l'intérêt des actionnaires. Tous les autres acteurs ne sont que des « consommables », des intermittents, en particulier le surfeur pro. Sponsorisé par une marque, son rôle est de donner une image séduisante, voire sexy, à un produit. Sa seule valeur consiste à se faire filmer ou photographier en train de dessiner une belle ligne sur une vague parfaitement lisse dans une mer turquoise bordée de cocotiers. Il peut être remplacé sur un claquement de doigts par un autre plus blond, plus cool, aux dents plus blanches ou un autre encore qui aurait surfé une vague plus grosse, plus lisse, plus bleue óu avec plus de cocotiers. Le business vous avale avec autant de facilité et de gourmandise qu'il vous recrache, comme il le fera avec le prochain prétendant, puis le suivant et le suivant du suivant…

Rien de neuf sous le soleil. Je l'avais constaté quand Liam m'avait supplanté, ou lors de ma blessure au dos. Il m'a suffi d'être absent pendant une petite saison alors que j'étais au top de ma soi-disant carrière, pour que mes sponsors m'abandonnent comme les rats quittent un navire en détresse. Pas besoin de beaucoup d'imagination pour comprendre le discours de Lowell. Il m'a fait prendre conscience que ma victoire sur Jaws, certes méritoire et utile, ne me fournissait aucune garantie sur l'avenir. Il fallait penser autrement. Actuellement, j'étais sans doute en mesure de négocier des contrats à 5 000 dollars par mois, contre 500 quelques mois plus tôt. Mais cela n'empêcherait pas un petit jeunot de remporter une autre compétition et de prendre ma place. D'ailleurs, je n'étais pas vraiment blond et n'avais pas les yeux bleus. J'étais même plutôt brut de forme que tendre au sourire commercial. J'ai alors confié à Lowell que McNamara, signifiait littéralement « chien de la mer » en celtique. Lowell s'est marré et m'a dit : « C'est bon ça. » La seule façon de devenir irremplaçable, selon lui, était de me distinguer, d'être celui qui ose défier les plus grosses vagues. Garrett McNamara, le seul et l'unique, le chien furieux de la mer !

Mais cette idée allait à l'encontre du code d'éthique tacite des surfeurs. Ils acceptent de porter des casquettes et des T-shirts avec des logos de marque en échange du parrainage des sponsors, mais ne se mettent pas en avant. Nous n'apposons pas nos noms sur quoi que ce soit, à quelques exceptions près, comme une série limitée de planches. Si une entreprise japonaise veut exposer ma tronche sur un large panneau publicitaire dominant une voie rapide de Tokyo, c'est leur problème, pas le mien. La règle était simple : plus on est couillu, plus on peut surfer des grosses vagues, plus on risque sa vie et plus il faut être humble pour rester en vie. J'ai expliqué tout cela à Lowell en prenant notre petit déjeuner au *Cafe Haleiwa* :

« Je comprends ta logique, lui ai-je dit, mais c'est pas pour moi tout ça.

— Essayons quelque chose, et ensuite on en reparle. »

Avant que j'aie eu le temps de lui demander ce qu'il avait en tête, il a déroulé un poster qu'il tenait caché contre sa jambe : une magnifique photo du *barrel* de Jaws avec mon nom imprimé en grosses lettres tout en bas. C'était contre tout ce en quoi je croyais… Il en avait tiré quelques milliers pour deux dollars l'unité. J'en ai signé peut-être 200 et nous les avons placés dans différentes boutiques de O'ahu. Nous les vendions cinq dollars l'exemplaire et dix dollars les dédicacés ! Ils sont partis comme des petits pains. Soudain, mon nom était partout. Je ne suis toujours pas sûr que cela ait été très éthique. Mais ça a marché.

Teahupo'o

L'été suivant, j'ai eu les moyens de m'évader de la torpeur hawaïenne pour m'envoler vers le seul lieu qui comptait : Tahiti, où j'avais un vieux compte à régler.

Teahupo'o se trouve à environ un kilomètre d'un petit village sur la côte sud-ouest de Tahiti. La vague est une gauche terrible ; une véritable plaque de verre qui s'écroule plutôt qu'elle s'enroule sur un récif de corail si peu profond et accidenté que toute chute importante se paie au prix de multiples coupures. Pour pimenter l'affaire, le corail de feu – le *millepora* – abonde, vous garantissant des brûlures ou des infections sur toute plaie ouverte. En 2005, après une mauvaise chute, j'ai senti comme une large bande de chair qui pendait sur ma jambe. J'ai touché ma peau du bout des doigts : aucune douleur… Pendant quelques secondes, j'ai pensé m'être tailladé sur un fond de corail venimeux qui contient une neurotoxine anesthésiante. Baissant les yeux j'ai constaté que c'était une bande de néoprène qui avait été arrachée de ma combinaison. Les vagues ici n'ont pas de dos. Ce sont des chutes d'eau en mouvement qui se lèvent brusquement avant de s'effondrer. Il y a tant d'eau aspirée par le front de vague que Teahupo'o est réputée pour être la seule vague au monde à dérouler sous le niveau de la mer. Assis sur sa planche au *line up*, on a l'impression que tout l'océan va se déverser sur la plage. Impossible de la surfer sans avoir la boule au ventre et les nerfs à vif. Que vous la preniez par n'importe quel côté, Teahupo'o est une question de vie ou de mort. Et pourtant, aussi surprenantes soient-elles, elles ne sont jamais que d'énormes vagues qui se referment brutalement avec un *channel* suffisamment proche pour offrir une voie de secours.

Le 17 août 2000, Laird Hamilton a surfé celle qui s'est bientôt appelée la vague du millénaire. La couverture de *Surfer* le montre juste avant que l'épaisse lèvre s'enroule et qu'il se fasse expulser par un nuage explosif de mousse à l'extrémité du *barrel*. Dans le coin en bas à gauche, le journaliste a légendé : « Oh mon Dieu ! » Plus loin, une photo de Laird le montre assis sur sa planche, en train de pleurer.

Quelques années auparavant, Liam, deux jeunes surfeurs prometteurs et moi avions fait le déplacement la semaine avant la Billabong Pro Tahiti. Une bande d'Hawaïens nous avait rejoints parmi lesquels Danny Fuller et Hank Gaskell. Tout le monde venait s'entraîner en vue de la compétition, sauf moi, qui comptais faire des tubes et prendre du bon temps. Pendant trois jours, il a plu sans discontinuer : un déluge tropical, qui a noyé l'île dans la vapeur d'eau, accompagné de tonnerres et d'éclairs qui frappaient comme le sabre de Dark Vador, si fort et si dur que Liam en tressaillait de terreur. Mais au quatrième matin, le ciel s'est éclairci et nous étions en route vers le spot avant que le soleil ne se lève.

J'en tremblais, sans savoir s'il s'agissait de peur ou d'excitation. Cela faisait tellement longtemps que je désirais cette vague ! J'avais essayé de la surfer, dix ans plus tôt, quand seuls les *bodyboarders* évoquaient une vague solide et sauvage au bout d'une piste à proximité d'un minuscule village tahitien. J'avais économisé pour m'offrir l'aller-retour depuis Honolulu, acheté pour deux semaines de spaghettis, de thon en boîte et de noix mélangées. Au comptoir d'enregistrement, on m'a interdit d'embarquer faute de pouvoir régler le surplus de bagages pour ma planche – 700 dollars, plus que mon foutu billet ! Je suis rentré chez moi et Scott Ostrander, le gars avec qui je devais voyager, a fait la couverture de *Surfer*...

En bateau vers le *line up*, l'eau était si claire que l'on pouvait voir des poissons-perroquets verts et bleus, et même des petits poissons-clowns d'un orangé vif s'agitant entre les patates de corail. Mais aucun surfeur n'aime s'attarder sur le corail. Je me suis concentré sur ces étranges vagues, creuses et épaisses. Elles étaient de taille parfaite – pas encore monstrueuses. Je me suis lancé sur une vague de trois mètres, la première d'une série. Mauvais choix. Comme coincé dans un ascenseur dont on aurait coupé les câbles, j'ai insisté et me suis fait maltraiter par les suivantes avant de finir dans le lagon. Le temps de ramer jusqu'au bateau, j'étais vanné. Décidé à me reposer un peu et à boire un coup, je suis monté à bord. Soudain, venue de nulle part, une série de trois ou quatre mètres s'est ramenée. Liam était encore dans l'eau. Oubliant ma soif, je l'ai regardé s'enfuir à grands coups de moulinets de bras. Jamais vu ça ! D'habitude, on rame vers la vague, mais là, il ramait comme un dingue pour s'en éloigner et rejoindre le rivage le plus vite possible. Puis j'ai compris. Compte tenu de sa puissance, mieux valait se faire pourrir dans la mousse que de se faire aspirer par la vague avant d'être projeté contre le récif. Retenant ma respiration, j'étais prêt à lui porter secours, mais il a réussi à s'échapper.

Ce jour-là, il y avait quelques locaux au *line up,* notamment Manoa Drollet, un pro, et son ami Briece Taerea. Tous ont été surpris par l'arrivée soudaine de cette vague de quatre mètres. Manoa et Briece ont tenté un canard. Le premier a pu passer sous la vague, mais Briece s'est fait aspirer puis retourner avant d'être projeté la tête la première contre le récif. Depuis le bateau, j'ai immédiatement su que c'était grave. Pendant que Manoa ramait vers la planche de son camarade, j'ai pris la mienne et me suis dirigé vers eux. Alors que j'abordais Manoa, il a tiré sur le *leash* pour se rapprocher de Briece. Son visage ensanglanté semblait avoir été frappé par l'outil d'un boucher. Du sang sortait par un trou dans sa tête. Une entaille géante déchirait sa mâchoire.

Je l'ai hissé sur le bateau où nous avons tenté de le réanimer, pendant qu'un autre maintenait en place le bas de son visage. Briece a respiré, mais sans reprendre connaissance. J'ai pompé des deux mains sur sa poitrine jusqu'à ce que mes épaules me fassent mal. Mes pieds étaient en feu à la suite de mes multiples chutes sur le corail. Je baignais dans mon sang et celui de Briece. Quand nous avons enfin rejoint le rivage, l'un de nous a couru appeler les secours. Nous avons installé Briece sur le plateau d'un camion. Je suis resté avec lui. Une nouvelle fois, sa respiration s'est arrêtée et j'ai dû reprendre le massage cardiaque. Nous faisions des bonds sur la route étroite et défoncée qui mène à l'hôpital quand nous avons croisé l'ambulance. Les infirmiers, qui me parlaient en français sans que je les comprenne, l'ont pris en charge. Je me rappelle lui avoir donné une tape amicale sur le dessus du pied avant qu'ils ne l'emmènent. Ils lui ont mis un masque à oxygène. Nous avons appris par la suite qu'il s'était brisé deux vertèbres cervicales et avait endommagé sa moelle épinière. Il est mort trois jours plus tard d'une infection pulmonaire et d'un œdème cérébral.

Il a suffi de quelques années pour que le contexte change. Tout le monde se faisait désormais tracter et le *line up* était encombré par les jet-skis, les bateaux des photographes et des *aficionados*. Les vagues atteignaient quatre à cinq mètres. Une série a envoyé valser notre bateau, manquant de peu de nous renverser. J'aurais dû prendre peur, mais je savais que Briece était à mes côtés. J'avais fait tout ce que je pouvais pour le ramener à nous. J'ai pensé à nos sangs mêlés au fond du bateau. Mon frère de sang.

Les plus belles vagues de la journée sont venues droit vers moi comme dans un songe. J'ai fait cinq couvertures, dont celle de *Surfing*.

Entubé

Lors de cette année 2002, j'ai fini par oublier la frousse que j'avais eue sur Jaws, où je n'avais pensé qu'à survivre, ne serait-ce qu'une heure ou même quelques secondes. Cette peur, peu à peu, avait laissé place à un intense désir de ressentir de nouveau ce *rush*. Ce n'était pourtant pas mon spot préféré, loin de là, je n'étais même pas certain de l'apprécier. Mais à la prochaine houle favorable, j'étais déterminé à tenter un *barrel* sur une vague de 20 mètres, 25 mètres qui sait ! Je voulais la vague du jour, le plus gros tube que l'usine de Pe'ahi pouvait produire. Je rêvais d'aller au plus profond de cet antre vert, au point d'en nettoyer les parois. J'avais peut-être mis ma peur de côté, mais je n'avais pas oublié la façon dont j'avais tracé au travers de la vague, poursuivi par un *barrel* géant.

Faire un tube représente l'objectif et le sommet de toute vie de surfeur. Même si ma mémoire est un peu mitée, je me rappelle encore le *ride* de dingue de Brock Little en 1990. Pendant longtemps, j'ai voulu vivre la même chose et maintenant, cette envie était si forte que j'en étais devenu dépendant. Comme un drogué, je n'arrivais plus à me débarrasser de mon obsession : y retourner et prendre ma dose.

À la fin du mois de novembre, les prévisionnistes ont annoncé une houle historique sur Jaws. Chaque hiver, des tempêtes génèrent des vagues plus grosses que la normale. Mais certaines de ces tempêtes s'inscrivent dans la légende du surf. Celle-là arrivait de Sibérie : une houle de 15 mètres, accompagnée par des vents de cent à l'heure, qui se dirigeait droit sur Hawaï. Quand, le 26 novembre, elle a percuté le récif de Jaws, elle a produit des vagues de huit à dix mètres en mesure hawaïenne, avec des creux de 16 à 20 mètres. Impossible de résister. J'avais une mission à accomplir.

Mon nouveau partenaire de *tow-in* se nommait Ikaika Kalama, digne héritier d'une longue lignée – plus de trois cents ans – de marins et de surfeurs hawaïens, une lignée royale. Ikaika, malgré son jeune âge, 23 ans, 12 de moins que moi, était déjà un surfeur accompli. Nous sommes partis pour Maui et avons appelé Roy Patterson, dans l'espoir qu'il puisse nous prêter son jet-ski. Quand il a su que c'était pour moi, Roy, toujours à faire le clown, a dit : « Ah non, pas encore ce Garrett McNamara ! »

Nous l'avons retrouvé à cinq heures du matin à l'entrée de la ravine. Il n'avait pas changé, avec ses grands yeux étonnés toujours à fond comme s'il venait d'avaler une cafetière. Il faisait nuit. Les oiseaux s'activaient à la recherche d'insectes et de vers. Après avoir allumé nos frontales, le lieu semblait plus féerique que jamais. Les vagues avaient tracé leur sillage jusqu'à la vallée, aspergeant les bords des falaises. L'air était lourd de sel et de débris volants. Il sentait la terre mouillée, les feuilles décomposées et les gaz d'échappement.Nous avons éteint nos frontales et enfilé nos combinaisons. Il est déjà difficile de mettre le jet-ski à l'eau pendant la journée, alors sans visibilité… Mais nous avons eu de la chance. Entre deux séries, nous avons pu l'insérer entre des blocs de rochers avant de nous diriger vers le spot, seuls sur la mer. Nous avons longé la côte. La seule lumière visible était le clignotement de nos feux de position. Une petite foule s'était amassée sur la falaise, quitte à tracer son chemin dans l'obscurité et les broussailles. Le ciel, peu à peu, s'est éclairci en bleu foncé. Puis une lueur orangée est apparue à l'est. Juste assez de lumière.

Roy a demandé qui voulait se lancer. Ikaika, comme à son habitude, a répondu : « Vas-y en premier Garrett. » Roy m'a tiré sur des vagues propres et lisses, quasiment parfaites. Pas de clapot, pas d'à-coups, une simple fine ligne blanche au-dessus de la lèvre. Jaws est souvent venteuse – Ho'okipa, à dix kilomètres de là, est un fameux site de *windsurf* – mais ce matin-là, le vent n'était pas au rendez-vous. Des vagues impeccables du début à la fin. Quelques douches sous la lèvre, mais pas de vrais tubes. C'était au tour d'Ikaika. Pour ma part, j'attendais la fin de la session dans le *channel*, histoire de me reposer et de regarder le ciel s'élever, remerciant Dieu ou ses potes pour cette belle journée. Je regardais Roy tracter Ikaika vers une série de 16 mètres, des vagues sans aucun défaut de fabrication. Bientôt tous les équipages du coin nous rejoindraient. Il fallait en profiter avant que le site ne soit surpeuplé. Le surf tracté, considéré à ses débuts comme une maniaquerie réservée à quelques fanatiques, était devenu une pratique populaire. Les *line ups* grouillant de rameurs avaient laissé la place à une noria d'engins tirant leurs surfeurs à toute allure.

Alors que je flottais au milieu de la foule, Dane Kealoha est passé à côté de moi, monté sur un vieux tagazou poussif.

Dane était le fils d'un Hawaïen pur jus et un féroce surfeur de gros, une idole de la côte nord des années 1970-1980, quand Liam et moi nous nous amusions encore sur les vaguelettes d'Army Beach. Quatre fois il avait atteint la finale des Pipeline Masters et, invité six fois au Duke Kahanamoku, il avait gagné chacune des épreuves en 1983. Son visage, qui semblait avoir été sculpté dans un bloc de granit, était coiffé d'une touffe folle de cheveux bouclés. Dane était un homme de peu de mots : silencieux au *line up* comme sur la plage. Un de mes héros.

« Hey, tonton Dane », l'ai-je interpellé.

Il a grimacé :

« Toi tracter quelqu'un ? ai-je demandé.

— Personne pour tracter toi ?

— Non, toi vouloir tracter moi ? Toi savoir piloter ? » ai-je répondu dans ce parler d'Hawaï que j'avais adopté depuis des années avec les locaux.

Pour seule réponse, il m'a lancé sa corde. Le palonnier a atterri droit dans mes mains. J'étais tellement ravi de me faire tracter par mon idole de jeunesse, le grand tonton, que j'en bégayais. Il m'a lancé un regard noir qui signifiait : « Alors crétin de *haole*, tu me demandes si je sais piloter… Tu vas voir ce que tu vas voir. » Il a tendu la corde, a mis la poignée dans le coin et nous sommes partis vers le *line up*.

Jamais Jaws n'avait connu autant de monde ! On aurait dit *Waterworld*, le film de Kevin Reynolds, avec au moins une trentaine d'équipages et donc une cinquantaine de jet-skis, autant de surfeurs, sans compter les photographes et les équipes de sécurité. Tout ce petit monde s'élevait et s'abaissait dans l'énorme houle et chacun se déplaçait en permanence pour se placer au mieux. J'essayais de réguler ma respiration afin de me calmer. Tonton Dane, bien que remonté comme une pendule, restait froidement lucide. On serait bien. Nul besoin de se presser. Respectons les autres en nous mettant dans la queue et en attendant notre tour. Une série se préparait à dérouler. Nous étions prêts à descendre là où le pic doit se former pour attendre notre tour. Mais Dane est un roi et nul ne saurait déplaire à Sa Majesté. Il a soudain fait un virage serré bien démonstratif et j'ai pensé : « C'est parti mon coco... »

Les yeux rivés sur la vague, il a accéléré et s'est lancé droit sur le spot. Les deux dernières années, j'avais surfé assidûment Backdoor pour me préparer à ce moment : faire un *barrel* sur une vague géante, en tracté. C'était mon seul objectif, je vous le garantis. J'avais choisi Backdoor parce que chaque fois que l'on prend une vague, il y a une marche qui impose une chute contrôlée avant de se placer sous la lèvre au dernier moment et de s'enfiler dans le tube. Ce spot difficile était la meilleure préparation pour prendre la vague de ma vie. Mille fois, j'avais imaginé ce mur d'eau qui se déplace à toute vitesse tout en s'arrondissant. Je pouvais soit dégager (comme je l'avais fait sur la première vague pendant la compétition), soit foncer vers le *channel* poursuivi par une explosion de mousse (comme je l'avais fait avec les deuxième et troisième vagues). Je me voyais déjà à l'intérieur du tube, quand la vague casse et la lèvre se referme. Le mélange d'air et d'eau crée alors un souffle qui sonne comme un avertissement et vous expulse comme le ferait le jet d'une lance de pompier, aveuglante, percutante, avec parfois suffisamment de force pour vous arracher de votre planche malgré vos *straps*.

J'ai lâché la corde et je me suis lancé immédiatement. J'ai descendu en volant la face de la vague vers le creux et entamé un virage. Gardant une marge de sécurité, j'ai filé vers le *channel,* mais la lèvre s'est repliée alors que la vague commençait à s'enrouler. Toutes les conditions semblaient réunies pour former le *barrel* auquel j'aspirais depuis des années. Je me suis recalé un peu vers la gauche. La lèvre s'apprêtait à me recouvrir. J'ai attendu. À la dernière seconde, je suis revenu sous la lèvre qui m'a brossé, par trois fois, les cheveux.

Des baisers d'amour, dira Connie. Ces baisers d'amour m'aveuglaient. J'étais en train de voyager dans le tube de ma vie et je n'y voyais rien. Le monde était devenu silencieux ; j'étais dans l'œil du cyclone. Je vais le faire, je vais le faire ! Soudain j'ai été aspiré vers le haut de la face. Je me sentais tomber vers l'arrière quand j'ai entendu un rugissement. Une rafale, je suppose, m'a soulevé au-dessus de l'eau. Heureusement que j'avais des *straps*. Je suis resté collé à ma planche tandis que le souffle m'envoyait valdinguer jusqu'à la sortie du *barrel* avant de me déposer devant la vague. J'ai levé les bras en l'air, pas en signe de victoire, mais pour remercier Dieu de ce cadeau.

Buzzy Kerbox, qui attendait dans le *channel,* m'a dit : « Impossible de faire mieux aujourd'hui, mon pote… » Tonton Dane s'est approché : « Mec, j'ai cru devoir te sortir de l'eau. Je me demandais comment j'allais faire avec ce veau marin ! » Kelly Slater, plus tard, m'a avoué : « C'est du lourd. Le plus lourd que j'ai jamais vu. » Jamais je ne m'étais senti aussi heureux.

Terrien

À la fin du printemps 2003, j'ai enfin pu fermer le magasin et surfer à volonté.

Malgré cette bénédiction des dieux qui m'avait valu les couvertures de *Surfing* et de nombreux autres magazines, la vie à terre restait compliquée et pleine de frustrations. J'avais fini par me persuader, comme tous les surfeurs passionnés, qu'en ne quittant plus l'océan, ma vie serait épargnée de toute contrariété. Je suivais à la lettre les consignes de Lowell, mais mes problèmes d'argent persistaient. J'avais pourtant de solides sponsors ; je n'avais jamais gagné autant. J'arrivais à payer mes factures, mais incapable de réguler mes dépenses, souvent inutiles, je n'avais aucune épargne de côté.

Mon travail consistait à chasser les plus grosses vagues à travers le monde : une quasi obligation, tout autant pour subvenir aux besoins de ma famille que pour satisfaire ma santé mentale ainsi que la marque Gmac, comme l'appelait Lowell. Auparavant personne ne m'en voulait si je ne pouvais pas, à la première alerte, m'envoler en urgence pour le Brésil, l'Australie ou Tahiti. Mes sponsors étaient cool et se contentaient de quelques jolies photos sur un *reef* au large, ici ou là. Mais depuis que j'avais haussé d'un cran mon jeu et ma notoriété, les grosses boîtes qui me sponsorisaient avaient des exigences. Impossible de délaisser la moindre occasion de surfer une vague historique. Et celles-ci n'étaient pas si nombreuses. Parfois une saison entière passait sans la moindre trace d'une vague qui valait le coup. Si les sponsors consentaient la plupart du temps à défrayer mes déplacements, je devais souvent payer mes billets d'avion et le transport de mes planches. Achetés au dernier moment, ils pouvaient atteindre des sommes astronomiques. J'aurais pu m'offrir une bagnole d'occasion pour moins cher.

Cet été-là, afin de joindre les deux bouts, j'ai accepté un vrai boulot. Le genre de travail où tu embauches à une heure fixe pour bosser un nombre d'heures données et rentrer crevé à la maison. Mon premier emploi « normal ». Le premier qui ne dépendait pas de ma volonté pour se développer. Je faisais partie d'une équipe volante d'ouvriers au service de la base militaire toute proche : 35 dollars de l'heure avec quelques bénéfices. Pas mal pour un travail qui consistait à régler les menus problèmes laissés de côté par des entrepreneurs grassement payés par l'armée. La première nuit, nous avons déménagé un gros réservoir de propane qui avait été déposé au mauvais endroit. J'étais en charge du marteau-piqueur pour dégager le réservoir de ses fondations. Une fois libéré, nous l'avons déplacé avant de couler ses pieds dans du béton. Et je ne pouvais pas me plaindre : quand une grosse houle était annoncée dans l'hémisphère sud, mon boss me laissait partir. Difficile de trouver mieux. Mais le soir, je rentrais chez moi de mauvais poil. J'allais directement vers le frigo pour m'ouvrir une bière avant d'allumer la télé, de m'asseoir dans le canapé et de crier à ma femme qui était dans la pièce à côté : « Qu'est-ce qu'on mange ce soir ? »

J'étais trop vanné pour repartir m'entraîner. Du coup, j'ai arrêté les sessions en mer, préférant faire la fête avec mes potes. Un peu, juste un peu… Mais suffisamment pour que Connie m'en veuille, déçue de me voir retomber dans mes vieux travers. Elle s'était persuadée que c'était derrière nous. Elle avait même tiré une certaine fierté de mes efforts pour rédiger un plan de bataille, me nourrir correctement et m'entraîner comme un fou avant de me coucher à l'heure des poules. Mais à présent, quand je n'étais pas en train de bosser, j'étais soit scotché devant l'ordinateur pour vérifier l'état de la houle ou en réunion stratégique avec Lowell Hussey. Je ratais quasiment toutes les grandes occasions – notre anniversaire de mariage ou celui des enfants, les vacances en famille – pour sauter dans le premier avion et aller chercher fortune sur le dos d'une vague.

À cette même époque, Liam s'est pris une méchante gamelle sur Pipeline, son amour de jeunesse. Ce n'était pas la première fois. On avait déjà dû recoudre son scalp avec cinquante points après qu'il ait été traîné le long de ce récif peu profond lors d'une chute qui aurait été sans conséquence partout ailleurs. La série a continué en octobre, un mois avant que je ne fasse mon tube à Jaws. Liam est parti sur une vague ultrarapide – un classique sur ce spot – mais a réagi une seconde trop tard. Quand sa planche a piqué du nez, il a été éjecté dans les airs, a rebondi sur la face avant d'être projeté contre le récif. Bilan : un fémur droit et un héliportage d'urgence vers l'hôpital Queen's à Honolulu. Les chirurgiens lui ont inséré une longue tige d'acier qui va du genou à la hanche pour qu'il puisse tenir debout. Du jour au lendemain, Brandee, son épouse, propriétaire d'une boutique de fringues sur la côte nord, a dû s'occuper de leurs deux gamins, du magasin et de mon frangin invalide. Celui-ci, furieux et frustré par son immobilité, n'était pas de bonne compagnie. Connie et moi avons essayé de les aider comme nous pouvions, en jouant au taxi pour emmener les enfants aux fêtes de l'école, en les invitant à dormir à la maison avec leurs cousins. Arriverait-il à relancer sa carrière après un tel accident ? Les médecins n'étaient guère optimistes sur ses chances de surfer à nouveau. Mais ils ne connaissaient pas le frangin ! Deux années et demie plus tard, en 2005, Liam était invité à participer au Billabong Pro Tahiti de Teahupo'o. Et trois ans plus tard, il était de retour sur Pipeline pour faire des galipettes avec sa vieille maîtresse.

Une fin d'après-midi de novembre, les conditions sur le deuxième récif de Pipe étaient telles que j'ai sorti mon SUP – *stand up paddle board*, une longue planche où l'on se déplace debout avec une rame. Sur l'eau, j'ai vu un autre gars debout sur sa planche. C'était Liam. On s'est appelé en bombant le torse et vanné comme nous l'avions toujours fait. Quand la série suivante est arrivée, Liam a voulu partir en premier. J'ai poussé mon cri de guerre comme un supervilain de dessin animé. Alors qu'il descendait vers le creux de la vague, j'ai plongé sur lui avec mon SUP rouge Ferrari et j'ai réussi à me faire un tube en tenant ma rame en équilibre comme une mitraillette Uzi. Liam était fou de rage. Mais il était bien de retour.

Jeff Clark, la légende du surf de grosse vague qui a découvert Mavericks dans les années 1970 alors qu'il n'était qu'un ado, m'a invité à une compétition là-bas. Je n'avais jamais été sur ce spot légendaire de Californie du Nord et, à vrai dire, je n'en avais jamais eu envie. Tout ce que j'avais entendu sur cette vague me faisait peur à crever. L'ironie d'être si craintif pour un sportif sponsorisé par No Fear – sans peur – ne m'avait pas échappé. Mavs est une vague lourde et terrifiante, comme si elle était animée par la volonté de vous tuer. Une eau froide, vert kaki, sans aucune visibilité. Pas de plage, mais une muraille de rocs sombres et hérissés. Le récif extérieur ressemble à une lame de scie. Il produit des vagues complexes, avec une première section creuse qui se transforme en un *bowl* quasiment vertical, avant de ralentir, s'aplanir, puis de se relever pour reprendre de la vitesse. Sans pitié ! Un jour de décembre 1994, le grand pro de la côte nord, Mark Foo, s'y est noyé sur une vague banale de cinq mètres. Personne n'a su comment il était mort. La plupart pensent que, retenu par son *leash* coincé dans un rocher, il a été submergé par plusieurs vagues.

Mes frayeurs d'enfant à propos des poissons-coqs avaient progressivement muté en phobie des requins. Le film *Les Dents de la mer* n'y était pas étranger, évidemment. Pendant des années je n'ai pas voulu prendre de bain la nuit, de crainte qu'un squale passe par les canalisations et vienne me croquer dans la baignoire. Bien sûr, on trouve des requins à Hawaï, mais je m'étais persuadé que ces sales bêtes ne s'attaquaient aux surfeurs que dans des eaux froides et lointaines, comme à Mavericks. Situé au nord de la baie de Half Moon, ce spot se trouve à environ 50 kilomètres des Farallon Islands, l'un des principaux sanctuaires pour les grands requins blancs qui s'y regroupent en nombre pour se gaver d'éléphants de mer. Non vraiment, il n'y avait nul empressement à surfer Mavericks, si ce n'est que, maintenant que j'étais un pro du surf de grosses vagues, je n'avais plus guère le choix.

On me demande souvent de décrire mes sensations quand je surfe une vague de plus de 20 mètres. Ma foi, quand la mer est lisse et que le vent est calme, c'est un peu comme couper une motte de beurre avec une lame chaude. Quand nous étions jeunes, nous avions l'habitude, avec Liam, de gribouiller des personnages de bande dessinée en train de faire des acrobaties sur des vagues si hautes que la page ne suffisait pas. Eh bien, surfer des grosses vagues, c'est un peu pareil, quand les conditions sont bonnes : tu découpes la face en liberté totale sur une vague prête à exploser derrière tes fesses. Mais les bonnes conditions sont rares, voire exceptionnelles. La plupart du temps, il y a du vent en quantité, du clapot et un reste de houle des jours précédents. Ajoutez à cela votre propre vitesse et tout vibre – la planche sur le clapot, les dents dans votre crâne, et vos pieds toujours prêts à sortir des *straps*. On pourrait comparer cela à un *snowboarder* qui descend une piste noire pleine de bosses poursuivi par une avalanche. En fait, c'est même plus compliqué. Si tu veux te faire un *barrel*, tu ne dois pas essayer d'aller plus vite que l'avalanche, mais tenter de la dompter. Il faut alors l'attendre, la laisser approcher à la bonne distance de manière à ce que la lèvre de la vague te recouvre. Une sorte de flirt, de danse macabre, une véritable provocation même si je ne veux surtout pas manquer de respect à la puissance de l'océan. J'ai appris dans la douleur que l'océan gagne toujours.

Je ne me rappelle plus vraiment le déroulement de la compétition. Une chose est sûre : je suis tombé amoureux fou de Mavericks. Cette vague m'a appris à vivre avec ma peur. Un jour froid et ensoleillé, assis sur ma planche à faire le bouchon, j'ai pensé au requin rôdant dans le coin qui pourrait me confondre avec une tortue ou un phoque. Et alors ? À cet instant précis, j'étais en train de faire ce que j'aimais par-dessus tout. Pourquoi gâcher ce bonheur ? La peur est une création de notre cerveau provoquée quand nous sommes piégés par le passé ou que nous anticipons le futur. Si nous restons dans l'instant présent, elle disparaît. Cela n'est pas toujours facile. Difficile d'effacer d'un coup d'ardoise magique nos souvenirs et les produits de notre imagination.

Pendant dix ans, dès qu'une énorme vague était annoncée, je me suis rendu à Mavericks. Cette vague a bien mal payé mon amour irraisonné. Un jour à la fois venteux et brumeux, je suis parti sur une géante de sept mètres. Alors que je tentais de tourner brusquement pour me mettre en position sur la section suivante, plus raide, la lèvre s'est écroulée sur moi. J'ai fait un soleil, en dégringolant la face, pendant que ma planche jaillissait dans mon dos. La dérive a déchiré mon bras si profondément que l'on pouvait voir les fibres blanches du muscle. Les urgences m'ont raccommodé avec soixante points de suture avant de me libérer pour de nouvelles aventures.

Bien plus tard, au début de 2016, j'ai ramé sur une bombe d'El Niño haute de 20 mètres. Le magazine *Outside* l'a décrite comme « la vague la plus sévère sur laquelle un humain ait jamais essayé de ramer ». Cela m'a valu un méchant *wipe out* qui aurait pu me tuer. J'ai percuté la vague et j'ai soudain vu un flash – le signe que je m'étais cassé quelque chose. J'avais explosé mon épaule en neuf morceaux. Deux visites sur le billard, et quelques broches de titane plus tard, je suis toujours en train de récupérer alors que j'écris ces lignes.

L'homme des glaces

Été 2007. Un corbeau traverse le ciel en croassant. Assis sur ma planche dans une eau proche de zéro, j'ai les yeux fixés sur le front du glacier Childs, 300 kilomètres à l'est d'Anchorage. Kealii Mamala, mon partenaire de *tow-in*, et moi-même avons endossé une combinaison néoprène de 6 millimètres ainsi que des chaussons, des gants et une cagoule de même épaisseur.

Voilà cinq heures que nous faisons trempette dans la rivière Copper qui charrie des sédiments bruns et des fragments de glace. Cinq heures à attendre, frigorifiés, que le glacier veuille bien vêler : un immeuble de 40 étages, blanc ou gris suivant la lumière, strié de veines sombres de déchets minéraux et de rochers enchâssés. Quand le géant a enfin accouché, le tonnerre du craquement a résonné à des kilomètres de là. Tout contre lui, je sens l'air vibrer dans ma poitrine.

L'idée stupide est la suivante : quand le front de glace s'écroule pour plonger dans la rivière, il produit une vague pareille à celle créée par un tsunami. Personne n'a jamais osé en surfer une pareille : une vague qui n'en finit pas, capable de te faire entrer dans la légende.

Tout avait commencé cinq ans auparavant, à Teahupo'o. J'y avais fait la connaissance de Ryan Casey, un photographe dont le père, George, avait réalisé l'un des premiers documentaires avec des pellicules en format panoramique IMAX. Il fut quatre fois nominé aux Oscars, notamment pour *Alaska : terre extrême*. En compagnie de son fils alors adolescent qui travaillait comme grouillot, George avait tourné à proximité du glacier Childs, à 80 bornes en amont d'une rivière appelée Copper. Le coin était complètement paumé avec des ours noirs et des grizzlis qui se partageaient le territoire. Des aigles pêcheurs à tête blanche, l'emblème des USA, y étaient aussi nombreux que des moineaux en centre-ville. On nous avait raconté que les Alaskiens du cru les mangeaient comme nous mangeons du poulet.

Ryan et moi avons travaillé plusieurs années ensemble pour essayer de monter des émissions télé dédiées au surf et produire des images pour des documentaires. Il était venu me voir sur Jaws, Mavericks et Teahupo'o. Agréable tout en étant très professionnel, je lui ai rapidement fait confiance. Un été, sans crier gare, il a appelé en pleine nuit à la maison :

« Garrett, Garrett, chuchotait-il, j'ai une idée géniale… »

Je n'avais nul besoin d'être à ses côtés pour deviner son visage illuminé. Je l'ai encouragé à parler.

« Tu es seul ? Vraiment seul ? a-t-il ajouté.

— Les enfants dorment et Connie est sortie. Je ne sais pas où, mais elle n'est pas là.

— Ce que je vais te dire, tu dois le garder pour toi. Promets-moi que tu ne diras rien.

— Je t'écoute.

— Promets-le moi d'abord.

— Je te le jure.

— J'ai une vague pour toi. Une vague que personne n'a jamais surfée. »

Il m'a alors raconté leurs voyages en Alaska, il y a une dizaine d'années, quand son père et lui étaient allés au pied de ce glacier où d'énormes pans de glace se détachaient pour plonger dans la rivière. Cette débauche d'énergie se transformait en une belle droite, très propre, qui filait sur des kilomètres. Ryan, qui venait de découvrir le surf, avait demandé à son frère Sean de filmer cette vague. Mais les pellicules IMAX coûtant une fortune, Ryan avait dû insister pour que son grand frère accepte de tourner ne serait-ce qu'une quinzaine de secondes.

Quelques minutes plus tard, je recevais le fichier vidéo sur ma boîte mail. Au pied d'un gigantesque mur de glace aux teintes de jade déferlait une vague chocolatée semblable à celle que l'on trouve à Hale-'iwa quand les conditions sont bonnes. J'étais à la fois intrigué et excité par cette idée extravagante. J'avais entendu que des surfeurs vivant près des grands lacs utilisaient les vagues d'étrave des porte-conteneurs. Alors, pourquoi pas un glacier ? Sans trop réfléchir, j'ai accepté.

J'ai convaincu Ryan que mon partenaire de *tow-in* devait se joindre à nous. Aucun risque de fuite. Kealii savait garder un secret. Prudent et fiable, c'était un atout de poids pour la sécurité de ce projet. J'ai pris un bloc-notes et j'ai griffonné quelques idées. Il fallait, tout d'abord, faire un voyage de reconnaissance pour étudier cette vague fantôme. Était-elle unique ou se répétait-elle ? Il fallait aussi explorer le terrain pour savoir où établir le camp de base, repérer l'endroit où attendre sur le jet-ski, où se faire rattraper par la vague et vérifier si nous pouvions supporter le froid. Et pour finir, transporter tout le matériel à Cordova, à 250 kilomètres au sud-est d'Anchorage, puis de Cordova au glacier. Habitué aux mers tropicales, les températures glaciales m'inquiétaient particulièrement. Une garde-robe complète en néoprène avec des combinaisons XL de quatre à sept millimètres fut donc prévue.

En Alaska, nous avons loué un camion pour nous rendre sur le pont du glacier Miles, proche du Childs, plus connu sous le nom de « Million Dollar Bridge » ; lorsqu'il a été construit, au début du XXe siècle, il aurait coûté 1,4 million de dollars. Nous étions là avec nos planches, entièrement équipés, à regarder l'eau marron où défilaient des morceaux de glace. La rivière étant assez profonde, nous avons sauté du pont juste pour nous assurer que nous pourrions supporter cette eau glacée. En moins de deux minutes, il fut évident que c'était une très mauvaise idée. Un fort courant nous a entraînés directement vers le front du glacier. Sans pouvoir réagir, nous avons rattrapé un radeau de glace grise, de trois mètres de côté. Il dérivait lentement comme s'il nous attendait. Après être montés dessus avec nos planches, engoncés dans nos épaisses combis, on s'est bien marré jusqu'au moment où notre ponton iceberg a heurté le fond et s'est mis à tournoyer sur lui-même en se disloquant.

Childs est le glacier le plus actif de tout l'Alaska. Depuis la rive à l'opposé de son front, on peut voir les séracs s'écrouler tout en haut, précipitant d'immenses pans ou piliers de glace dans la rivière. Comme me l'avait promis Ryan, un pic, une droite et gauche, haut de six ou sept mètres – difficile à dire à cette distance – se mettait alors en branle. Nous avons rendu visite à Luke Borer, un type qui organisait des croisières sur la rivière et en connaissait tous les secrets. Pendant tout un après-midi, nous l'avons assailli de questions pour comprendre le comportement de ce glacier et de cette vague. Comment sa hauteur, sa forme et sa vitesse variaient-elles en fonction de la taille ? Où se formaient habituellement les pics ? J'étais gonflé d'optimisme. Voilà longtemps que j'avais appris à considérer les obstacles en regardant leur face positive, sans me laisser freiner par les possibles inconvénients.

De retour sur la côte nord, j'ai contacté chacun de mes sponsors afin d'assurer le financement de cette expédition nécessairement coûteuse. Le résultat fut décevant : les uns étaient persuadés que c'était infaisable ; d'autres n'ont pas compris l'intérêt d'une telle aventure. En guise d'encouragement à « Gmac, le chargeur sans peur », la plupart se contentèrent de donner quelques dollars. Une misère. Heureusement, Ryan et son père mirent la main à la poche tout comme Steve Luczo, le patron de Seagate Technology, un des leaders du stockage de données, qui était devenu un ami. Doté d'un esprit ouvert et généreux, Steve avait découvert le surf à l'issue d'une période un peu compliquée de sa vie. Comme il sponsorisait déjà des compétitions du World Tour Pro, je lui ai fait part de notre projet en lui annonçant que nous avions besoin de 30 000 dollars. Le budget enfin bouclé, nous avons ramassé nos affaires avant de nous envoler vers l'Alaska, pendant que deux anciens pilotes de course californiens convoyaient nos jet-skis durant deux jours sans interruption depuis San Diego.

On a campé sur un terrain face au front du glacier. Nos jet-skis étaient à l'eau aux aurores, et on a mis le cap sur l'autre rive.

Avec la lumière un peu mystérieuse des petits matins, le glacier avait revêtu une robe bleu vert et semblait s'allonger toujours plus. Bientôt il était au-dessus de nous tel un gratte-ciel, grognant, grinçant et crépitant, comme exprimant son mécontentement, prêt à s'écrouler sur nos têtes à tout moment. Après une heure d'attente, nous avons entendu un craquement sonore tandis qu'une énorme masse de glace plongeait dans les eaux marron. Kealii est parti comme une bombe sur sa machine alors que l'écume surgissait de toutes parts et que la vague se formait. Mais, en retrait pour ne pas trop s'approcher du glacier, il n'a pas réussi à me placer sur la vague. Échec. Nous sommes restés dans l'eau encore une heure ou deux. Le froid était supportable.

Le glacier a vêlé de nouveau, accompagné de son terrible vacarme alors qu'un chaos de glace était précipité dans l'eau. Kealii, cette fois, s'est rapproché du monstre. Au moment où j'ai lâché la corde, j'ai compris le sérieux et la réalité de la situation. J'étais seul en train de surfer à quelques mètres du front d'un glacier haut de 120 mètres qui se désintégrait bloc après bloc. Les avertissements de Luke Borer me sont revenus en mémoire : « Méfie-toi, certains pans de glace tombent comme un livre d'une bibliothèque : à plat. » Je me suis vu écrabouillé comme une tomate, ne laissant à ma famille aucun corps à enterrer. Juste bon à nourrir les saumons ! Après avoir perdu plusieurs amis en mer, porté des corsets pendant de longs mois, eu les ligaments tordus et dû supporter de multiples, blessures et coupures, j'avais appris à connaître les vagues. On peut en effet *apprendre* à les connaître, à les prévoir, comme on le fait avec des amis. Mais la mort était en embuscade à quelques mètres dans mon dos. J'étais vert de trouille. J'ai ressenti une profonde terreur. Quand Kealii, après ce qui m'a semblé être le plus long *ride* de toute ma carrière, m'a récupéré, j'ai craqué : « On dégage ! C'est terminé pour moi tout ça ! » Plus rien à foutre de mes sponsors, de la générosité du père de Ryan, de Steve Luczo, de Kealii qui avait encore faim… Il m'a déposé sur la rive opposée et là, en sanglots, j'ai appelé Connie : « C'est trop. Il faut que je me tire. Ça n'en vaut pas la peine. »

Je ne me rappelle plus si c'est Connie qui m'a remonté le moral ni comment, mais j'ai repris mes esprits. Kealii, qui d'habitude me rend dingue par ses excès de prudence, m'a mis une main sur l'épaule : « Pas de panique Garrett. Ça va aller. » Il a allumé un feu, et cuisiné du chili. Nous avons mangé et je me suis ressaisi.

Pendant le reste de la semaine, j'ai été comme un chat dans l'eau. La rivière était encombrée par des fragments de glace de toutes tailles et de toutes formes. Ils naviguaient dans un dédale de bancs de sable, d'icebergs et de roches qui dardaient leurs pointes. Un véritable cauchemar. Si l'un de ces objets flottants ou immergés se prenait dans la turbine de notre jet-ski, celui-ci serait à la merci de courants indéchiffrables et imprévisibles qui pouvaient nous tirer vers le glacier.

Kealii a fait le meilleur *ride* possible sur une belle vague de trois mètres ou plus. Cet Hawaïen pur jus semblait être totalement à sa place dans ces contrées subpolaires. Quant à moi je rêvais – comme à mon habitude – de faire un tube. J'ai donc poireauté sept heures dans cette soupe marronnasse et glacée. Parti sur une vague, après avoir fait un gros *floater*, je me suis enfilé dans un minuscule *barrel*, à peine de quoi y passer la tête. Mais j'étais content. Kealii était content. Et l'envie de tsunami glaciaire nous est passée à jamais. Nous ne sommes jamais revenus.

L'âge peut-être ? J'avais 40 ans. Ces quelques jours en Alaska m'ont fait réfléchir à mes motivations. À quoi bon prendre des risques pour le simple risque ? J'étais parfaitement capable de déterminer mon niveau de confiance en l'océan et face aux grosses vagues – surtout face aux grosses vagues –, et la mesure de ma passion pour le surf, ce passe-temps ancestral des anciens rois d'Hawaï. Mais l'afflux massif d'adrénaline ressenti le premier jour, quand j'étais persuadé que le glacier allait m'assassiner, avait ruiné toute sensation de plaisir. Avais-je été insensibilisé à force d'avoir surfé tant de grosses vagues ? Le danger était devenu mon business. Je l'affrontais comme d'autres vont au bureau.

J'étais à la croisée des chemins. J'avais toujours surfé pour le *rush* et il venait de disparaître… Bien sûr, parfois, après avoir glissé dans un tube lisse et géant, je ressentais encore un léger frisson, mais cela n'avait plus rien à voir avec ce que j'avais autrefois vécu : cette onde de félicité qui vous envahit tout entier. Après avoir été congelé et décongelé, je n'étais plus le même. Le surf prenait pour moi un nouveau sens, une nouvelle direction. Mais j'ignorais laquelle…

Partie V – Vers le bonheur

Le charme d'une nuit tropicale

En avril 2010, Izzy Paskowitz m'a invité à un Surfers Healing Camp à Porto Rico, où des surfeurs bénévoles aident des enfants en situation de handicap à goûter au plaisir de la glisse sur des planches en tandem. Le *timing* n'était pas idéal ni pour Connie ni pour moi. Notre petit dernier, Tiari, né le 23 avril 2009, n'avait que onze mois, je venais de signer avec un fabricant pour dessiner une nouvelle ligne de *stand up paddles* et je gérais un investissement locatif sur la côte nord. Ma vie à terre était encore plus chaotique et occupée que d'habitude.

Mais je ne me voyais pas dire non à Izzy. Participer à sa fondation, une action limpide et sans histoires, me procurait une version différente du *rush*. Izzy, surfeur de *longboard*, était le digne rejeton de son père, Dorian « Doc » Paskowitz, le créateur des premiers camps de surf pour débutants dans les années 1970. Izzy avait connu une enfance puis une adolescence à peu près aussi tumultueuse et nomade que la mienne. Il avait vécu dans un bus avec ses parents et ses huit frères et sœurs ; une existence de saltimbanques, sans école ni devoirs, où l'on avalait de la nourriture macrobiotique et subissait la vie en tribu. Doc, décédé en 2014 à 93 ans, avait transféré son sceptre à Izzy. L'idée de créer Surfers Healing lui est venue à l'arrivée d'Isaiah, son deuxième enfant, qui souffrait d'autisme. Le seul endroit où celui-ci retrouvait calme et sérénité était l'océan et le seul moment où Izzy pouvait communiquer avec lui était pendant leurs sessions de surf. Un relâchement sans doute provoqué par le fait de se laisser porter par l'eau, au rythme des vagues. La possibilité de surfer une ou deux vagues offrait à tous les enfants, parents et surfeurs bénévoles un grand moment de bonheur. Partir sur les vagues avec ces gamins procure une émotion si intense que parfois on ne peut retenir ses larmes. Je l'ai vécu un jour ensoleillé à Hale-'iwa… Alors que nous filions tout doux sur la mousse avec Jason, sept ans, il a crié : « Je surfe, je surfe ! » Ses parents ont fondu en larmes ; c'était la première fois que Jason exprimait de la joie.

Au début, j'étais sceptique. La plupart d'entre eux n'aiment pas aller dans l'eau ni s'allonger sur une planche instable. J'ai vu des bénévoles expérimentés se débattre avec des mômes qui hurlaient, donnaient des coups de pied à tout va ou même mordaient ! Mais une fois passé le remous des mousses, apaisés par le rythme des vagues et le murmure de l'eau, les enfants se calmaient. Leur monde était soudain confiné aux bords arrondis de la planche. Quelque chose en eux semblait retrouver son équilibre, suffisamment pour que d'autres fragments de leur personnalité émergent. Une fois que nous étions sur la vague, ils poussaient de petits cris d'excitation, et redevenaient des enfants comme les autres, exaltés à l'idée d'en prendre une deuxième.

Lors d'un stage, à Montauk, une maman est venue vers moi pour me dire que son garçon s'était entraîné pendant des semaines. Elle lui avait acheté un *bodyboard* et partait en mer avec lui chaque jour, pour le baigner en faisant des allers et retours entre les tours de surveillance des secouristes. Cet enfant, malgré ses troubles, voulait à tout prix surfer. Dès lors, je me suis juré, à chaque camp, de trouver un enfant fasciné par ce sport. Ces sessions étaient essentiellement un plaisant dérivatif aux difficultés et aux frustrations de leur vie quotidienne, mais s'il n'y avait même qu'une infime chance d'en faire un futur surfeur, elle valait la peine d'être saisie.

Je me suis donc rendu à la soirée de gala de Surfers Healing, à Jobos Beach, au nord-ouest de Porto Rico, avec un short tout neuf, couleur camouflage, une chemise à col en V et une nouvelle casquette dont j'avais élaboré le design avec Peter Grimm. Selon mes standards, je m'étais sapé.

Arrivé tôt, je traînais au bar quand je l'ai vue, seule, au milieu de la foule. Elle portait une robe à fleurs, avec une élégante coiffure légèrement relevée. Ce n'était pas la première jolie fille que je croisais en voyage, mais quand j'en remarquais une, je la signalais à mes potes. Je n'avais jamais trompé Connie et n'avais aucune intention de le faire.

Ernie Alvarez, un champion de *paddle* local bien connu, s'est approché d'elle. Ils ont échangé quelques paroles et elle s'est mise à rire. Quand Ernie s'est éclipsé et a traversé la pièce, je l'ai intercepté :

« Salut Ernie. Dis-moi, qui est cette fille ?

— Nicole Macias ? Tu ne la connais pas ? Je vais arranger ça », a-t-il répondu tout en me tapotant le bras.

Il a fait un signe à la jeune femme qui s'est approchée. Impossible de résister à son sourire, à ses yeux, à son grain de peau. C'est probablement à cet instant précis que je suis tombé amoureux. Quoiqu'en y repensant, non, c'est au premier coup d'œil que mon cœur s'est emballé.

Quand il m'a présenté, elle a souri, poliment. Manifestement, mon nom ne lui disait rien. Je lui ai fait un léger baiser sur la joue, comme je le fais d'habitude avec les dames. Sans doute un héritage de mes années avec la Famille du Christ. Elle n'a pas protesté, mais j'ai vu à son regard qu'elle se demandait ce que lui voulait ce vieux type qui l'examinait sous toutes les coutures. Puis je l'ai perdue de vue pendant le dîner, les discours, la mise aux enchères et tout le reste du gala qui s'éternisait. Un orchestre reggae s'est mis à jouer. J'ai repéré Nicole, seule, près de la scène, et je me suis installé sur un banc proche d'elle.

« Vous surfez ? ai-je demandé, de ma voix la plus douce.

— Comment ? a-t-elle fait, en venant s'asseoir à mes côtés pour mieux s'entendre avec le bruit ambiant.

— Vous surfez ?

— Oui, et vous ?

— Oui, je surfe… »

Rien de très original. Elle était venue participer à une compétition de *paddle* et donnait un coup de main au gala pour rendre service à un ami de son père. Quand je lui ai demandé ce qu'elle faisait dans la vie et qu'elle m'a répondu « professeure », je suis définitivement tombé sous le charme : la beauté, l'intelligence et la volonté d'aider les autres. En m'entendant répondre que je gagnais ma vie en surfant, elle a cru que je lui racontais des histoires. Je suis allé chercher deux shots de tequila au bar. Nous avons dansé ou plutôt, nous nous sommes balancés en avant et en arrière en faisant des pas de côté. Puis j'ai évoqué une autre soirée dont j'avais entendu parler. Elle a suggéré qu'Ernie et sa copine pourraient nous y conduire dans leur van. Mais alors qu'elle s'est excusée pour aller aux toilettes, je me suis enfui par la porte principale avant de descendre au pas de course le long de la route. La nuit sans lune était lourde d'étoiles. Pas un brin d'air. Où aller ? Je logeais dans l'hôtel où se déroulait cette satanée soirée… J'étais coincé. Mais je savais que si je ne m'échappais pas rapidement, j'allais plonger dans une histoire qui m'engloutirait tout à la fois de joie et de peine, m'ouvrant de nouveaux horizons et en fermant d'autres, bousculant ma vie et la vie de ceux que j'aimais. J'étais terrifié. Je ne savais plus que faire.

« Eh, où vas-tu ? »

C'était la tendre voix de Nicole. Elle me cherchait.

J'ai remonté la route penaud, en haussant les épaules. Nous sommes restés plantés sous le halo jaune d'un lampadaire à côté d'une grosse plante en pot. La plupart des invités étaient partis. Hormis quelques personnes qui faisaient des va-et-vient, nous étions seuls.

« Je suis marié.

— Moi aussi, a-t-elle répondu.

— Je ne te crois pas.

— Et bien si, je suis pourtant bien mariée. »

Elle m'a dit combien elle pensait que les choses n'arrivaient jamais par hasard, convaincue qu'elle était que nos chemins devaient se croiser, et pourquoi pas en qualité d'amis. J'ai approuvé de la tête. Nous nous sommes dit au revoir. Fin d'une non-histoire éphémère.

Au matin, j'ai entrepris mon voyage retour vers la Californie où je me rendais à un événement au bénéfice de la Croix-Rouge. J'ai fait escale à Fort Lauderdale, en Floride, pour changer d'avion. Le vol étant surbooké, la compagnie a demandé aux passagers s'il y avait des volontaires pour prendre le suivant. La veille, Nicole m'avait dit qu'elle y vivait, ainsi que ses parents. Son père, Carlos, dirigeait une société de distribution de *paddle*s. Maintenant que j'avais ma propre ligne de planches, je pourrais profiter de cet intermède pour le rencontrer et parler affaires. D'ailleurs, mon propre père vivait à Lake Worth, près de Palm Beach, non loin de là.

Après mes années lycée, je l'avais quasiment perdu de vue. Mais depuis que j'étais père, nous avions renoué quelques contacts. Après notre départ à Hawaï avec Malia, Nancy et Laurence étaient entrés dans une spirale infernale alimentée par quantité d'alcool et de drogue. Ils se sont séparés au bout de cinq ou six ans. Mon père a déménagé à New York pour gérer le bar et la réserve de vin d'un restaurant français légendaire : *Le Lutèce,* sur la 50e rue. Un job en or massif. Pour le conserver, il a dû se résoudre à la sobriété et l'abstinence. Terminées les soirées arrosées, la coke et même l'herbe. Mais, tout comme ma mère, il ne supportait ni la neige ni le brouillard. Il s'échappait à la première occasion vers la Floride où il a investi dès qu'il a pu. Il y a définitivement déménagé après le choc du 11 septembre.

Sans plus réfléchir, j'ai accepté de modifier mon billet d'avion tout en me félicitant de mon sens des affaires. Nicole Macias devenait un contact professionnel utile. J'ai envoyé une multitude de SMS à Ernie pour qu'il m'envoie son numéro. Pas de réponse. De toute façon, elle participait à sa compétition de *paddle* ce jour-là et ne pourrait sans doute pas décrocher. J'ai fini par appeler Ernie. Il était au volant. J'ai entendu sa copine dire quelque chose en arrière-plan et soudain, Nicole était au bout du fil.

D'une voix tremblante, je lui ai demandé comment s'était passée sa course, puis lui ai parlé de mon idée de rencontrer son père. Une heure plus tard, je recevais un message d'elle me disant qu'elle était coincée à l'aéroport de San Juan. Elle venait de rater son avion. Nous avons échangé des SMS comme des collégiens. Nous savions que nous jouions gros :

« J'ai peur de te revoir, ai-je écrit.

— Oui, moi aussi… »

Les vingt-quatre heures suivantes ont été les plus étranges et les plus chargées d'émotions de ma vie. J'ai appelé Laurence. Il m'a récupéré à l'aéroport. Nous venions de nous asseoir sur son canapé pour boire un expresso quand Nicole m'a écrit pour me dire qu'elle avait finalement pu monter dans un autre avion.

À peine le temps de la rejoindre à l'aéroport, que radio cocotier annonçait que Garrett McNamara était venu en Floride pour surfer. Quelle blague, ma seule intention était de passer quelques jours à ne rien faire, à pêcher peut-être, mais certainement pas à surfer. Je comptais profiter de chaque instant possible avec Nicole. Mais la belle était d'un autre avis : elle voulait surfer…

Son père nous a rejoints et paraissait heureux de faire ma connaissance. J'ai essayé de ne pas y voir de présage favorable. Impossible de me rappeler comment étaient les vagues, tant mon attention était distraite : Nicole avait coiffé ses cheveux en nattes et portait un bikini blanc… Les vagues faisaient sans doute un ou deux mètres de haut. L'eau, vert atlantique, était tiède. Nicole fut la seule à prendre une bonne vague.

Rory, une gloire locale du *line up,* a proposé de nous amener au Mai-Kai. Ce restaurant polynésien est une institution à Fort Lauderdale, avec ses torches tiki, ses cocktails au rhum des tropiques, son buffet sushi et son poulet teriyaki. À table, Rory s'est assis en face d'Ui, son épouse ; Carlos et Rose, les parents de Nicole, firent de même, je me suis donc retrouvé face à Nicole. Un rendez-vous galant pour trois couples. Aucune trace de son mari, mais je me gardai d'évoquer le sujet. Carlos connaissait bien le monde du surf. D'ailleurs, un jeune frère de Nicole surfait à un bon niveau. La discussion s'est engagée naturellement sur la houle, les planches et les chutes alors que nos yeux ne se quittaient plus.

Après le repas, Nicole et moi avons fini la soirée dans un pub irlandais pour un dernier verre. Elle m'a ensuite ramené chez Laurence à Palm Beach. Ni elle ni moi n'osions demander si et quand nous pourrions nous revoir.

« Le week-end prochain, il est probable que j'aille à une soirée de charité à Las Vegas », ai-je énoncé de la manière la plus neutre possible. Je ne me voyais pas lui suggérer ouvertement de venir.

J'aurais donné toutes mes planches pour qu'un mille-pattes grimpe alors sur sa jambe, que je l'attrape aussi sec avant qu'elle ne se laisse tomber dans mes bras. Un climatiseur ronronnait. Je me suis tourné vers la fenêtre.

« Mon meilleur ami vit à Vegas, a-t-elle répondu. Confirme-le moi, dès que tu seras sûr d'y aller. »

J'y suis allé. Elle aussi.

Nazaré, meu coração

Cette douce semaine à Vegas a suffi pour que Nicole et moi sachions que nous voulions vivre ensemble. Même si pour Nicole, effectivement mariée à son ancien petit ami de fac, ce n'était pas si simple de tout quitter pour un vagabond des mers. Jusqu'ici, contrairement à mon parcours cahoteux, elle avait suivi une trajectoire plutôt sereine et rectiligne.

Pour ma part, j'étais décidé à me poser avec Connie pour avoir une franche discussion. Il était temps de mettre à plat tout ce qui clochait dans notre couple. Cela faisait un moment que nous ne partagions plus grand-chose. Elle s'était persuadée que je la trompais à chaque fois que je partais en voyage, ce qui n'était pas le cas. Quant à moi, j'ignorais tout de son emploi du temps quand elle n'était pas à la maison. Et pourtant, jamais je n'avais envisagé que nous nous séparions. Voilà quelques années, lors d'un long vol transocéanique, j'avais regardé *Les Infiltrés*, le film de Scorsese. Matt Damon, qui joue le rôle d'un gangster irlandais de Boston, dit une nuit à sa maîtresse : « Tu sais, si ça ne colle plus entre nous, c'est toi qui devras partir. Je suis Irlandais et un Irlandais peut, toute sa vie, se contenter de quelque chose qui ne lui convient pas. » Je m'étais marré en me disant que c'était tout moi, ça.

J'avais espéré que Connie et moi aurions un échange apaisé, d'autant plus qu'elle sentait depuis longtemps que ça déraillait entre nous. Je croyais sincèrement que l'on n'en souffrirait pas trop et priais pour que cette rupture se déroule bien. Cela n'a pas été le cas. Mais est-ce jamais le cas ?

Nicole et moi avons passé l'été 2010 à Los Angeles. Plus j'apprenais à la connaître, plus je prenais conscience de sa valeur. Une femme rare. Il avait fallu un coup de pouce du destin pour qu'un type comme moi puisse la séduire. Alors que j'avais arrêté mes études après des années de lycée plutôt médiocres, Nicole, après sa maîtrise en sciences de l'éducation et environnement, avait cumulé les emplois et activités. Elle enseignait les sciences à des collégiens précoces et donnait des cours à la Fondation Surfrider de Fort Lauderdale. Elle avait aussi été sélectionnée, parmi des milliers de candidats, pour participer au programme « profs à la mer » de la NOAA[38]. Et elle surfait à un bon niveau, montant régulièrement sur les podiums lors des compétitions de *paddle*.

Quand elle m'a vu « travailler », c'est-à-dire taper des réponses en un ou deux mots à des mails, écrire au hasard des listes de « choses à faire » sur mon portable que j'oubliais de sauvegarder, égarer les dates des rendez-vous à venir, elle m'a proposé de gérer mon business. Je n'attendais que ça. Nicole, comme Lowell Hussey, est une visionnaire. Mais quand Lowell se concentrait sur le seul aspect rentabilité du business, Nicole était persuadée que l'on pouvait être heureux et vivre

38. La National Oceanic Atmosphéric Administration est une agence américaine responsable de l'étude des océans et de l'atmosphère.

de sa passion tout en donnant aux autres tout ou partie de ce que l'on avait reçu…

La première chose que fit Nicole fut de lire mes innombrables lettres laissées sans réponse, pour rattraper ce qui pouvait l'être. Elle a exhumé une suite de mails vieux de cinq ans, entre Dino Casimiro, un *bodysurfer* portugais, et moi à propos d'une grosse vague qui se formait sur la plage d'un ancien village de pêcheurs : Nazaré. Il y avait même quelques photos – un pic parfait, épais et massif. J'avais répondu en lui disant qu'elle me rappelait Jaws. Et puis l'échange s'était tari. Je n'avais jamais été en Europe et, en toute franchise, j'avais tout oublié de cette vague portugaise.

Tous les surfeurs pros rêvent de découvrir une vague et de l'inscrire sur la mappemonde. Il y a deux types de découverte. Les vagues « classiques », dont personne n'a jamais entendu parler dans un coin paumé en Irlande, Tasmanie, Brésil ou Micronésie, et les vagues situées sur les récifs du large qui, jusqu'ici, semblaient hors de portée. Quand Laird Hamilton, Darrick Doerner et Buzzy Kerbox se sont faits tracter sur Jaws en 1995, personne n'avait pensé que c'était possible. Tout comme Jeff Clark quand il a surfé Mavericks en 1974, ou encore Greg Noll en 1957 quand il a défié les locaux de Wai-mea et osé surfer une vague de six ou sept mètres.

Nazaré pouvait bien être une découverte du troisième type alliant ces deux caractéristiques.

Ma bonne fée avait le génie de provoquer les événements

Quelques mois plus tard, nous avons reçu une invitation du gouvernement portugais à venir étudier cette mystérieuse vague.

Avant de nous envoler pour Lisbonne, nous avons dîné avec trois de mes frères : Alan, Bill et Michael. En attendant que l'hôtesse prenne la commande, nous avons parlé de notre enfance, des années passées, nous chamaillant pour savoir qui avait le premier présenté nos parents l'un à l'autre, ou quelle était la rampe de skate et de vélo la plus insensée que nous ayons jamais construite. Ils m'accusèrent d'avoir toujours été le premier à monter sur le toit du garage et à sauter dans le tas de sable.

Cette grande perche d'Alan a toujours des airs de Sir Lancelot. Père de trois enfants, il est l'un des dirigeants de Guitar Center, l'une des plus grandes chaînes de distribution d'instruments de musique. Bill, beau parleur, fin et structuré, travaille comme consultant dans la restauration et a des envies d'écriture. Michael, le petit dernier, est responsable des ventes chez un concessionnaire BMW. On l'a charrié en disant qu'il avait toujours été le chouchou de la famille. En dépit des eaux agitées et des nombreuses péripéties que nous avions traversées, nous nous en étions plutôt bien sortis.

Nazaré est à un peu plus d'une heure au nord de Lisbonne, sur la côte centrale du Portugal. Cet ancien port de pêche, devenu une petite station balnéaire, fait le plein de familles pendant l'été, mais est complètement déserté le reste de l'année. Les maisons et les petits immeubles, peints à la chaux et couverts de tuiles romaines, bordent des rues étroites pavées de galets gris. La longue et large plage de sable blond est parsemée de cadres en bois chargés de maquereaux et de sardines qui sèchent au soleil. La principale curiosité de la ville, jusque-là, n'était pas un monument historique ou une cathédrale, mais les femmes qui portaient encore l'habit traditionnel avec sept jupons sous leur jupe noire. Pourquoi sept ? Personne ne le sait, les raisons se sont perdues dans les brumes du temps. D'aucuns disent que ces jupons sont comme les sept vagues qu'un bateau de pêche doit surmonter en partant de la plage avant d'être en sécurité.

Nous sommes arrivés un jour tempétueux de novembre 2010. On nous avait avertis que nous serions assaillis par une file de veuves cherchant à louer leurs chambres. L'été, elles s'installent le long des rues, assises sur une chaise de jardin, avec un carton calé contre les genoux qui annonce la taille et le prix des locations. Mais les rues étaient désertes. Nous n'avons vu que quelques veuves, les plus désespérées sans doute. Sans plus attendre, nous avons rejoint le parking en amont du vieux phare, construit en 1903 sur les fondations du fort São Miguel Arcanjo, et édifié au XVIe siècle pour protéger la ville des incursions des pirates. Situé sur un promontoire rocheux entre Praia do Norte et le village, le phare fait face au large et à la grosse houle d'ouest. Nous sommes restés un moment dans la voiture. Le vent était si violent que le véhicule tremblait et semblait prêt à dévaler la falaise. Je suis sorti en rattrapant de justesse ma casquette qui s'envolait, le visage giflé par le vent.

Debout sur la falaise, j'ai vu la plus grosse vague de ma vie.

Dino Casimiro, avec qui j'avais échangé, n'était pas le seul Nazaréen à être persuadé que cette vague était spéciale. Deux jeunes gars qui travaillaient à la mairie voulaient également la marquer sur la mappemonde des surfeurs : Paulo « Pitbull » Salvador, un *bodyboarder* qui gérait l'école locale de surf, et Pedro Pisco, qui ne surfait pas, mais qui avait deviné toute la singularité et l'importance de ce site. Ce sont eux qui avaient proposé aux autorités de faire venir un surfeur de grosses vagues de renom pour savoir si cette vague était surfable et s'ils pourraient organiser un événement qui ferait une belle promotion de Nazaré. De mon côté, j'étais toujours à la recherche de cette mystérieuse et insaisissable vague de 30 mètres, ma Toison d'or. Nous étions faits pour nous entendre.

Dino, Pitbull et Pedro nous ont rejoints au phare en compagnie de Jorge Leal, qui allait devenir notre cadreur-vidéaste. Les Portugais ont en général une crainte, assez légitime, de l'océan. À leur décharge, ici, lorsque les tempêtes d'hiver soufflent, les éléments se déchaînent sans limite et la terre se met à vibrer sans plus s'arrêter. Les vagues engloutissent alors la belle plage de sable blond. Il y a chaque année des accidents mortels dans le *shore break*. Il y a même un rocher des veuves où les femmes de pêcheurs attendent le retour de leurs maris, avant de voir leurs barques se renverser, se disloquer dans les vagues et les équipages disparaître dans les flots.

Si les surfeurs aux dents longues ignoraient tout de cette vague mythique, la marine portugaise, elle, la connaissait depuis longtemps. Ainsi, avant de mettre un orteil dans l'eau, nous avons dû, à la suite de nombreux échanges et réunions, obtenir un permis et une assurance spécifiques, prouver que nos jet-skis étaient opérationnels et que nous avions tout l'équipement de sécurité, en mer comme à terre. Heureusement, les officiers de marine ne pensaient pas notre projet irréalisable. Ils ont partagé leurs cartes de façon à ce que nous puissions comprendre comment la houle se transformait. Plus tard, après la première saison de surf, ils ont même installé deux bouées océanographiques pour mesurer et enregistrer sa hauteur et sa fréquence.

Praia do Norte, l'un des points les plus occidentaux du continent européen, est une zone d'atterrissage pour toutes les grosses tempêtes océaniques : la cousine atlantique de la côte nord de O'ahu…

La houle géante, alimentée par le vent, accumule de l'énergie pendant des milliers de kilomètres, qu'elle restitue en arrivant sur la côte. Ces houles de nord-nord-ouest produiraient des vagues assez ordinaires si le fond de la mer n'était pas creusé par une profonde dépression. Le canyon sous-marin de Nazaré atteint en effet 5 000 mètres de profondeur, et s'étend sur plus de 100 kilomètres en pénétrant le plateau continental, jusqu'à venir à un ou deux kilomètres de la plage en passant devant le promontoire et les falaises. Quand elle vient du nord-nord-ouest, l'énergie de la houle est canalisée dans cet étroit canyon avant de buter contre son extrémité. La profondeur varie alors radicalement de 1 000 mètres ou plus à quelque 30 ou 40 mètres. Les vagues jaillissent comme nulle part ailleurs. Certaines s'élèvent comme des montagnes liquides avant de se mêler à une autre vague. Comme en témoigneront les veuves de Nazaré, le plus difficile consiste à franchir le *shore break* pour rejoindre la plage. Après s'être fait chahuter, on croit avoir passé les difficultés et pouvoir marcher au bord de l'eau, mais l'océan nous aspire de nouveau. Chaque année, des personnes meurent simplement en se tenant debout sur la plage avec de l'eau jusqu'aux genoux.

Nazaré est un cocktail explosif contenant un savant mélange de Jaws, Puerto Escondido et Wai-mea.

Nicole et moi sommes restés un mois dans un petit appartement sombre, mais confortable, au centre du village.

Nous nous sommes rapidement fait des amis parmi les Nazaréens qui nous ont invités à des dîners et anniversaires avant que nous ne leur retournions leurs invitations. Nicole a retrouvé à Nazaré des émotions proches de la camaraderie entre étudiants. Les habitants étaient incroyablement généreux, malgré une situation économique chancelante. La pêche était en déclin pour cause de surpêche, et l'économie portugaise n'était guère flamboyante après le tarissement des subventions européennes. De plus, le système d'allocation des ressources gouvernementales était basé sur le nombre de résidents permanents, et non pas sur le nombre de personnes qui utilisaient les infrastructures, dont la plupart partaient à vau-l'eau, ce qui désavantageait cette station balnéaire.

Néanmoins, avec l'aide de nos nouveaux amis du conseil municipal, nous avons obtenu deux Sea-Doos à bout de souffle, et un négociant local de poissons nous a généreusement prêté un hangar pour les entreposer avec nos planches. Nous avons aussi signé un contrat avec Zon, un groupe de médias portugais, prêt à produire un ou plusieurs documentaires de nos aventures.

La plupart des restaurants étaient fermés hors saison. Mais heureusement, il y avait le *Restaurante a Celeste* avec son auvent bleu, Avenida da República, la rue principale qui longe la plage. Nous nous sommes régalés de bulots et de palourdes avec des pommes de terre à l'ail, et de leur *arroz doce*, un délicieux riz au lait caramélisé. Nous avons lié conversation avec Dona Celeste, la cheffe et propriétaire qui faisait des allées et venues entre la cuisine et la salle, habillée de sa veste blanche et coiffée de sa toque. Elle aussi croyait à la puissance et à la magie de la vague. Elle a rapidement accepté d'être l'une de nos sponsors. Peu à peu, le *Celeste* est devenu notre quartier général. C'est là que se tenaient nos rendez-vous et où nous traînions quand nous n'étions pas en train de surfer, dormir, ou de rouler vers une autre région du pays pour donner une interview ou tenir une conférence. Pour Thanksgiving, Celeste a cherché des recettes afin de nous servir un repas typiquement américain. J'ai insisté pour lui donner un coup de main, et cette soirée est restée dans ma mémoire comme la plus marquante de toutes celles que Nicole et moi avons partagées. Celeste nous a toujours gâtés à l'excès, s'adaptant à nos besoins diététiques, allant jusqu'à apprendre un certain nombre de recettes véganes. Il y avait, bien sûr, une grosse barrière de langue, mais elle exprimait tant de bienveillance avec son seul regard…

Nous avons passé tout l'hiver à Nazaré, à nous renseigner et à scruter sous tous les angles cette grosse vague. Impossible de l'affronter sans une préparation minutieuse : logistique, entraînement de base, apprentissage du spot. Pitbull est resté des heures et des heures à l'entrepôt pour préparer les jet-skis ainsi que l'équipement de sécurité. Pedro et les autres s'occupaient des relations avec les médias.

Octobre 2011. Une profonde dépression a traversé l'Atlantique. Heure après heure, comme un maniaque, je l'ai observée, en demandant à l'équipe de se tenir prête si jamais elle arrivait jusqu'à nous. Mais il me manquait toujours un partenaire de *tow-in*. Jusque-là, je m'étais contenté de ramer pour explorer le spot autour du phare en utilisant un *paddle* ou un *gun* de grosse vague. Je n'avais pas formé d'équipe digne de ce nom. Kealii, mon partenaire habituel, était à Hawaï et ne pouvait pas nous rejoindre. On m'a présenté l'un des rares surfeurs portugais qui savaient piloter un jet-ski et qui connaissaient le spot. Il me posait sur la vague sans problème, mais hésitait trop quand il venait me chercher au milieu de la zone d'impact. J'ai alors pris contact avec Al Mennie, le chargeur irlandais, et son ami anglais, Andrew Cotton, qui travaillait à la fois comme plombier et sauveteur en mer. Tous deux étaient réputés pour engager bien au-delà de la peur.

Notre premier jour dans l'eau, les vagues étaient grosses et chaotiques. Andrew m'a posé sur une bonne vague sur laquelle j'ai chuté durement. Il est venu droit sur moi, sans aucune hésitation, pour me tirer sur le *sled* avant de dégager comme une fusée vers la plage, puis il a effectué un virage serré parfait, volant au-dessus des mousses. J'avais trouvé mon homme. Cotty, comme on appelle Andrew, rêvait de se consacrer entièrement au surf. Mais l'Angleterre étant loin d'être une terre rêvée pour cette discipline, les sponsors ne s'y bousculent pas. Je me suis immédiatement reconnu en lui. Il n'était pas le surfeur le plus doué ni le plus élégant, mais il était passionné par les grosses vagues. Lors de notre session d'entraînement, je me suis assis à ses côtés et je lui ai parlé de ma « méthode ». Comment le fait d'écrire ses objectifs, ses moyens, et de s'engager à les atteindre pouvait rendre les choses possibles. Tandis que j'écris ces lignes, Cotty, désormais un athlète Red Bull, a abandonné ses robinets et ses siphons pour devenir un des surfeurs de grosses vagues les plus réputés de la planète.

Cette houle allait être incroyable. J'en étais convaincu.

Le 31 octobre, à 9 heures, le vent était léger, orienté ouest-nord-ouest. Les bouées indiquaient huit mètres de creux, soit une face de 16 mètres au moins. Cela correspondait à mon standard minimum pour sauter dans le premier avion avec mes planches. Mais pour une fois, j'étais sur place.

Depuis mes péripéties au pied du glacier Childs, je n'avais plus la motivation pour me mettre à l'eau pour moins que ça. J'avais l'intuition que je ne ressentirais du *rush* que si je surfais la plus grosse vague au monde. Je m'étais entraîné avec sérieux depuis mon anniversaire, au mois d'août. En arrêtant l'alcool et le café et en me nourrissant quasi exclusivement de poissons, de fruits et de légumes, j'avais perdu une dizaine de kilos. J'avais maintenant 44 ans et une centaine de cicatrices, une bonne somme d'expériences et une amoureuse et partenaire extraordinaire.

Je me suis levé dans la nuit, réveillant Nicole qui s'est levée à son tour. Nous avons entamé notre rituel matinal en lisant puis en écrivant quelques lignes ensemble. Nous sommes ensuite allés au phare pour vérifier l'état de la houle. Elle faisait de 18 à 22 mètres, un peu plus haute que ce que nous avions prévu. Les vagues étaient lisses et organisées avec des droites longues qui partaient loin au nord de la plage ; le temps était ensoleillé et tiède avec une légère brise de terre. Nous nous sommes mis en route vers huit heures. Talkie-walkie en main, Pitbull s'est positionné au-dessus de la falaise avec ses jumelles, et Nicole sur le toit du phare. Ils seraient nos yeux, nous annonçant les vagues à venir, identifiant autant que possible les meilleures, nous indiquant la direction pour les prendre ou pour récupérer un surfeur à l'eau. Jorge Leal était sur la plage avec sa caméra, prêt à filmer. Thierry Donard, un réalisateur français qui se trouvait alors à Nazaré, a loué un hélicoptère pour réaliser quelques séquences aériennes.

Al Mennie, Andrew Cotton, C. J. Macias, le jeune frère de Nicole, et moi avons navigué vers le *line up*. Nous avons surfé toute la journée, en partant le plus souvent sur le deuxième ou troisième pic vers le nord. Nous n'avions aucune intention de surfer le premier pic. Cette vague est si proche de la falaise que si le surfeur tombe, il est presque impossible de se porter à son secours. Une journée parfaite dans le monde des grosses vagues à dévaler sur des pentes hautes de plus de 15 mètres, mais pas de quoi révolutionner les livres d'Histoire.

Alors que nous nous préparions à rentrer au port, j'ai posé Al sur une vague. Il est tombé quelques secondes plus tard et a perdu sa planche dans la zone d'impact, un *no man's land* bouleversé où bouillonnent les eaux. J'ai mis la poignée dans le coin et je l'ai tiré sur le *sled*. Les remous rugissaient de toutes parts. Impossible d'échapper à ce piège infernal. Une vague s'est dressée face à nous : un mur bleu et lisse, haut de 20 mètres. J'ai essayé de dégager, mais trop tard… Nous nous sommes retrouvés à la verticale, le nez vers le ciel, plaqués contre la face avant de retomber dans ce maelström infernal. J'ai abandonné le navire pendant qu'Al se cramponnait de toutes ses forces au *sled*. Cotty est venu nous sauver.

Je me réveille en général à 5 heures du matin, pressé de me lever et d'entamer une nouvelle journée. Mais après cette dernière chute, ma seule pensée était de me blottir au fond du lit contre Nicole. Je n'avais aucune envie de quitter notre lit douillet pour enfiler une combinaison humide et braver l'océan. Alors que je retombais dans un sommeil réparateur, j'ai entendu quelqu'un frapper à la porte. Les gars venaient m'informer des conditions du jour : des pics parfaits provenant de l'ouest, de 20 à 25 mètres, moins organisés que le jour précédent. Faire partie d'une équipe demande des sacrifices… J'ai accepté de piloter le jet-ski, mais annoncé que je ne me sentais pas de surfer moi-même. J'étais crevé, et tout mon corps me disait d'arrêter tant il avait mal. J'ai rajouté – comme s'ils avaient besoin d'entendre ça, plantés devant ma porte à 5 h 30 du matin – que l'on ne devait surfer que pour les bonnes raisons. Par amour plutôt que pour la chasse aux records, aux sponsors ou à la notoriété…

Soleil à nouveau, mais un peu plus froid. L'hiver s'annonçait. Nous sommes partis comme d'habitude du nouveau port avant de traverser la baie pour rejoindre le spot à Praia do Norte, à cinq ou dix minutes de là. Les garçons ne s'étaient pas trompés. Les vagues étaient immenses, vert sombre et légèrement désorganisées. J'ai posé Al sur une vague pendant que Cotty était en charge du jet-ski de sécurité. Son *ride* était parfait jusqu'à ce que la vague s'écroule et s'aplatisse, l'éjectant par-dessus son épaule. Quand ce fut au tour de Cotty, Al a enfourché le jet-ski de sécurité. À la troisième vague, Cotty a chuté et a perdu sa planche. Une avalanche d'écume l'a expédié vers la plage. La zone d'impact semblait encore plus traîtresse que le jour précédent. « Pas la peine d'aller la chercher », a dit Cotty. Nous l'avons abandonnée aux flots et sommes retournés au *line up*. Al et Cotty avaient eu leur dose pour la journée, mais ils se sont mis à deux pour me persuader que cette journée ne serait pas complète si je ne prenais pas une vague ou deux. Le soleil s'approchait de l'horizon alors que le vent forcissait. Je me suis dit que ça valait peut-être le coup d'essayer.

J'ai sauté à l'eau et commencé le petit rituel que j'avais appris de Kent Ewing, un guide spirituel et guérisseur qui avait travaillé avec nombre de surfeurs, dont Greg Long, avant qu'il ne remporte l'Eddie de 2009. J'ai respiré profondément à partir de l'abdomen, aspirant toute l'énergie qui m'entourait, celle de l'océan, des poissons et des tamaris qui s'agitaient sur la côte. Au bout de quelques minutes, reconnecté avec mon environnement proche, j'avais un sens aigu de mon objectif et de ce qui allait suivre. Et j'avais aussi une grosse envie de pisser. Ma combinaison était sur mes genoux quand j'ai entendu la voix de Nicole crépiter à la radio.

« Garrett, on a un gros costaud qui déboule. Je ne connais pas sa hauteur, mais c'est du lourd. »

J'ai remonté en vitesse ma combi. Je me sentais bien. J'ai saisi le palonnier et Cotty a mis les gaz quand la série a commencé à déferler.

« Attendez la troisième », nous a prévenus Nicole.

À l'écoute, nous avons patienté. Enfin, la troisième vague est venue me soulever. En me tournant vers la côte, j'ai constaté que j'étais plus haut que les falaises et le phare. Je me suis fait soulever un peu plus. Cette vague devait dépasser les 20 mètres, un immeuble de six étages ! Un bref instant, j'ai fermé les yeux. Puis quand j'ai senti que j'étais au bon endroit, je me suis retenu encore une demi-seconde, et j'y suis allé.

La descente vertigineuse de la face semblait ne jamais devoir finir. Je filais comme un missile. La face était agitée, le vent féroce. J'entendais autant que je le sentais le rugissement des eaux en colère derrière moi. Je restais concentré sur ma ligne à travers le clapot pour me rapprocher du *barrel*. J'essayai de m'y abriter, mais la vague s'est écroulée avant que la lèvre ne s'écrase sur mes épaules. J'ai respiré un bon coup ; il fallait rester lucide et concentré. Quand j'ai refait surface, Cotty m'attendait sur le jet-ski. Je me suis accroché au *sled*, et pour couvrir le bruit du moteur, je lui ai crié de me positionner plus à l'intérieur de la vague la prochaine fois. Mais Nicole nous a rappelés à l'ordre. Je savais à son ton que ce n'était pas la peine de discuter. Il était l'heure de rentrer.

En visionnant les images de José (Thierry avait quitté Nazaré la nuit précédente), il fut évident pour nous tous que cette vague allait entrer dans l'histoire du surf. Nicole, bien sûr, l'avait compris tout de suite. Cette méchante vague avait dépassé toutes les autres. Et ce n'était pourtant pas la plus grosse que nous ayons vue depuis que nous étions à Nazaré…

Vingt-quatre mètres

Il n'a fallu que quelques jours pour que la photo de « LA vague » fasse le tour du monde : un monstre bleu venu des profondeurs de l'océan sur le point de casser avec un ourlet blanc au sommet. Une trace étroite, légèrement incurvée vers la gauche, balafre la face. À l'extrémité de cette ligne blanche, dans le coin en bas à droite, une infime tache de couleur… Devant moi, me dissimulant presque, la crête érigée d'une autre vague gigantesque.

Si j'avais eu l'impression que cette vague n'en finissait pas, à aucun moment je n'ai senti que j'étais en train d'établir un nouveau record du monde. J'étais simplement heureux d'être là. J'aurais même aimé faire un tube, si j'avais pu. Et surtout, j'avais l'intime conviction qu'il existait des vagues encore plus grosses.

Deux jours plus tard, Kelly Slater a tweeté : « Je viens de voir une photo de Garrett Macnamara (*sic*) du Portugal sur une vague incroyablement grosse. Elle ressemble à Jaws en géant. » Une semaine après, une agence de presse portugaise a sorti une dépêche : « Garrett McNamara établit un nouveau record du monde en surfant une vague de près de 28 mètres à Nazaré. » Dès lors, les grands médias internationaux se sont emparés de l'affaire. D'abord la chaîne ESPN, puis CNN, *Sports Illustrated, The Huffington Post* et l'émission *Good Morning America*. Tous annonçaient en fanfare que j'avais surfé la plus grosse vague de l'histoire. Le détenteur du record était Mike Parsons avec une vague de 23,46 mètres surfée à Cortes Bank en janvier 2008.

En vérité, personne ne connaissait la taille réelle de « ma » vague. Les vagues ne se laissent pas mesurer facilement. Tout ce qui reste, une fois qu'elles ont déferlé, ce sont les photos et vidéos de la journée prises sous des angles divers, dont aucune n'est vraiment fiable. Traditionnellement, dans la culture surf, il est de bon ton de ne pas mentionner ce « détail » ou de le minorer en haussant les épaules. Mais, malgré quelques résistances, les temps et les manières ont changé. Avec le surf tracté, de nombreuses vagues immenses sur les récifs au large ou en plein océan sont devenues accessibles, et les surfeurs ne cachent plus vouloir chasser les plus grosses vagues possible. Il est même bien vu d'annoncer la hauteur d'une vague avec le plus de précision possible.

Bill Sharp, l'ancien rédacteur en chef de *Surfing*, en a vite été conscient. Il a créé les XXL Awards (aujourd'hui sponsorisés par Billabong) pour mettre le projecteur sur le surf de grosses vagues, et honorer ceux qui risquent leur vie pour assouvir une passion. Les XXL célèbrent – entre autres – la meilleure vague à la rame, le meilleur tube, la plus grosse vague, le *ride* de l'année, la meilleure performance de l'année pour les femmes et les hommes, et un prix que j'ai remporté à plusieurs reprises : le *Golden Donut*, pour la chute la plus spectaculaire. Terminé la fausse modestie et les hauteurs sous-estimées, la mesure des vagues est désormais prise très au sérieux.

Chaque année, un petit groupe de photographes, de réalisateurs, journalistes, surfeurs de grosses vagues et surfeurs de légende se réunit pour passer au crible les photos et les vidéos des vagues et des *rides* sélectionnés. Il s'agit de mesurer la hauteur de la vague du creux à la crête. La plus grosse difficulté consistant à localiser avec exactitude le point le plus bas de la vague. Une fois que tout le monde s'est mis d'accord, il suffit, en théorie, de comparer la hauteur de la face avec la taille du surfeur. Mais comment déterminer la taille d'un surfeur accroupi ? Hélas, la décision finale est souvent influencée par des facteurs peu scientifiques – qui sont les sponsors de ce surfeur ou qui est le pote de qui. Dire que ce vote est subjectif est tout sauf exagéré.

Les experts XXL mettront des mois avant d'énoncer les trophées 2011. Entre-temps, nous avions envoyé des images de ma vague à quelques personnes en qui nous avions toute confiance : un ancien juge du XXL, qui l'a estimée entre 25 et 30 mètres, un océanographe, mais aussi à Kelly Slater et Greg Noll. Tous ont dit que cette vague était particulièrement grosse, probablement *la plus grosse surfée à ce jour*. Je n'ai pas poussé plus loin, continuant à surfer à Nazaré jusqu'à la fin novembre, puis je suis retourné sur la côte nord pour le reste de la saison.

Je n'ai jamais commenté la taille de cette vague ; je n'ai pas demandé à Kelly de rédiger son tweet ni géré la communication autour de cette image. Et même si Nicole me donnait un coup de main, je n'avais pas d'attaché de presse. J'ai suivi le code tacite des surfeurs en laissant les autres en discuter. Malgré tout, la planète surf s'est convaincue que j'avais rompu les règles en me vantant à tort et à travers. On m'accusait également des approximations et errements des grands médias qui avaient repris cette histoire en boucle, et qui ne connaissaient pas grand-chose au surf. Je trouvais absurde d'en vouloir à un journaliste de CNN quand il s'exclamait : « C'est complètement dingue ! » Mais de nombreux surfeurs s'en agaçaient et tournaient cela en ridicule. Il faut bien reconnaître qu'en traçant mon sillage loin des pros, j'avais réveillé l'attention des amateurs de sensationnel. Du coup, je me suis attiré les foudres des médias spécialisés qui firent tout pour ne pas parler de Nazaré et de ma vague. Cela me passait au-dessus de la tête. Ma seule volonté était de surfer les plus grosses vagues possible et de faire savoir au grand public que Nazaré était l'unique endroit au monde où tout individu peut sentir la puissance et l'énergie d'une vague de cette magnitude depuis la plage.

En mai 2012, le jury a rendu son verdict : j'avais gagné le prix XXL de la plus grosse vague de l'année. La hauteur finale estimée était de 23,77 mètres, 30 centimètres de plus que celle de Mike Parsons. J'ai reçu – que j'ai partagé avec Cotty – 15 000 dollars en guise de récompense. Pas cher payé comparé aux 50 000 dollars qui reviennent au « *ride* de l'année ». Mais notre catégorie, très en vue, est capable de changer une carrière, car « la plus grosse vague » entre dans le Guinness des records. En tant que détenteur d'un record du monde, votre notoriété va au-delà de la planète surf, ce qui attire de gros sponsors comme les constructeurs automobiles. Pour les touristes qui louent une planche à Waikiki pendant leurs vacances d'une semaine ou qui achètent une paire de shorts à leurs gamins, vous devenez LE surfeur en vogue. Un changement radical pour moi, qui n'avais jamais été le chouchou des *line ups* ni des médias spécialisés. Cette faveur de Dieu ou du croupier qui distribue les cartes du destin est la preuve que, dans la vie, tout est possible.

J'étais sincèrement heureux et reconnaissant que les juges ne se soient pas égarés dans des petits jeux politiques. En 2002, à ma victoire à la coupe du monde de surf tracté de Jaws, tous les projecteurs furent braqués sur moi. Quand j'ai pris une vague presque verticale que personne n'osait affronter, on a dit que je n'éprouvais aucune peur. Quand ils m'ont vu me faire fracasser dans les pires chutes avant de sortir de l'eau en souriant, on a décrété qu'il me manquait des neurones. Quand je suis parti explorer la vague du glacier Childs, on m'a collé une étiquette de cinglé cherchant à tout prix l'attention des médias. Évidemment que j'ai peur, comme tout le monde : peur des chevaux, de sauter en parachute, de skier sur une pente raide. L'idée de descendre en rappel une barre rocheuse me fait trembler. En revanche, je ne me sens jamais aussi bien en mer que sur terre, ou pire, dans les airs.

Je me doute que la décision des juges n'a pas dû être facile. Pas facile d'inscrire sur les tablettes un record non seulement réalisé dans un coin paumé du Portugal, mais en plus établi par Garrett McNamara, ce « cow-boy, rouleur de mécanique, amateur de publicité, frère du renégat Liam McNamara ». J'ai dû oublier quelques qualificatifs, mais l'idée générale est là…

J'en suis d'autant plus reconnaissant au jury que le record précédent, détenu par l'irréprochable Mike Parsons, avait été établi à Cortes. Une vague alors considérée comme la plus grosse vague surfable au monde. Ce site, à l'extrémité des Channel Islands californiennes, en pleine mer, symbolise la pureté de l'océan. Cortes est une montagne submergée.

Émergé lors du dernier âge glaciaire, ce plateau de grès et de basalte est long de 30 kilomètres environ. Aujourd'hui, la pointe la plus proche de la surface, Bishop Rock, remonte à un ou deux mètres de la surface suivant les marées. C'est là que les vagues se forment. Il faut naviguer pendant huit heures pour atteindre ce spot. Une aventure en soi. Tout le monde croyait, non sans raison, que si une vague de plus de 30 mètres devait un jour être surfée, ce serait à Cortes, et certainement pas à Nazaré…

J'avais passé ma vie d'adolescent et d'adulte à penser que le bonheur consistait à décrocher telle couverture de magazine, à monter sur tel podium, à être primé aux XXL ou invité à l'Eddie. Depuis ma rencontre avec Nicole, je me penchais sur le sens de l'existence, sur la place que j'occupais et sur mon ambition démesurée. À Las Vegas, Nicole m'avait fait lire *Les Sept Lois spirituelles du succès* de Deepak Chopra. J'y ai découvert le dharma, ce qui nous porte dans la vie. Mon dharma était de surfer. C'était ma passion, ma colonne vertébrale et la seule chose dans laquelle j'excellais et à laquelle je tenais, hormis mes enfants et Nicole.

Mais cela ne pouvait pas se limiter à faire la roue devant les sponsors et à gagner des compétitions. Je n'étais plus en phase avec cette surenchère continuelle. J'ai repensé à mon enfance, pas seulement à la pauvreté, mais aussi au manque d'éducation dont Liam et moi avions souffert. Nous avons grandi libres et sauvages, sans tuteur, à la limite de la délinquance à laquelle nous avons, allez savoir comment, échappé. J'ai tracé mon sillage en toute indépendance, et vécu de ma passion. J'ai échoué maintes fois en cumulant les mauvaises décisions, en agissant comme un crétin, blessant mon entourage tout en me tirant une balle dans le pied. Et pourtant, j'insistais, encore et encore.

Et me voilà, aujourd'hui, en train de battre un record du monde, inscrit noir sur blanc dans le Guinness, d'être courtisé par des sponsors qui jusque-là n'auraient pas daigné répondre à mes appels. Et marié à une femme que j'aime et admire plus que tout.

Le 22 novembre 2012, j'ai surfé toute la matinée sur une houle régulière de six ou sept mètres. J'ai ensuite pris une douche, enfilé un pantalon blanc, une paire de tongs en cuir, et une chemise à carreaux fantaisie dessinée par Nicole. Nous nous sommes mariés sur le toit du phare de Nazaré au soleil couchant alors que les grosses vagues défilaient derrière nous. Après une vie cabossée, la chance de ma vie. J'avais choisi de suivre mon cœur et voilà où il m'avait conduit. Un jour parfait.

Les chiens aboient, la caravane passe...

Nous avons loué une petite maison à Praia do Norte avec une vue à 180° sur l'océan depuis le salon, que nous avons transformé en chambre à coucher pour pleinement profiter de la cheminée et du paysage depuis notre lit. Celeste est devenue notre maman portugaise et sa nièce, Maria Ana, une avocate de Nazaré, a rejoint notre petit cercle d'amis. Peu à peu, nous avons fait notre nid dans ce deuxième « chez-nous ». Chaque jour je m'informais de l'évolution de la houle à travers le monde. C'est ainsi que, peu après notre mariage, j'ai reçu une alerte concernant Cortes Bank.

Les grosses vagues que l'on peut surfer ne s'y forment que rarement, parfois deux ou trois fois par an, les bonnes années. Ce mois de décembre 2012, les prévisions étaient prometteuses. Nicole et moi avons pris le premier avion pour la Californie où Greg Long s'est arrangé pour louer un bateau de support. Notre objectif était de laisser nos jet-skis de *tow-in* à la maison pour surfer cette vague à la rame.

Ramer sur des grosses vagues revenait à la mode chez les chargeurs, un retour aux sources qui n'était pas pour me déplaire. Le *tow-in*, qui nous avait permis de nous extraire de la foule des spots proches de la plage et de surfer des vagues hors de portée, devenait *has been*. La technologie avait évolué depuis les années 1990 avec l'apparition de combinaisons autogonflantes, de gilets de sauvetage et du WaveJet. Grâce à son système de propulsion, on pouvait gagner de la vitesse et rattraper des vagues rapides. Celles qui étaient jusque-là réservées aux surfeurs tractés devenaient de nouveau accessibles en ramant. Pour preuve, au moment où j'écris ces lignes, le Pe'ahi Challenge, la première compétition de grosses vagues à la rame, se tient à Jaws, là où le surf tracté est né.

ESPN, la chaîne de télévision dédiée aux sports, a déclaré Greg Long le meilleur surfeur de grosses vagues du XXIe siècle. Difficile de ne pas être d'accord. Il a gagné toutes les compétitions possibles – l'Eddie en 2009 avec une vague de 15 mètres – et remporté plus de prix Billabong que quiconque. Né à San Clemente, en Californie, où son père travaillait comme nageur-secouriste, il a commencé à surfer, comme tous les bons, très tôt. Alors qu'il n'avait qu'une dizaine d'années, il a affronté de méchantes vagues qui ne font pas de prisonniers comme Todos Santos au large de la Basse-Californie ou Dungeons en Afrique du Sud. Greg, bon camarade, intelligent et juste, est très populaire parmi les surfeurs. Si on compare le *line up* à une cour d'école avec ses roitelets, ses bombeurs de torse, ses courtisans et ses fayots, mais aussi ses voyous et ses castagneurs toujours à la limite de se faire virer, alors Greg Long serait le délégué de classe ou le brillant avant-centre de l'équipe de foot. Chaque fois qu'il remportait un prix, année après année, les applaudissements étaient nombreux et sincères.

La nouvelle s'est répandue comme une traînée de poudre dans la petite communauté du surf de grosses vagues. Une mission, à la rame, avec Greg Long et moi, se préparait à Cortes. D'autres gars ont aussitôt demandé à se joindre à nous, comme Kealii Manala, Alex Grey et Landon, mon neveu, le fils de Liam qui, à 16 ans, chassait déjà le gros. Cette houle promettait de rentrer dans les annales. Du coup, nous avons affrété un autre bateau.

Même si on m'a collé une étiquette de casse-cou, je suis obsédé par la sécurité. Surfer à Cortes est objectivement plus dangereux que partout ailleurs. Perdu au milieu de l'océan, il est inutile d'appeler les secours si ça tourne mal. J'ai donc loué les services de Shawn Alladio, la fondatrice de K38 Water Safety, la meilleure spécialiste en matière de sécurité sur les grosses vagues. Elle est venue avec son équipe de médecins et secouristes expérimentés. La veille du départ, nous avons vérifié une dernière fois que rien ne manquait : moyens de flottaison supplémentaires, oxygène, défibrillateur, civières, kits d'urgence, et six puissants jet-skis de sécurité pour les secouristes.

Nous avons quitté le port de Dana Point à 3 heures du matin. La Californie du Sud s'apprêtait à fêter Noël. Pour nous protéger du froid, on s'est emmitouflés dans nos vestes et nos bonnets de laine, la tête rentrée entre les épaules. Les prévisions n'étaient pas idéales. Pourtant, malgré la présence de vent, 15 nœuds sans doute, on nous annonçait des vagues avec des hauteurs de 15 à 16 mètres. La surface de l'océan était lisse jusqu'à l'île de San Clemente. Au-delà, le clapot a commencé à se former. Au loin, on apercevait déjà une ligne lumineuse défiler. J'ai pris les jumelles et vu les vagues de Cortes se former et déferler.

À la bouée de Bishop Rock, des pélicans bruns et des mouettes tournoyaient au-dessus de nos têtes. Malgré le clapot, l'eau restait claire. Des poissons nageaient autour des lignes d'amarrage parmi le varech. Cortes est un spot fameux pour les pêcheurs et les plongeurs. Après une visite d'épave, les plongeurs peuvent y croiser des langoustes, des bancs de thons à queue jaune, des bars, des maquereaux et bien d'autres poissons (on compte 137 espèces) qui servent de déjeuner aux phoques qui eux-mêmes nourrissent les requins.

Notre bateau faisait le yoyo en compagnie de la bouée pendant que nous peinions à enfiler nos combinaisons. Le bateau de Greg était ancré à une quarantaine de mètres. Ses photographes, ses cadreurs et son équipe de sécurité étaient déjà à l'eau. Petit à petit, les 14 surfeurs se sont regroupés au *line up*, à quelque 800 mètres de là. Le ciel était partiellement couvert. Il faisait terriblement froid. Ralenties par le vent, les vagues déroulaient sans hâte. Rien que nous et l'océan aussi loin que nos yeux portaient. Assis sur nos planches, sans aucun repère visuel autre que nos bateaux au loin, nous étions égarés dans un monde sonorisé par le ding-dong de la bouée.

Nous sommes au *line up*, assis sur nos planches dans nos combinaisons et nos cagoules noires, sans nous gêner. Ici, la houle fait des kilomètres de longueur, car rien ne vient entraver sa marche. La zone de départ change sans cesse suivant les séries, parfois sur plus de 50 mètres. Pas facile de se placer correctement. La première vague a déferlé, mais j'étais trop loin. Greg Long a ramé avec force, mais c'est finalement Landon qui est parti.

« Il a quel âge ton neveu ? a demandé Greg en riant.

— Seize ans.

— Ce gamin vient de rentrer dans la légende… »

On s'est éloignés de la meute pour nous positionner à l'extrémité de la ligne. Une nouvelle série se formait à l'horizon. J'ai ramé comme un galérien vers le *channel*, convaincu que Greg ne pourrait jamais me rattraper. Une autre série s'est ramenée. J'ai laissé passer la première vague, mais quand la seconde m'a soulevé, j'ai ramé aussi vite que je le pouvais. Aucune place pour l'hésitation. C'était tout ou rien. Quand on part, on va jusqu'au bout. L'instinct doit primer. C'est ainsi que nous sommes entraînés, conditionnés même. L'engagement est total dans le surf de grosses vagues.

Devant moi, la face cabossée et le bleu cobalt de l'océan. J'étais seul. Je n'entendais que le grondement sourd de la vague qui se redressait pour se lever. J'avais pris mon WaveJet, histoire de le tester en conditions réelles. Cet engin est parfaitement adapté aux grosses vagues qui se déplacent en moyenne à 40 km/h. Toute la matinée, des gars avaient manqué leur départ uniquement parce qu'ils n'étaient pas assez rapides. J'ai glissé vers le creux et commencé à tourner quand, au-dessus de mon épaule, j'ai aperçu la lèvre se courber, prête à m'avaler. Ça s'annonçait mal. J'ai abandonné ma planche et pris une profonde respiration. J'avais enfilé deux systèmes de flottaison – une combinaison de survie et mon gilet. J'ai tiré sur le déclencheur de ma veste airbag pour percuter la petite bouteille d'air comprimé, et j'ai été propulsé à la surface. Sauvé.

Après avoir repris ma respiration et mes repères, je vois non loin de moi quelque chose qui cloche : deux jet-skis, nez contre nez, avec un *sled* entre eux sur lequel Greg Long vient d'être allongé. Ses yeux sont fermés. Son visage est violacé. Parti après moi, il a dû se faire malmener par la troisième vague. On le transporte vers son bateau. Je saute sur l'un des jet-skis laissés à l'abandon et je fonce. Lorsque j'arrive, Greg a repris conscience. Alors qu'on le met sur le pont en position de sécurité, il vomit un mélange de sang et d'eau de mer. Un secouriste s'occupe de lui, mais un peu d'aide ne peut pas faire de mal. Je file récupérer notre infirmier ainsi qu'une civière et un collier cervical, au cas où. À notre retour, bien que traumatisé, Greg va mieux. Il est manifestement passé à deux doigts de la noyade. L'équipe de sécurité alerte les garde-côtes et trois heures après, mon ami est héliporté vers San Diego. Entre-temps, tous les jet-skis de sécurité se sont regroupés autour du bateau support, répondant à l'appel d'urgence. Personne pour surveiller les six surfeurs qui sont restés au *line up*. Du coup, j'ai pris un jet-ski et j'ai assuré la sécurité jusqu'à ce que le dernier d'entre eux rejoigne un des deux bateaux à la nuit tombée. Ce n'est que plus tard que j'ai pu visionner la chute de Greg. Il était parti sur la deuxième vague, la même que moi, dans mon dos. Impossible de le voir. De retour à terre, après une nuit d'observation à l'hôpital, Greg m'a expliqué que son gilet de sauvetage airbag n'avait pas fonctionné. Il avait bien essayé de remonter à la surface en tirant sur son *leash*, mais il a été aspiré pendant les trois ou quatre vagues suivantes. À court d'oxygène, il a perdu conscience. Lorsqu'on l'a sorti de l'eau, il flottait le visage tourné vers le fond. Ils se sont mis à trois pour le réanimer, un photographe, un pompier et un urgentiste.

L'histoire ne se termine pas là... Deux jours plus tard, Greg a publié un témoignage glaçant sur cette expérience en remerciant ses sauveteurs et en attirant l'attention de ses lecteurs sur le haut niveau de risque du surf de grosses vagues, particulièrement à Cortes Bank. Il ne mentionnait pas ma présence car il n'y avait aucune raison à cela. Mais la presse spécialisée bruissait déjà de vilaines rumeurs. On m'accusait d'être parti devant lui et de lui avoir coupé la trajectoire – le crime le plus infamant pour un surfeur. D'autres me critiquaient pour avoir utilisé un WaveJet, technologie que je défendais depuis des semaines parce qu'elle ouvrait le surf à un public plus large que les seuls athlètes. De nombreux surfeurs ont en effet besoin d'un surcroît de puissance pour partir sur les vagues, comme Jesse Billauer, un surfeur californien quadriplégique qui s'est brisé la colonne vertébrale à 17 ans lors d'une chute. Les secouristes eux aussi ont adopté ce nouvel outil, car il leur permet de rejoindre les victimes plus vite. Mais les puristes, qui aimeraient que l'on ne surfe que sur des planches taillées dans le bois des cocotiers et vêtus de pagnes, n'ont que mépris pour la technologie, et avaient mis ma tête à prix.

Des journalistes, soi-disant impartiaux, précédaient leurs questions par un mensonger « Garrett McNamara lui a coupé la trajectoire. Qu'en pensez-vous ? » D'innombrables commentaires étaient publiés sur des sites et blogs de surf, me présentant comme une brute épaisse, preuve à l'appui. « Voilà quinze ans déjà, ce monsieur McNamara m'a coupé la route et mis ma vie en danger. » J'étais écœuré par tant de bêtise et d'injustice. Je me suis résolu à écrire ma propre version des faits en m'excusant si j'avais gêné Greg sans le vouloir. Il a rétorqué publiquement trois semaines plus tard que je n'avais rien à me reprocher. Un coup d'épée dans l'eau. Greg avait beau déclarer que le surf de grosses vagues était intrinsèquement dangereux, que son accident était dans le cours des choses et que personne n'était à blâmer, surtout pas moi, rien n'y faisait. Il leur fallait un coupable.

Que faire ? J'étais peiné pour ce qui était arrivé à mon ami et par le fait que même des surfeurs respectables pensaient que j'avais agi de manière irresponsable. Quant au troupeau des surfeurs-électroniques, je me suis rappelé le vieil adage : « Les chiens aboient, la caravane passe… » Inutile de se battre contre la bêtise crasse. Nicole et moi avons repris nos lectures matinales. La quatrième loi spirituelle du succès est la loi du moindre effort. « Aujourd'hui, j'accepterai les gens, les situations, les circonstances et les événements comme ils viennent. » À quoi bon se défendre inutilement ? À quoi bon dépenser sa précieuse énergie pour changer une opinion ? Mieux vaut conserver cette précieuse énergie et la libérer pour une juste cause et tenter de rendre ce monde meilleur. J'ai tout accepté en bloc et considéré cette épreuve comme un moyen de m'élever.

Big Mama

Quelques semaines plus tard, nous nous sommes envolés pour Hawaï. En 2012, Nicole et moi avions acquis une propriété sur la côte nord, près de Waialua, à quelques kilomètres, mais à des années-lumière, de Cement City. La maison surplombait Moku-le'ia, un spot peu connu que je fréquentais assidûment quand je n'étais encore qu'un adolescent effrayé par les grosses vagues. Sur cette bande de terre de 7 000 mètres carrés, nous avions une maison des années 1960 restée dans son jus, et une série de petits immeubles de quatre appartements que nous devions rénover.

Ma mère vivait dans un grand immeuble pour touristes et retraités près de Turtle Bay, à l'extrémité nord de Kam Highway. Toute sa vie, elle avait été en quête de spiritualité. Devenue évangéliste, « née à nouveau », elle avait finalement trouvé le bonheur auprès d'un Américain né en Pologne. Elle jouait au bridge et au Scrabble et s'était même mise au golf. Elle déjeunait chaque dimanche avec ses amis de la paroisse. Une hippie métamorphosée en yuppie arrosée d'eau bénite qui avait enfin choisi son prénom définitif : Malia, l'équivalent hawaïen de Marie.

Liam, le grand spécialiste de Pipeline, avait mis un terme à sa carrière de surfeur voilà une dizaine d'années. Il participait de temps à autre pour le plaisir à quelques compétitions. Légende de la côte nord, mon frère s'est reconverti dans les affaires, en développant ou en achetant des magasins de surf, des boutiques de fringues et même une camionnette pour vendre de la glace ! Il est le père de trois garçons. L'aîné, Makai, un excellent surfeur, a remporté plusieurs manches de compétitions internationales. Son frère Landon, le gamin de Cortes, chante et joue du ukulélé et a sorti un album de reggae. Sponsorisé par Ford Motors, il continue à chasser la grosse vague. Quant à Ledgen, son cadet, curieux de tout, il excelle dans chaque sport qu'il pratique sans jamais s'y attarder. À sa naissance, j'avais suggéré à Liam de décaler le d de *Legend*, car on ne naît pas légende, on le devient. Il m'a visiblement écouté.

Nous étions à la maison depuis trois jours quand une houle de dix mètres a été annoncée en Atlantique Nord. Elle se dirigeait vers… Nazaré. La dépression se déplaçait de New York vers les côtes portugaises. Une telle houle promettait des vagues de 20 mètres au moins. Même si son orientation n'était pas idéale, la puissance y était, ainsi que l'intervalle parfait entre les vagues. Cette situation était propice à l'apparition de « Big Mama », comme l'appelait Kealii. Haute de 30 mètres, Big Mama est la vague d'une vie, celle qui vous permet d'abandonner le surf sans regret. Massive, elle est aussi rapide ; une montagne liquide en mouvement capable de raviver le sentiment que j'avais connu en surfant Sunset à la sortie de l'adolescence, ou lorsque je fus tracté pour la première fois à Jaws. Les prévisions de Nazaré sont toujours incertaines. Un jour parfait, le lendemain minable, le surlendemain parfait avant de se détériorer de nouveau. Indéchiffrable. Pourquoi hésiter ? La seule éventualité que Big Mama pointe son nez valait le détour. Sans tarder, nous avons quitté la douceur hawaïenne pour les eaux froides du Portugal.

Nous étions à Nazaré vers minuit, juste à temps pour entendre la houle se former. À l'aube elle était déjà énorme, alors que la marée était descendante. J'étais à cran. Kealii devait piloter le jet-ski pour me poser sur la vague. Kamaki Worthington, un ami pompier de la côte nord, piloterait le second jet-ski, en charge de la sécurité, et Hugo Vau, un surfeur portugais, serait en réserve pour l'épauler. En attendant Big Mama, nous étions dans le *channel* sans nous préoccuper des vagues de moindre importance. Nous avons fait le bouchon pendant deux heures sous un ciel couvert par un banc gris de stratocumulus et un océan de la même teinte. Pas de doute, nous étions bien en hiver. Enfin, au loin, une ligne de crête a commencé à se former. Elle ne semblait pas se diriger vers le spot, mais s'élevait comme un effet spécial de cinéma.

Kealii m'a tracté vers elle. Il fallait localiser l'endroit précis où elle allait déferler. Mais comment en avoir la certitude ? Kealii, avec sa dextérité habituelle, m'a déposé de façon idéale : en plein milieu, de sorte que je ne sois gêné ni par les bosses ni par les creux. Il a mis les gaz à fond et dégagé alors que je lâchais la corde. Ma vitesse devait atteindre les cent à l'heure. Mais la vague ne voulait plus avancer, seulement monter, encore. Elle semblait même reculer. C'était comme du *snowboard*. J'ai dévalé la montagne. Mon corps tout entier s'est mis à vibrer. Un instant, mon pied arrière s'est dégagé des *straps*, mais j'ai réussi à le remettre. La vague ne déferlait toujours pas. J'ai été obligé de dégager alors que je me rapprochais dangereusement du chaos de roches au pied du phare. La prochaine vague était déjà là. Kealii s'est frayé un chemin pour me récupérer et m'a manqué. Je poussais ma planche vers le *channel*, plongeant pour passer sous la vague. Précipité vers le fond, j'ai été brassé dans le noir, assourdi par le rugissement de la vague. En refaisant surface, j'ai vu la vague exploser sur les rochers à quelques mètres de là. Pendant ce temps, Kealii tentait désespérément de devancer la vague. Je l'ai vu heurter une grosse bosse. Expulsé de sa machine, il a volé d'un côté, pendant que son jet-ski s'envolait de l'autre. J'étais seul au milieu de la zone d'impact, tiré par le courant. Kamaki m'a récupéré pendant qu'Hugo sortait Kealii de l'eau.

Nous avons inversé les rôles. Kealii a surfé quelques vagues monstrueuses, les domptant sans effort, à l'hawaïenne. Hugo a fait de même. J'ai pris un plaisir extrême à les poser sur une vague qu'ils raconteront à leurs enfants et petits-enfants. Quand on est revenus à la plage, Nicole nous attendait. Fidèle vigie, elle était restée sur la falaise. Son visage était de cendre. « Pour la première fois, je n'ai pas pu vous regarder », a-t-elle avoué.

J'étais déçu. J'avais dévalé une vague certes énorme, mais qui ne déferlait jamais. Elle s'était fragmentée légèrement au sommet avant de s'étaler et de disparaître. On dit que les Inuits ont cinquante mots pour la neige. Peut-être les surfeurs auraient-ils besoin d'autant de mots pour les vagues. Dans tous les cas, il fallait en inventer un pour celle que je venais de surfer ce jour-là à Nazaré.

Parfois, je me revois avec mon cahier de photos et d'extraits de presse, allant de bureau en bureau à Tokyo, pour séduire les sponsors. L'âge de pierre, quand mon Graal était de décrocher la couverture de *Surfer*.

La *chose* étrange que j'ai surfée ce jour de janvier a été capturée par un photographe que je ne connaissais pas. La photo est prise à l'arrière et au-dessus du phare. On voit des fils téléphoniques au premier plan ainsi que le toit du phare avec son projecteur sur la gauche et quelques minuscules spectateurs sur la droite. En arrière-plan, se dressant bien plus haut que le phare, une énorme vague surmontée d'une écume fumante. Je suis au centre, en train de fuser au milieu de la face. Le photographe a envoyé son cliché à *Surf Europe* et aux XXL Awards. Quelques jours plus tard, tout Internet affirmait que j'avais surfé une vague de 30 mètres. Et moi de penser, mais de quoi parlent-ils ? La vague n'a jamais déferlé !

Cette photo est incroyable. L'angle et l'usage d'un téléobjectif rendent la vague plus grande qu'elle n'est en réalité. Et d'un point de vue photographique, la vague de Nazaré possède un avantage rare, celui de pouvoir être comparée à autre chose que le seul surfeur. Avec le phare perché sur la falaise, on peut penser qu'elle dépasse un immeuble de huit étages. Qui sait, dix ou 12 étages. Il n'y a plus de limite à l'imagination. En regardant cette photo, on se met aussitôt à la place du photographe, et on a le sentiment d'être soi-même sur ce toit.

Elle est devenue virale. Les médias n'arrêtaient pas d'annoncer « une vague de 30 mètres », même si je répétais sans cesse que si la houle était imposante, je n'étais pas si sûr que, techniquement, ça ait été une vraie vague et que je n'avais aucune idée de sa hauteur. Mais je prêchais dans le vide.

Comme je pouvais m'y attendre, le microcosme du surf n'a pas tardé à dénoncer mes soi-disant vantardises, et personne ne se donnait la peine, en quelques clics, de vérifier ce que je déclarais. Des surfeurs de bureau, désœuvrés et amers, ont été jusqu'à dénigrer Nazaré en disant qu'elle n'avait jamais eu sa place dans l'aristocratie des grosses vagues. Pour être honnête, quelques bons gars sont montés au créneau et ont admis que j'avais accompli le rêve de nombreux surfeurs : découvrir et déflorer une nouvelle vague.

Au mois d'avril, Anderson Cooper a conduit un reportage sur Nazaré et sur moi pour l'émission *60 Minutes*[39]. J'étais heureux que cette petite ville portugaise et notre sport profitent d'une telle visibilité. J'ai reçu des mails du monde entier. Des personnes du Moyen-Orient, de Russie et de Tombouctou (véridique) m'ont écrit pour me dire que je les avais inspirés. J'ai reçu d'innombrables invitations à des conférences pour venir raconter comment j'étais passé d'un obscur surfeur semi-pro à l'homme qui réalisait son rêve d'enfance.

Le *ride* en lui-même fut assez décevant, je dois l'avouer, mais il m'a appris qu'en ayant trop d'attentes, on limite ses possibilités. Or les événements qui ont succédé à « cette vague qui n'était pas si grosse que ça » ont largement dépassé mes attentes. J'ai arrêté de courir après Big Mama. De toute façon, je l'avais surfée tant de fois dans ma tête que je n'avais plus besoin de la vivre en vrai. Je me suis détaché d'elle. Ou presque. Cela faisait longtemps que j'aspirais à être plus responsable. Quand Lowell Hussey faisait mon éducation en

39. *60 Minutes*, créé en 1968 et diffusé sur la chaîne CBS News, est considéré comme le plus connu des magazines d'information de la télévision américaine.

termes de business, je ne pensais pas à ce que je représentais. Je me fichais bien de savoir si les produits de mes sponsors étaient ou non bénéfiques. Et puis j'ai constaté l'influence des marques, de la publicité, de tel surfeur ou chanteur sur l'opinion de mes enfants. Je ne voulais plus jouer ce rôle.

J'ai demandé à retirer « ma vague » des XXL Awards. Je leur ai expliqué que j'étais opposé à tout événement financé par une marque d'alcool. J'avais mûrement réfléchi. Si on voulait contribuer de manière positive à ce monde, il fallait faire des choix. Je ne voulais pas que mon exemple incite des gamins à boire ou à considérer l'alcool comme anodin. J'ai également précisé que ce jour-là je n'étais pas sorti pour battre un record mondial ni pour gagner un chèque XXL. J'étais sorti parce que ma vie se résumait à surfer les grosses vagues. Et cela me suffisait.

Dharma

Où que nous soyons, tôt le matin, Nicole et moi lisons quelques lignes des *Sept lois spirituelles* en sirotant de l'eau chaude avec des gouttes de citron frais. Parfois, nous ouvrons des pages au hasard, puis nous échangeons à propos de ce que nous venons de lire pour définir les objectifs à mettre en œuvre ce jour-là. Nous parlons aussi business et mettons par écrit tout ce que nous souhaitons exprimer et transmettre.

L'année où Liam et moi avons débarqué au milieu de la petite communauté des surfeurs de la côte nord, nous avons fait la connaissance de Buttons Kaluhiokalani. Fils d'un militaire noir et d'une Hawaïenne pur jus, son prénom de naissance était Montgomery, mais quand sa grand-mère a vu ses cheveux plantés sur le crâne comme une boutonnière, le nom lui est resté. Buttons a grandi à Waikiki, en prenant comme modèle les grands surfeurs de l'époque : Gerry Lopez, Jock Sutherland ou Eddie Aikau. Mais il était tout aussi fasciné par les acrobaties des Z-boys de Dogtown. C'est ainsi qu'il a transféré les figures de skate sur les vagues, ces mêmes figures que Liam et moi faisions à Berkeley. Soudain, le surf, enrichi de 360 *spinners*, *cut backs* et autres figures aériennes, touchait encore plus de monde. Buttons est unanimement considéré comme l'un des pères du surf moderne.

Avec son ébouriffante coiffure afro aux pointes décolorées par le soleil, son sourire XXL et son charisme venu d'on ne sait où, Buttons ne ressemblait à personne d'autre. Devenu l'un des surfeurs les plus populaires de l'île, il trouvait toujours un côté positif à toute situation. Il n'y avait pas d'esprit plus léger et brillant sur l'archipel. Il avait connu la consécration en remportant le Malibu Pro en 1979, puis il avait remporté quelques places d'honneur dans d'autres compétitions, mais il était trop bon et trop doux pour être pleinement compétitif. C'était avant tout un amoureux de la vie. Et comme de nombreux surfeurs, il s'est égaré plus d'une fois du côté des drogues avant de s'en écarter pour de bon en 2007.

Un jour d'hiver, alors que je me rendais en compagnie de tonton Kealoha à une compétition de surf tracté à Log Cabins, nous avons aperçu Buttons sur la plage. Il avait alors 49 ans et avait quitté la scène du surf pro depuis un certain temps. Mais il aimait s'amuser. Les vagues étaient joyeuses, lisses et de belle taille. Et Buttons n'avait jamais été tracté ni n'avait piloté de jet-ski. Je l'ai convaincu de se joindre à nous.

« T'es prêt, Buttons ?

— Vous êtes sûrs de vous, les gars ? »

Buttons, un adulte mature et un surfeur de grande classe, exprimait sans honte le besoin d'être rassuré comme un gamin face à sa première vague.

« Mais oui, t'inquiètes pas. Fais juste attention à ne pas filer directement dans le creux. Tu dois rester au milieu de la face.

— Tu es vraiment sûr de ton coup, Garrett ? J'ai la frousse.

— Je t'assure, c'est du tout cuit. Mais rappelle-toi. Ne va pas trop bas sur la vague. »

Il a sauté dans l'eau, enfilé ses *straps*, saisi le palonnier et c'était parti. Placé parfaitement, Buttons est parti directement dans le creux. Il a pris cher, se faisant boxer par Mohamed Ali. Quand il est ressorti du ring, les yeux comme des soucoupes, il hurlait de terreur. Je l'ai remis en selle, et nous sommes repartis vers le chenal. Tonton Dane a dû s'éclipser, nous laissant seuls, Buttons et moi, pendant que le soleil s'enfonçait vers l'horizon. Les séries ne cessaient de grossir.

D'instinct, je savais que le meilleur était à venir. Il m'a fallu user de persuasion, mais Buttons a finalement accepté de me tracter. Concentré à l'extrême, de peur de me décevoir, il m'a déposé sur la première vague d'une nouvelle série, au bon endroit. Mais une autre équipe de *tow-in* fonçait derrière moi alors que j'étais en équilibre au milieu de la face. Impossible d'éviter le surfeur et on s'est retrouvés tourneboulés dans la machine à laver. Alors que je jouais à vingt mille lieues sous les mers, j'ai prié pour que Buttons soit capable de me récupérer. Je n'aurais pas été surpris de faire surface et de le voir, immobile et tremblant, au milieu du chenal. Mais non ! Quand j'ai retrouvé l'air libre, il était là, près de moi, et m'a aidé à grimper sur le *sled*. Je l'ai remercié et pour lui rendre la politesse, lui ai proposé de faire un dernier essai.

« Je ne sais pas Garrett. Je ne le sens vraiment pas. »

J'ai plaidé, cajolé, supplié. De guerre lasse, il a fini par glisser dans l'eau et il est monté sur la planche. Quand la vague suivante est arrivée – une grosse mémère, mais pas un monstre –, je l'ai déposé sur l'épaule et, une nouvelle fois, il a filé droit dans le creux…

« C'est bon, Garrett, on arrête là. »

Depuis ce jour, nous sommes devenus inséparables.

Au mois d'août 2013, à peine revenus sur la côte nord depuis Nazaré, la première nouvelle que nous avons entendue nous a glacé le sang : Buttons était à l'hôpital Queens, à Honolulu.

Cela faisait plus d'une année qu'il se plaignait de son dos. Après avoir eu le courage d'appeler un médecin, celui-ci, suspectant une hernie discale bénigne, l'avait renvoyé à la maison avec un tube d'Ibuprofène. Buttons passa ses journées sur la plage à s'occuper de son école de surf mais la douleur ne faisait qu'empirer. Cet intermède dura une autre année jusqu'à ce qu'un matin, en passant la main dans son dos, il sentit une bosse de la taille d'une mangue. On lui a alors diagnostiqué un cancer avancé du poumon.

À la clinique, sa chambre était pleine. Buttons avait fondé plusieurs familles au cours de sa vie. Ses huit enfants et neuf petits-enfants avaient tous des amis qui se sentaient proches de lui, qui eux-mêmes avaient des amis, etc. Il n'y avait pas un Hawaïen ou un résident de l'île qui ne se sente lié à lui et tous étaient effarés de le voir cloué sur un lit d'hôpital. Chaque jour de nouvelles personnes débarquaient, et du monde entier. Vêtu de sa blouse d'hôpital en coton bleu, son visage sombre et émacié était à peine éclairé par ses yeux, habituellement pétillants de malice. Ils étaient voilés par la peur. Ses longs bras, maigres et tatoués, s'échappaient de ses manches trop courtes. Il nous a donné avec Nicole la permission de parler à son médecin qui nous a confirmé que le pronostic n'était pas bon. Six mois sans doute, même avec une chimio, et à condition qu'il la supporte. Il n'y avait rien d'autre à faire.

Le médecin a tout de même rajouté que si Buttons voulait tenter des méthodes alternatives moins conventionnelles, il l'y encourageait.

On l'a donc renvoyé chez lui, dans la petite maison de Waialua qu'il partageait avec son épouse, Hiriata, et leurs deux bambins, âgés de moins de cinq ans. L'intérieur était un véritable cirque sonorisé par une télévision poussée à fond. Des cartons de pizzas traînaient un peu partout ; des amis du couple allaient et venaient. Certains essuyaient leurs larmes sur son lit.

Buttons m'a fait m'asseoir sur le sofa près de lui, a pris ma main et s'est penché vers moi pour murmurer :

« Garrett, Garrett. Je ne veux plus voir personne. Mais que faire ? Que faire ? »

Puis il a demandé à venir vivre chez nous. Hiriata était d'accord. Triste et inquiète, elle s'arrachait les cheveux en essayant d'empêcher ses copains bien intentionnés de lui filer en cachette des cigarettes. La semaine suivante, nous avons installé Buttons dans la suite parentale de notre maison de Moku-le'ia. De son lit, il pouvait voir et entendre les vagues. Il n'y avait plus que Nicole et moi auprès de lui. Nicole lui préparait des soupes d'avoine et des *smoothies*, en mixant des légumes et des fruits. Nous avons mis au point un plan d'attaque à base de nourriture saine, d'exercices légers et de repos, en réduisant la consommation médicamenteuse et en éliminant les cigarettes. Nous lui avons promis que nous l'aiderions autant que nous le pouvions s'il s'engageait à suivre ce traitement. Il s'est engagé sans ciller.

Pendant quelques semaines, son état sembla s'améliorer. Buttons était soulagé de retrouver du calme, sans avoir à supporter les pleurs et la détresse de son entourage. Il sortait pour marcher un peu sur la plage et regarder les vagues. Il buvait consciencieusement ses *smoothies* et mangeait ses légumes à la vapeur. Parfois il me tirait par la manche pour me dire : « Garrett, Garrett, il faut que tu donnes à Nicole un bébé. Elle sera une mère parfaite. » Je souriais et lui rappelais que j'avais déjà trois beaux enfants. Il se marrait et répondait : « Mais toi et Nicole, Garrett. Toi et Nicole. »

Se sentant mieux, il s'est mis à tricher avec son régime. En sortant les poubelles, j'ai constaté qu'il avait balancé ses légumes. Un autre jour, il a refusé de prendre ses médicaments. Le soir, Nicole a trouvé un sac en plastique rempli de drogue dans une chaussure. Un « ami », venu à l'improviste, lui avait refilé de la came alors que nous regardions ailleurs. Quand nous lui en avons parlé, il s'est mis à pleurer et nous a demandé pardon comme un enfant pris en faute.

Il y avait à Los Angeles un médecin très respecté qui proposait un protocole alternatif pour soigner le cancer. Cela coûtait, bien sûr, une fortune et n'était pas couvert par l'assurance. J'ai appelé Rick Salomon pour savoir s'il pouvait nous filer un coup de main. Il était devenu ami avec Buttons au cours de l'hiver quand il était venu à Hawaï filmer un show de téléréalité avec moi. Une personnalité généreuse avec de nombreuses ressources grâce à son métier de producteur et ses talents de joueur de poker. Il a immédiatement accepté de nous aider. En septembre, nous avons conduit Buttons à Los Angeles pour qu'il suive ce nouveau protocole. Rick, qui finançait l'opération, s'était arrangé pour que Buttons réside dans une maison de Malibu. Buttons allait de mieux en mieux. Il était encore décharné, mais ses yeux brillaient de nouveau.

Au mois d'octobre, étant retenus à Nazaré, nous avons demandé à C. J., le frère de Nicole, s'il pouvait jouer au garde-malade et s'envoler pour la Californie. Hélas, les choses se sont vite détraquées. Hiriata s'est également déplacée, suivie par des proches du couple. Les uns apportaient leur amour, d'autres leur propre version de l'amour : de la bouffe dégueulasse, des clopes, de l'alcool et de la came. Buttons a replongé dans le même environnement toxique auquel il avait tenté d'échapper. C. J. ne se voyait pas virer tous les « chers amis » d'une légende du surf qui se mourait. Voyant la fin approcher, nous avons proposé à Buttons qu'il revienne à Hawaï pour embrasser ses enfants. Il a été hospitalisé peu après pour une pneumonie et s'est éteint pendant la nuit. Avec le recul, je pense que chacun a essayé, à sa manière, de faire ce qu'il pensait bon pour Buttons.

Ce même jour, avant d'apprendre le décès de notre ami, notre fils a été conçu. Nul doute que l'âme de Buttons nous a bénis de son amour. Le 9 août, après vingt-quatre heures de travail, l'amour de ma vie, ma meilleure amie et mon inspiration, a donné naissance à la maison à un petit bonhomme de 53 centimètres et 4,5 kilos : Garrett Barrel Moore McNamara, un costaud, plein de vie et une combinaison parfaite de sa mère et de son père. Je n'aurais pas été surpris s'il était sorti du ventre de sa mère avec une série de boutons noirs plantés sur sa tête.

Ariana, ma fille aînée, qui avait alors 18 ans, était devenue une charmante jeune femme. Elle avait lancé un business prometteur en dessinant une série de maillots de bain et jouait du ukulélé avec un talent évident. Titus, aux larges épaules, venait d'avoir 16 ans. Calme et réfléchi, il envisageait d'être pompier. Tiari, la plus jeune de cette première couvée, n'avait peur de rien malgré ses quatre ans. Je me voyais en elle. Et maintenant nous avions le bonheur d'accueillir Barrel dans ma merveilleuse *'ohana*[40]...

Quand nous sommes partis à Fort Lauderdale pour célébrer cette naissance avec les parents de Nicole, on m'a invité au Bienes Center for the Arts, au lycée Saint Thomas Aquinas, pour échanger pendant une heure avec Hunter, un jeune surfeur du coin, et répondre aux questions du public. Loin d'être un orateur né, cette expérience se situait bien au-delà de ma zone de confort. J'ai considéré cette soirée comme une grosse houle qui se dresse à l'horizon. Inutile de m'angoisser avant d'y être. J'ai endossé ma chemise à carreaux, celle avec un vrai col, enfilé un jean propre et me suis assuré d'arriver à l'heure.

Sans préliminaire, Hunter m'a demandé comment j'avais atterri sur la planète surf. Quand j'ai répondu que notre mère nous avait forcés à déménager à Hawaï, tout le monde s'est mis à rire. J'ai ajouté que si nous n'étions pas riches, elle s'était toujours débrouillée pour que nous ayons une planche. Que l'océan avec ses vagues était le seul lieu où je pouvais m'échapper et m'exprimer. Un lieu de liberté. Lorsque je ramais, je remerciais Dieu pour la vie et l'océan : mon terrain de jeu, mon bureau et mon église. Alors qu'on m'interrogeait sur la peur, j'ai répondu qu'elle n'était que le produit de notre cerveau. Si nous nous accrochons sans cesse au passé ou à nos projections dans le futur, nous l'engendrons. Elle ne surgit

40. Famille en hawaïen.

que parce que nous nous souvenons de nos expériences douloureuses et que nous craignons qu'elles se répètent. En restant dans le présent, il n'y a plus de place pour la peur.

Les organisateurs ont projeté une vidéo me montrant en train de subir une lourde chute à Jaws. Une seconde après être parti, je tombe de ma planche et dégringole, la tête en bas, les cinq étages interminables de la face. On me disait fou de ne pas craindre de telles chutes. Mais, comme un gymnaste ou un acrobate, je leur ai expliqué que je m'étais entraîné à tomber et ne choisissais que des spots où j'étais sûr de pouvoir être récupéré. Ces chutes et ces apnées forcées étaient devenues un *ride* après le *ride*. J'acceptais de perdre la maîtrise des événements, d'être impuissant face aux éléments. J'ai probablement survécu aux pires chutes du surf. Mais j'ai aimé chacune d'entre elles. Passer dans la machine à laver sous la vague, et perdre tout contrôle, me rendait encore plus vivant.

On m'a demandé comment j'avais réussi à vivre de ma passion. Je leur ai raconté mes années de galères en semi-pro puis comment, à 34 ans, largué par mes sponsors, j'avais dû ouvrir une boutique pour subvenir aux besoins de ma famille. Je leur ai parlé de la feuille sur laquelle j'avais écrit : « Continuer à surfer. » Le public a encore ri. Riaient-ils parce que cet objectif était trop ambitieux ou parce que je l'avais finalement atteint ? Je n'en avais aucune idée. J'ai précisé que, juste en dessous de cet objectif, j'avais ajouté « remporter l'Eddie et l'épreuve de *tow-in* de Jaws », et tout ce que j'avais dû faire, physiquement, émotionnellement et spirituellement pour y parvenir ; comment je m'étais concentré à 110 % et comment j'avais pu fermer ce satané magasin après avoir remporté Jaws, pour « continuer à surfer ». Tout le monde a applaudi. Bien sûr, c'était une version résumée et optimisée de la vérité. Mais c'était la vérité.

J'ai conclu en disant que la clé du bonheur était d'identifier ce qui nous faisait vibrer. Pas besoin d'être surfeur. On peut tout aussi bien vibrer en faisant des photographies, en créant des fringues, en soignant, en étant sauveteur en mer. Qui que vous soyez, quoi que vous fassiez, vous êtes unique et possédez un talent unique, qui ne changera sûrement pas la face du monde, mais qui pourra peut-être faire une différence. Réfléchissez à ce dont vous avez besoin pour développer ce talent et le mettre au service des autres. J'étais la preuve vivante que si on élabore un plan et qu'on le suit avec discipline et obstination, tout est possible. Il n'est jamais trop tôt, et jamais trop tard.

Sur la scène, un grand écran projetait des clips de surf ainsi que l'interview pour les personnes assises au fond. Des deux côtés de l'écran, les organisateurs avaient dressé, en guise de tikis hawaïens, les planches vert brillant que Mercedes-Benz avait développées pour moi.

Immédiatement après mon record du monde, plusieurs grosses marques ont voulu me faire signer un accord de partenariat. McDonald's, bien sûr, qui voulait lancer un sandwich « GMac » à base de poisson. Wild Turkey aurait bien aimé m'avoir pour leur campagne de pub. J'ai décliné ces offres sans aucun regret. Je pensais toujours à l'impact des marques et de la publicité sur les enfants et les adolescents. Puis j'ai reçu un mail d'un cadre de Mercedes ; il avait une idée originale à me proposer, ajoutant qu'il ne comptait pas seulement me sponsoriser, me faire un chèque ou me refiler une voiture. Il voulait partager une *expérience* avec moi. Sûrement un de mes potes qui me faisait une blague. Mais non. Quelques jours plus tard, j'étais dans un avion pour l'Allemagne afin de rencontrer, au siège de Stuttgart, un aréopage de designers, d'ingénieurs et de techniciens. Je leur ai décrit la planche de mes rêves en me basant sur mes années d'expérience. Sur leurs ordinateurs et leurs planches à dessin, ils ont aussitôt élaboré une *board* adaptée à mes besoins spécifiques et aux vagues de Nazaré. Comme les chevaux de course et les yachts, nous l'avons baptisé – *Flèche d'argent océanique* – et équipé d'une boîte noire capable de lire et enregistrer les capteurs mis dans ma combinaison. À l'arrière, en travers, les designers ont écrit : « Dessinée spécialement pour Garrett McNamara. » C'était la meilleure planche de *tow-surfing* que j'aie connue et mon bien matériel le plus précieux. Depuis, l'équipe de Mercedes n'a cessé d'inventer de nouvelles planches pour moi, expérimentant différents matériaux et dessins. Ensemble, nous avons conçu une planche utilisant du liège – dont le Portugal est le premier producteur mondial –, qui est idéal pour résister à l'impact d'une vague comme Nazaré. Nous avons aussi testé le *Varial foam*, un matériau dérivé de l'industrie aérospatiale, tout à la fois résistant et flexible.

Six mois après cette soirée au lycée, Nicole et moi sommes rentrés chez *Le Vinois*, une boulangerie française et l'un de ses lieux favoris à Fort Lauderdale. Alors que nous faisions la queue pour commander, un homme s'est approché. Brun, la quarantaine, de taille moyenne. Bizarrement, il m'a demandé s'il pouvait me serrer la main pour tout ce que j'avais fait pour son pays. J'ai reconnu l'accent portugais. Même si ce type de rencontre me trouble toujours un peu, j'ai fini par l'oublier.

Le printemps suivant, de retour à Nazaré, je regardais la houle d'un œil moyennement intéressé. Nous étions là pour inaugurer un camp de surf pour enfants défavorisés, tourner une pub, donner des interviews et visiter quelques écoles. Nous avons aussi rencontré des responsables de la ville, le ministre portugais du Tourisme ainsi que des professeurs de l'université de Coimbra pour travailler sur un projet. Il s'agissait de transformer le premier étage du phare en un musée interactif des sciences océanographiques. Le toit du phare, en terrasse, était un lieu idéal pour observer les vagues. Quand nous étions arrivés en 2010, l'édifice était fermé depuis de nombreuses années. Les locaux doutaient que nous puissions le rouvrir et le rénover. Mais après de nombreuses discussions avec le conseil municipal, nous avons gagné notre pari. Aujourd'hui, des photos des plus grosses vagues du monde sont exposées sur les murs de granit pendant qu'un documentaire sur le canyon défile en boucle.

Notre réunion a eu lieu sur le toit du phare. Il faisait gris et froid, mais, hors saison, l'endroit était plein de gens qui visitaient l'exposition. Un jeune couple de voyageurs – bronzés, shorts usés, petits sacs à dos – est sorti de l'exposition en chuchotant tout en me regardant. M'excusant auprès de mes interlocuteurs, je me suis dirigé vers eux pour me présenter. Ils m'ont demandé un autographe et m'ont interrogé pour savoir si des surfeurs moyens pouvaient s'aventurer sur le site de Nazaré. Je leur ai répondu que suivant le lieu, la direction et la puissance des vagues, il y avait de la place pour tout le monde – du *bodyboarder* débutant au surfeur pro –, pour la rame comme pour le tracté.

Le village était animé, en ce mardi ordinaire de fin mars. Voilà qui contrastait avec les rues désertes d'il y a cinq ans. Nicole et moi avons marché le long de la promenade principale. Maintenant, dès que la première houle d'automne vient s'échouer sur les brisants de São Miguel, les surfeurs de gros s'installent pour l'hiver, suivis par les médias et les touristes portugais et étrangers pour voir Mère Nature en action. Le toit du phare est alors bien trop exigu pour accueillir la foule qui regarde avec étonnement les vagues se disloquer dans un bruit assourdissant. Les spectateurs surplombant la mer peuvent sentir dans leur poitrine toute la puissance de cette houle formidable. *A Celeste* ne désemplit plus, quelle que soit la saison, et il faut parfois faire la queue pour obtenir une table.

Ce même jour nous avons dû nous rendre au nord du pays, à proximité de Porto, pour rencontrer le directeur innovation d'Amorim Cork. Il m'avait contacté dans l'idée d'intégrer du liège dans les planches de surf. Cela pouvait enrichir sa gamme d'applications et stimuler l'économie locale.

En entrant dans son bureau, cet homme brun me disait quelque chose. Mais impossible de me rappeler où j'avais pu le croiser. Il m'a fait un large sourire et m'a tendu la main : « Cette nuit en Floride, après votre conférence, j'ai suivi vos conseils. J'ai pris une feuille de papier, j'ai écrit mon objectif et détaillé un plan pour y parvenir. » C'était le Portugais timide de la boulangerie de Fort Lauderdale. « Je vivais depuis dix ans en Floride et j'y étais malheureux, très malheureux, a-t-il rajouté. J'ai rédigé mon CV que j'ai osé envoyer à toutes les grosses boîtes du Portugal que je connaissais. J'ai été surpris par le nombre de réponses positives. Grâce à vous, j'ai pu rentrer au pays dans des conditions rêvées. »

J'ai souri, trop ému pour lui répondre. Rien n'aurait pu me rendre plus heureux.

Épilogue

par Gérard Guerrier

Depuis Lisbonne, l'autoroute de l'ouest glisse mollement au sein d'un paysage domestiqué : à gauche des collines fatiguées d'avoir été trop travaillées, à droite le gris-bleu des insipides forêts d'eucalyptus qui finiront en pâte à papier. Sur les sommets arrondis, les antennes 4G et 5G et les éoliennes ont dégagé les moulins à voiles. Pauvre Don Quichotte ! Ainsi va le Portugal, sorti brutalement de sa léthargie voilà quelques décennies, pour entrer de plain-pied dans le monde moderne et globalisé. Enfin, le paysage reprend sa respiration alors qu'apparaissent les remparts mauresques d'Óbidos, et les sombres forêts de pins maritimes que l'on saigne encore pour leur faire crachouiller de l'essence de térébenthine. Au loin, je devine les premiers escarpements de Nazaré. L'ancien village de pêcheurs, perché sur les hauteurs pour se protéger des incursions barbaresques, est devenu le spot de surf de grosses vagues le plus connu au monde.

L'animation est vive, en ce premier jour d'automne. Les glaciers et les hôtels ont fait le plein. Le long de la plage qui n'en finit pas déambule une petite foule de retraités français en goguette, de couples d'amoureux, de Lisboètes profitant de l'été indien pour tremper une dernière fois un doigt de pied dans l'eau et de surfeurs amateurs. Le drapeau rouge est hissé sur la plage du sud, pourtant les vagues sont modestes. Le soir tombé, je m'arrête chez *A Celeste* et commande un solide *bacalhau* arrosé d'un *vinho branco* du Douro, histoire de renforcer mon acclimatation lusitanienne en attendant de rencontrer Garrett.

Nous avons fait connaissance voilà un peu plus de trois ans. Je travaillais à mon livre sur la peur[41] et j'avais été impressionné par la profondeur de sa réflexion sur le sujet. Le surfeur hawaïen récupérait alors difficilement d'une chute spectaculaire à Mavericks, en Californie. Dans son livre, il reste discret sur les suites de cet accident, se contentant d'un : « J'avais explosé mon épaule en neuf morceaux. Deux visites sur le billard, et quelques broches de titane plus tard, je suis toujours en train de récupérer alors que *j'écris ces lignes.* »

La réalité est bien plus brutale et cruelle…

Ce matin du 7 janvier 2016, Garrett avait pris un long *gun* pour une session qui semblait prometteuse. Impressionné par la taille des vagues, il avait gonflé à moitié son gilet gonflable pour s'assurer de pouvoir rester en surface. Il est parti en ramant comme un dératé sur une vague de plus de 20 mètres. Trop tard sans doute. Perché sur la lèvre, surplombant une face quasi verticale, il a volé, tête la première, au-dessus de sa planche. Plutôt que de plonger dans l'eau, gêné par son gilet à demi-gonflé, il a ricoché trois fois avant de se faire massacrer par la vague qui s'est écroulée, désarticulant son épaule et broyant la tête de son humérus. Sonné, incapable de se hisser sur le radeau de secours, il n'a dû son salut qu'au courage du

41. *Éloge de la peur. À l'usage des aventuriers et des baroudeurs du quotidien*, Paulsen, 2019.

pilote de jet-ski qui s'est jeté dans les remous pour l'aider à s'extraire de ce maelström.

La première intervention chirurgicale est un échec. La douleur est atroce. On lui dit : « Tu ne pourras plus jamais surfer. » Une deuxième opération est programmée pour tenter de redonner un peu de vie au nerf axillaire et à son épaule. Garrett se rassure en pensant à Bethany Hamilton, une jeune Hawaïenne qui a continué à ramer et à surfer en compétition après avoir perdu un bras, déchiré par un requin-tigre.

Quelques mois après cette première rencontre, le Brésilien Rodrigo Koxa a battu son record du monde de 61 centimètres : 24,38 mètres contre 23,77 mètres pour Garrett. Une misère. Il ne montre aucune amertume. Les records sont faits pour être battus : « Je suis si fier de toi, Rodrigo », lui a-t-il dit. Il est vrai que les deux surfeurs se connaissent bien : « La première fois que Rodrigo est venu à Hawaï, il a vécu chez moi et j'ai partagé avec lui mon expérience. » D'ailleurs, qu'importe qui détient le record, tant que celui-ci reste à Nazaré, son village de cœur. Garrett essaie de se faire une raison ; avec son épaule endolorie, il ne peut plus rivaliser avec les meilleurs surfeurs du moment. Pendant de longs mois, il se contentera de conseiller et d'aider ses amis en pilotant son jet-ski ou en jouant le rôle de *spotter* sur la terrasse du phare.

Afin de parfaire sa récupération physique et mentale, Garrett est parti à Bali, à l'été 2019, en compagnie de Nicole, Andrew Cotton et de son beau-frère C. J. Macias, pour un stage d'un mois de Forrest Yoga, qui tient son nom d'Ana T. Forrest. Cette yogi propose une pratique qui combine yoga traditionnel et exercices de respiration profonde, mais aussi une approche émotionnelle et spirituelle en s'inspirant des traditions des peuples premiers. Le surfeur, indestructible mais multifracturé, manque de souplesse. Il serre les dents et se plie, bon gré mal gré, aux exercices d'étirement, de posture et aux danses rituelles. Malgré ses réserves initiales, la magie opère peu à peu. Garrett apprivoise et ouvre son corps malmené pendant que la douleur abandonne son épaule et son dos.

À l'issue du stage, il se rend à G-land – Plengkung Beach – à l'est de Java : un spot fameux pour ses vagues puissantes et ses *barrels* parfaits avec des gauches qui n'en finissent pas. Garrett laisse son casque sur la plage et prend une vague pour s'enfiler dans un tube étroit qui le renverse. Sa tête heurte violemment le fond de corail. Il perd connaissance une fraction de seconde avant de se réveiller, couvert de sang et désorienté : « Où suis-je ? Où est Nicole ? » On l'aide à s'extraire de l'eau. Le blessé ne se souvient de rien. Un surfeur médecin américain lui prodigue les premiers soins et le dirige vers l'hôpital le plus proche tout en le prévenant : « Si tu chutes à nouveau, les dommages cérébraux pourraient être irréversibles. » À l'hôpital, on lui prescrit un repos d'un mois.

Le lendemain, l'indestructible Gmac coiffe son casque et repart à l'assaut des *barrels* de rêve pour… se crasher une fois de plus. Son pied gauche double rapidement de volume. Une radio montre des métatarsiens en morceaux. Il faut de nouveau opérer et brocher. Alors qu'il se croyait sorti d'affaire avec son épaule, le constat est sévère : au moins deux mois d'immobilisation et deux mois de rééducation. Pas d'autres choix que d'appeler son épouse et d'avouer son accident comme un adolescent pris en faute. Nicole, rentrée au Portugal, ne cache pas sa colère.

L'hiver suivant, le 11 février 2020, Nazaré et la WSL organisent une compétition. Tout le gotha du surf de grosses vagues est là, malgré la menace grandissante d'un virus chinois : la Française Justine Dupont et la Brésilienne Maya Gabeira, la jeune garde avec l'Hawaïen Kai Lenny qui envoie des 360 sur les grosses vagues, mais aussi les potes de Garrett : Cotty, C. J., le jeune Brésilien Lucas Chianca, dit « Chumbo ». Garrett, qui boîte encore, est condamné à jouer au *spotter* pour l'équipe de Cotty. En voyant les meilleurs se faire engloutir par des vagues monstrueuses, il doute, traversé par des émotions contradictoires : la peur de passer à côté de quelque chose, mais aussi la peur de se blesser, de faire les mauvais choix. À 54 ans, n'est-il pas temps de remiser ses planches et de consacrer plus de temps à sa famille ?

Après une bonne nuit, bercé par le roulement des vagues sur la plage sud, je retrouve Garrett, alors que le village se réveille. Un léger vent du nord lisse les vagues. Nous les scrutons avec les jumelles depuis sa terrasse. « La houle n'est pas très forte, mais les vagues sont régulières. Attendons l'étale de basse mer, cela devrait encore s'améliorer », me dit-il. Nous embarquons dans sa Mercedes de fonction encombrée par les jouets des enfants. En traversant le village haut, nous sommes discrètement salués par de vieilles femmes, jupes courtes et bouffantes et fichu sur la tête. Garrett répond avec un sourire et d'un signe de la main. Il est vrai que l'Américain qui a « inventé » le site de Nazaré en étant le premier à surfer sa grosse vague est devenu une star au Portugal, un atout pour le pays, au même titre que Cristiano Ronaldo, le fado et le porto ! Grâce aux initiatives de l'ancienne municipalité et à la médiatisation des exploits de Garrett et de ses camarades, Nazaré est sorti de l'anonymat. Le village, autrefois endormi de septembre à mai, connaît maintenant deux longues saisons touristiques. L'hiver, il n'est pas rare de voir des centaines de spectateurs à proximité du phare, venus admirer les acrobaties de dix ou 15 équipages sillonnant la baie.

Nous rejoignons la base nautique de Garrett au bout du nouveau port de pêche et de plaisance. Cet élégant bâtiment au design soigné bénéficie de tout l'espace et le confort pour que le surfeur puisse stocker ses planches, ses combinaisons, se préparer, mais aussi pour recevoir ses amis et partenaires commerciaux. Pendant que Garrett déplace les dérives de sa planche, j'enfile ma combi. Je l'aide ensuite à enfiler son armure de néoprène renforcée de multiples pièces qui le protégeront en cas de chute et le garderont en surface. Enfin équipés, nous nous dirigeons vers un quai où attendent une vingtaine de jet-skis. Garrett en a quatre à sa disposition.

Après avoir installé le *rescue sled*, il met en route et traverse la baie sud pour rejoindre le phare et la baie nord. Le voilà dans son élément. Debout sur sa machine, la poignée dans le coin, il essaie de voler au-dessus du clapot qui tape dur. Je dois prendre garde à ne pas être éjecté. Nous ralentissons à l'approche de la falaise. Garrett joue aux guides touristiques en décrivant les fonds. Songeur, il ajoute : « Le glacier en Alaska était plus haut que cette falaise et s'étendait sur des kilomètres. Et nous étions là, à quelques mètres de la glace, à attendre qu'un bloc s'écroule pour surfer sur sa vague. Une pure folie ! » Inutile d'attendre qu'un bloc de roche nous tombe sur la tête. Nous traversons l'étroit goulet qui mène à la baie nord, une zone interdite lorsque les grosses vagues déferlent.

Nous prenons le temps d'observer le manège des vagues qui fusionnent, se croisent et s'écroulent. Pas facile d'interpréter cette dynamique complexe dans un *no man's land* hérissé de rochers où l'on ne trouve ni calme ni *channel* pour s'échapper et regagner le large. Heureusement pour moi, les vagues du jour ne dépassent pas les deux à trois mètres.

Non loin de là, une dizaine de surfeurs et de *bodysurfers* jouent avec la mer sans se gêner tant la zone est grande. Emportés inexorablement par un fort courant nord, ils échouent à proximité du phare, et doivent remonter la plage à pied pour se remettre à l'eau plus en amont et recommencer leur manège. Garrett propose à deux locaux équipés de palmes et de *bodyboards* de les tracter. La star du surf de grosses vagues se met au service de ces humbles surfeurs ravis. Une fois ceux-ci largués, Garrett m'explique : « Je les connais bien. Avant, faute de travail, ils vivaient difficilement. Aujourd'hui, ils bossent de novembre à mars pour des équipes de surfeurs ou des vidéastes, et de juin à septembre ils vendent des glaces. Il y en a même un qui s'est mis aux grosses vagues. » Il se tourne alors vers moi avec un grand sourire : « À ton tour ! » Je quitte la sécurité relative du jet-ski pour m'allonger sur le *rescue sled*, fermement agrippé à son cordage. Garrett, sans prévenir, accélère pour dépasser les 50 km/h et prendre une première vague. Le virage est trop serré et notre centre de gravité un peu trop haut. Le jet-ski chavire, nous projetant tous les deux à la baille. Nous nous remettons en selle et prenons une première vague. Nous surfons ainsi pendant de longues secondes avant que la vague ne meure. Garrett prend cap sur le large, accélère encore et joue à saute-mouton sur les vagues qui se redressent. Agrippé à mon radeau comme l'arapède sur sa coque de rafiot, je me fais secouer tel un cow-boy sur un taureau enragé. Mais j'aime ça. Impossible pourtant d'imaginer le même exercice avec des vagues dix fois plus grosses…

Quand je largue le *sled*, je me fais rouler, en apnée, dans les remous avant de reprendre ma respiration à quatre pattes sur la plage, épuisé mais ravi. Garrett a déjà pris en charge un autre surfeur. Après quelques vagues, ils changent de rôle et Garrett se fait tracter sur des vagues en poussant des cris de joie comme l'adolescent qu'il était à V-land. Voilà des semaines qu'il ne s'était pas mis à l'eau !

L'après-midi, je le retrouve chez lui. Barrel, sept ans, et Theia, trois ans, sont là, ainsi que Nicole avec son ventre XXL et sa mère, Rose. Barrel a une mine renfrognée. Il vient de vivre ses premières journées d'école – jusque-là, Nicole lui faisait la classe – dans une école portugaise avec un instituteur qui ne parle pas anglais. Bienvenue dans le monde réel, petit bonhomme ! Après une partie de fléchettes et de billard, nous devenons copains. Je suis surpris par la richesse et la précision de son vocabulaire et de sa réflexion, mais aussi par son énergie : de la graine d'aventurier ! Nous partons au supermarché du coin pour acheter de la ficelle. De retour, équipés de haches et de cisailles, nous nous lançons, Barrel, Garrett et moi, dans un projet ambitieux : la construction d'une cabane dans le petit bois de pins entre les dunes et la maison. Barrel, malgré son jeune âge, attaque une branche avec une hache aiguisée à point, sous l'œil attentif de son père… Je profite de cette parenthèse pour lui poser quelques questions.

« Cette liberté que tu laisses à Barrel est un héritage de ta propre enfance, non ?

— Oui, sans doute. Ma mère tenait beaucoup à ce que nous apprenions par nous-mêmes. J'essaie de suivre le même principe, en corrigeant ses excès, et avec un peu plus de prudence, dit-il en riant.

— Ton livre est étonnamment sincère à propos de ton enfance. »

Il regarde vers la mer, l'air songeur.

« Je n'ai pas tout dit. J'ai gardé pour moi les épisodes les plus pénibles. »

Je me rappelle alors l'échange que j'avais eu avec Nicole à propos du tempérament résolument volontaire de Garrett, ouvert sur le futur, optimiste et positif. Garrett dit de lui-même qu'il ne connaît que deux vitesses : arrêt total et à fond. Quitte à nier ou à masquer les douleurs et les blessures les plus profondes par pudeur, ou pour ne pas importuner les autres ?

Les parois de la cabane sont montées une à une, à l'aide de branches mortes. Barrel vérifie la solidité de l'ensemble.

« Pas trop dur le confinement à Hawaï, au printemps 2020 ? demandé-je.

— La meilleure période de ma vie ! Hawaï sans touristes... Nous étions tous réunis en famille, à surfer, à profiter de la mer, et à ralentir le temps pour revenir à l'essentiel. Nous avons aussi finalisé les six épisodes de la série télévisée *One hundred foot wave* qui a été diffusée sur HBO cet été. L'accueil a été si bon qu'ils ont signé pour une deuxième saison.

— Quel était le script ?

— Nicole a écrit le premier. Il tourne autour de trois thèmes : la fascination des grosses vagues, la découverte de Nazaré et la résilience avec le retour de trois surfeurs après des blessures sévères : Andrew « Cotty » Cotton, C. J. Macias... et moi.

— Il faut dire que tu as bouffé après Mavericks et G-land.

— Oui, tout le monde me croyait perdu pour le surf de grosse vague. Mais Gmac est de retour ! »

Il se marre.

« Tu as surfé des grosses vagues de nouveau, malgré tes blessures ?

— Il y a dix ans, je sortais quelle que soit la météo. Ce n'est plus le cas aujourd'hui. Mais si les conditions sont bonnes, la faim et le plaisir sont toujours là. Sans les crocs, impossible de surfer des grosses vagues ! Après la dernière compétition de Nazaré à laquelle je n'ai pas voulu participer, je ne pensais qu'à y retourner, à me faire un *barrel*.

— Raconte.

— Deux jours après, je me suis fait tracter par Cotty. Ce jour-là, il y avait du monde au phare : des amis, des curieux. Cotty m'a posé sur une vague de belle taille, une dizaine de mètres. Alors que je m'apprêtais à sortir, j'ai été rattrapé par la lèvre. Rien de grave ! Mais, aussitôt après, je me suis fait cueillir par deux autres vagues qui m'ont catapulté sous l'eau. La planche a explosé. Malgré mon ABS, je me suis fait recouvrir pendant 35 secondes avant de me faire dégager sur la plage comme un malpropre.

— Tu as eu des doutes ?

— Pas du tout. J'étais aux anges ! Voilà cinq ans que je ne m'étais pas fait massacrer par une grosse vague. Je me sentais tellement bien. J'avais hâte d'y retourner. Tu sais, je le répète, mais je ne suis sincèrement jamais aussi à l'aise que dans l'eau. Bien moins à terre où tout est distraction.

— Est-ce que tu dirais de toi-même que tu es un peu masochiste ?

— Non, mais j'aime la sensation du *rush*, cette décharge qui mobilise tout ton être quand le danger est proche. Un peu comme quand tu évites un accident de voiture de justesse et que ton cœur descend dans les talons. Tu te sens vivre à fond. Tu es 100 % dans l'instant présent.

— Un alpiniste, Robert Flematti, disait même qu'il respirait doublement face au danger, à condition d'en sortir vivant. D'ailleurs, es-tu toujours à la recherche de la vague mythique de 30 mètres ?

— Que veux-tu, c'est mon métier… Avec cinq et bientôt six enfants, je n'ai pas d'autre choix que de retourner à la mine. »

Il esquisse un sourire.

J'hésite, je me demande si Garrett est un tout petit peu sincère ou totalement ironique. Il enchaîne :

« Tout le monde veut surfer la vague de 30 mètres : Kai Lenny, Chumbo, Cotty, des filles comme Justine. Mon Graal aujourd'hui, c'est la vague de 35 mètres. Une bonne façon de clore un chapitre.

— Elle existe ?

— Je le crois, oui. Il suffit d'être là au bon moment et de le vouloir. J'ai bien récupéré de mes accidents, et je travaille ma forme et mon mental. Je progresse chaque jour. Je serai prêt l'année prochaine. J'aurais 55 ans, un bel âge pour une telle vague. »

Je le charrie :

« Tu as encore une bonne marge de progression. Il paraît que certaines vagues de tsunami dépassent les 100 mètres de face… Mais comment vas-tu le vivre si tu ne réussis pas à la prendre, cette vague de 35 mètres ? »

Garrett marque un temps d'arrêt. Ses yeux s'évadent à nouveau vers le grand large.

« Ce n'est pas la hauteur de la vague qui compte, ce qui importe c'est le sillage qui t'y mène. Si tu mènes ta vie comme tu surfes une vague de 30 mètres, tu vivras des choses extraordinaires en étroite connexion avec ton environnement et ceux que tu aimes. Et tu deviendras une meilleure personne. »

Au tour de Nicole d'acquiescer et de sourire…

21 septembre 2021

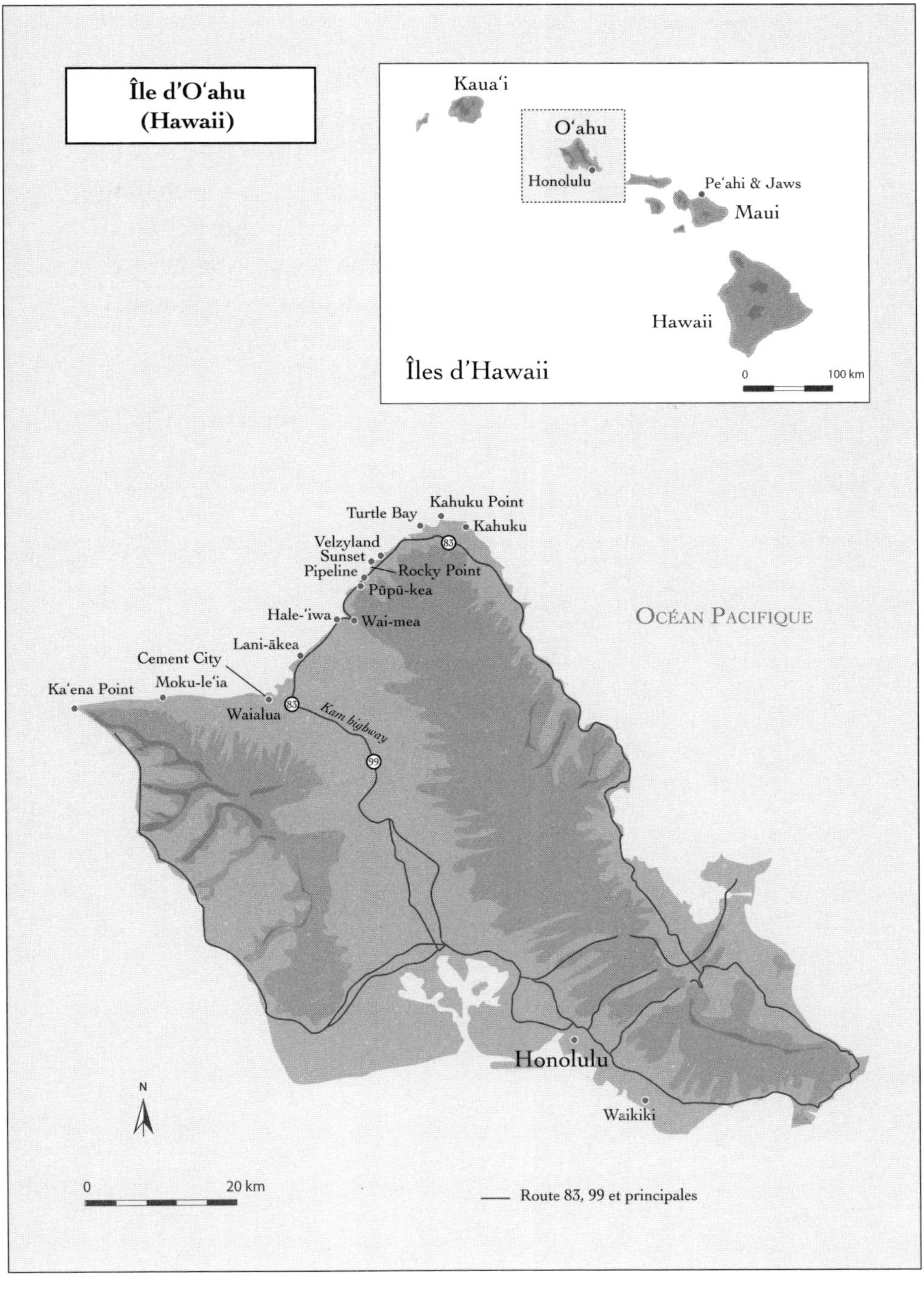
Île d'O'ahu
(Hawaii)
Kaua'i
O'ahu
Honolulu
Pe'ahi & Jaws
Maui
Hawaii
Îles d'Hawaii
0
100 km
Turtle Bay
Kahuku Point
Kahuku
Velzyland
Sunset
Pipeline
Rocky Point
Pūpū-kea
Hale-'iwa
Wai-mea
Océan Pacifique
Lani-ākea
Cement City
Moku-le'ia
Ka'ena Point
Waialua
83
Kam highway
99
Honolulu
Waikiki
N
0
20 km
Route 83, 99 et principales

Lexique

A

A-frame : vague appréciée des surfeurs avec un pic en forme de A. Une vague *A-frame* offre une partie déferlant à droite et une autre déferlant à gauche.

ASP : Association des Surfeurs pros, devenue la WSL, la World Surf League.

B

Barre : zone où les vagues déferlent. « Passer la barre », c'est (tenter de) franchir cette zone pour rejoindre le large.

Barrel, ou Tube : le surfeur se fait recouvrir par la vague et évolue dans la poche formée avant d'en ressortir. Le Graal des surfeurs, la figure reine du surf.

Beach break : spot à proximité de la plage où les vagues déferlent sur un fond sablonneux.

Bodyboard : planche inventée dans les années 1970 par l'Américain Tom Morey. Plus courte qu'une planche de surf, elle est fabriquée en mousse polyéthylène et permet de prendre des vagues en restant allongé. Le *bodyboarder* est équipé de palmes courtes pour faciliter son départ.

Bodysurf : surf sans planche, le pratiquant se propulse à l'aide de palmes et surfe les vagues avec son propre corps.

Bouillon : remous créé par une irrégularité du fond (tête de corail, etc.) qui peut déstabiliser le surfeur.

Bottom turn : une manœuvre qui s'effectue juste après le *take off*. C'est un virage en bas de vague permettant de remonter vers l'épaule, là où il y a le plus de puissance.

Bowl : partie la plus creuse de la vague où peut se former un tube.

C

Canard : technique qui permet au surfeur de passer rapidement sous la vague qui arrive face à lui afin de rejoindre le large.

Channel : zone relativement calme entre deux spots, adaptée pour ramer au large. Dans certaines conditions, les courants de baïnes peuvent être utilisés comme *channel*.

Chargeur : surfeur de grosses vagues, autrement dit qui « envoie du lourd ».

Cut back : virage qui permet de revenir vers le point de déferlement de la vague, et de repartir.

D

Deck : dessus de la planche.

Dérive : aileron situé sous et à l'arrière de la planche pour éviter de glisser de travers.

Droite : vague déferlant vers la droite du point de vue du surfeur, vers la gauche pour le spectateur depuis la plage.

E

Épaule : partie de la vague sur le point de déferler ; la zone où il y a le plus de puissance, et où le surfeur évolue.

F

Face : face avant non déferlée de la vague.

Floater : faire un *floater* consiste à glisser sur la lèvre de la vague.

G

Gauche : vague déferlant vers la gauche du point de vue du surfeur, vers la droite pour le spectateur depuis la plage.

Goofy : terme désignant un surfeur, généralement gaucher, qui évolue avec le pied droit à l'avant de la planche. Le surfeur droitier, qui évolue avec le pied gauche à l'avant de la planche, est considéré comme *regular*.

Gun : longue planche utilisée pour le surf de grosses vagues.

H

Houle : ondulations du large, longues et rapides et de hauteur relativement basse. Lorsque la houle atteint le rivage, son énergie se transforme en vagues d'amplitude supérieure.

I

Inside : zone d'impact de la vague, située près du rivage.

K

Kneeboard : discipline qui existe depuis les débuts du *surf-riding* à Hawaï. Elle est pratiquée à genoux sur une planche similaire à une planche de surf, légèrement plus courte et plus large, avec des dérives.

L

Leash : cordon qui relie le surfeur à sa planche, il se fixe à la cheville et s'attache à l'arrière de la planche.

Lèvre (de la vague) : c'est la partie la plus haute qui s'abat lorsque la vague déferle.

Line up : zone au large où le surfeur attend les vagues.

Longboard : discipline à part entière qui se pratique sur une planche de surf de grande taille (à partir de trois mètres).

M

Mousses : se dit des vagues qui viennent de se briser.

N

Nez, ou Nose : l'avant de la planche.

O

Offshore : vent de terre qui améliore les conditions de surf.

Ollie : figure de base du *skateboard*, c'est un saut effectué avec la planche.

Onshore : vent du large qui dégrade les conditions de surf.

Outside : zone d'impact de la vague, située au large.

P

Paddle racing : course qui consiste à ramer une distance donnée sur une houle qui ne déferle pas encore.

Palonnier : poignée triangulaire qui relie le surfeur à la corde durant le surf tracté.

Pic : zone où la vague commence son déferlement et zone optimale pour prendre la vague. Généralement là où la pente est la plus raide.

Point break : spot de surf bien défini, la vague déferle soit en droite, soit en gauche, en longeant la côte.

R

Rails : côtés de la planche de surf. Leur rôle est majeur, car ils viennent se planter dans l'eau lors d'un virage. La forme du rail fait varier la flottabilité et la maniabilité de la planche.

Ramer : allongé sur la planche, le surfeur rame avec les bras, fait des moulinets pour avancer, se placer et partir sur la vague, sans aide extérieure.

Reef break : spot où les vagues déferlent sur un fond de récifs ou sur des rochers.

Regular : pied gauche en avant, la position idéale pour les surfeurs droitiers ; le surfeur gaucher se tient, lui, le pied droit en avant, position que l'on appelle *goofy*.

Rescue sled : voir *Sled*.

Rocker : la courbe ou cambrure du dessous de la planche au niveau de la latte. Plus la planche a de *rocker*, plus elle sera manœuvrable dans les vagues creuses.

S

Salto : manœuvre aérienne réalisée en *bodyboard*, très rarement en surf, qui consiste à faire passer ses jambes par-dessus sa tête.

Série : groupe de vagues qui arrivent à une fréquence rapprochée ; groupe de surfeurs en compétition réunis durant un temps imparti.

Session : temps passé à l'eau pour faire du surf.

Shape : forme donnée au pain de mousse durant la fabrication d'une planche.

Shaper : artisan qui fabrique la planche de surf à partir d'un pain de mousse.

Shore break : spot où les vagues déferlent près du rivage.

Shortboard : planche courte, peu volumineuse et très maniable utilisée dans les petites et moyennes vagues. C'est la planche qui sert à la majorité des surfeurs dans le monde.

Sled : courte planche de sauvetage fixée à l'arrière du jet-ski et qui permet de récupérer le surfeur.

Snap : le surfeur effectue un dérapage sur la vague en faisant brièvement passer l'arrière de la planche à l'avant du sens d'évolution.

Spinner : 360° réalisé en *bodyboard*.

Spot : lieu où l'on pratique le surf.

Spotter : observateur soit des meilleures vagues, soit des surfeurs après une chute.

Stand Up Paddle (SUP) : le surfeur est debout sur une planche plus longue et plus large qu'un *longboard* classique et se déplace à l'aide d'une pagaie. Il peut évoluer dans les vagues, en pleine mer et en eaux plates.

Stinger : planche plus facile à manœuvrer grâce à la forme de ses rails ; adaptée aux petites vagues.

Straps : fixations ou attaches installés sur la planche pour les pieds.

Stringer : raidisseur de bois collé au milieu de la planche de surf, dans le sens longitudinal, et qui lui donne *flex* et solidité.

Surf tracté : voir *Tow-in*.

T

Take off : c'est l'entrée dans la vague, l'instant où le surfeur passe de la position allongée à la position debout.

Tow-in, ou Tow-surfing : surf tracté par un jet-ski lorsque la seule force des bras ne suffit plus pour partir sur de très grosses vagues.

Tube : voir *Barrel*.

W

WaveJet : un module de propulsion électrique qui peut être installé sur différents types de planches : un *shortboard*, un *longboard*, un *stand up paddle*, un kayak ou autre. Sa propulsion permet d'avancer jusqu'à quatre fois plus vite qu'à la rame pour attraper les vagues.

Wax : paraffine que l'on étale sur la planche pour une meilleure adhérence.

Wipe out : chute sur la vague.

World Surf League, ou WSL : entreprise américaine chargée de l'organisation de toutes les compétitions professionnelles de surf à travers le monde.

Z

Zone d'impact : là ou la lèvre de la vague vient trancher la surface de l'eau, telle une lame. Une zone que tous les surfeurs redoutent, et d'où il faut s'échapper au plus vite.

Remerciements

L'auteur et son épouse, Nicole, tenant dans ses bras, en avril 2011, un enfant participant au Surfers Healing Camp à Porto Rico, là où le couple s'était rencontré un an plus tôt. (Photographie : Nancy Hussex.)

Ce livre n'aurait pas été le même sans le dévouement de Karen Karbo. Elle a su décrypter ce que j'avais en tête. Je lui suis à jamais reconnaissant pour sa confiance et pour les heures qu'elle a dédiées à ce projet. Merci aussi à Karen Rinaldi, Hannah Robinson, Victor Hendrickson et toute l'équipe éditoriale de HarperWave, qui ont cru en ce que je voulais partager, et pour leur temps et leurs efforts afin de tirer le meilleur de ce livre.

Merci aux amis qui m'ont accompagné durant la période d'écriture et d'édition. Je pense à Khalil Rafati, dont le livre *I Forgot to Die* m'a grandement inspiré et qui a pris le temps de lire mon manuscrit et d'échanger avec moi. À Alex Von Furstenberg, qui a eu la bonté de nous prêter sa merveilleuse villa sur la plage de Malibu : un spot de rêve pour méditer et ajouter les dernières touches à cette histoire.

À Rick Salomon, une des personnes les plus généreuses et attentionnées que j'aie eu la chance de rencontrer. Tu m'as fait confiance même quand je prenais des décisions bancales et tu m'inspires chaque jour par ta tempérance et ta gentillesse.

À Mark Bell, toujours à portée de téléphone, pour les moments sérieux et moins sérieux de ma vie. J'espère un jour accomplir ne serait-ce que la moitié de ce que tu as déjà réalisé professionnellement. Et à Michael Vlock qui m'a littéralement aidé à changer ma façon de vivre. Tu m'as permis de me concentrer sur ce qui comptait vraiment – ma famille et s'amuser. Tu as cru en moi et je t'en serai éternellement reconnaissant.

Merci à tous mes amis qui m'ont inspiré d'une façon ou d'une autre pour devenir un meilleur père, mari ou entrepreneur, pour ne pas me prendre trop au sérieux et pour profiter des faveurs du destin. Aux Schlesinger, qui ont adopté ma famille comme si c'était la leur. Aux Redford, pour avoir été présents lors d'un épisode particulièrement douloureux de ma vie. À Stuart Parr et Allison Sarofim, qui m'ont offert leur amitié et m'ont aidé à guérir et à remonter la pente. Je suis reconnaissant à Reggie Barns et Jocelyne Tracy, Michael Whalen, les Dawson, les Farrer, à toutes les connaissances et les familles proches ou lointaines, qui m'ont accueilli lors de mes aventures. Mes familles du Chili, du Pérou, de Tahiti, d'Indonésie, d'Australie, de Californie, du Japon, d'Hawaï… et bien d'autres.

J'ai eu la chance de rencontrer tant de personnes extraordinaires qui m'ont soutenu, que cela me rendrait malade d'en oublier une. Si c'est le cas, qu'elle soit assurée de ma reconnaissance et de mon amitié constante.

Merci à Izzy Paskowitz qui a changé ma vie de multiples façons, mais aussi celle de milliers d'enfants et de parents. Il mériterait une statue ! Grâce à Surfers Healing, j'ai trouvé une manière et un lieu pour exprimer mes émotions, et j'ai rencontré mon épouse. Sans Izzy, j'aurais emprunté une route bien différente. Et lui aussi m'a inspiré quand il a eu le courage de raconter son histoire dans *Scratching the Horizon. A surfing life*.

Merci à Deepak Chopra pour *Les Sept Lois spirituelles du succès*. Ce livre a eu un impact profond sur mon quotidien. Et à Kent Ewing pour m'avoir encouragé à rester concentré sur l'instant présent et aidé à mettre un peu d'ordre dans mes idées.

La ville de Nazaré et le Portugal mériteraient un livre entier de louanges. Merci à Lowell Hussey d'avoir mis au point mon site web, celui qui a permis à Dino Casimiro de me contacter. Et à toi, Dino, pour avoir appuyé sur la touche « envoi » de ton premier mail. Tu aurais pu l'envoyer à n'importe qui d'autre et je remercie le ciel que tu m'aies choisi. À la ville de Nazaré, au départ un peu hésitante, mais qui m'a accueilli les bras ouverts et m'a définitivement adopté. Merci à l'équipe des premiers jours d'avoir ouvert votre cœur et vos rêves. Merci à maman Celeste qui a toujours cru en moi et a pris soin de moi comme de son propre fils. Merci à sa famille, à Andre Botelho, Ana, Vovo Cila, Maria Ana, Gil, Ricardo, Catarina, Julio et toute la fabuleuse bande de Nazaré.

Un grand merci à toutes les associations caritatives avec lesquelles j'ai travaillé. En offrant mon temps comme bénévole, j'ai découvert que j'en tirais tant de satisfaction que c'en est devenu un acte égoïste. Je savoure ma collaboration avec la Croix-Rouge, la Fondation Marconi, Heal the Bay, Surfrider et bien entendu Surfers Healing où j'ai senti que je pouvais faire une véritable différence auprès d'une famille en partageant ma passion pour l'océan et les vagues. Je loue Izzy Paskowitz pour son dévouement à enrichir la vie d'enfants autistes et celle de leurs proches.

Un million de mercis à mon ami et partenaire Andrew Cotton qui surfe pour la Reine et l'Union Jack. Il est l'homme le plus humble qu'il m'ait été donné de rencontrer, et il m'a permis de surfer sur les vagues les plus magiques et mémorables de ma vie. Il est aussi celui qui m'a déposé sur l'endroit parfait de la vague record qui a changé ma vie. Merci à Hugo Vau et à Kealii Mamala pour leur loyauté et pour avoir assuré ma sécurité, ainsi qu'à Jorge Leal pour ses clichés qui ont fait le tour du monde. Merci encore à tous mes partenaires de surf tracté et aux équipes de sécurité qui m'ont accompagné pendant ces années. On ne réussit qu'au travers de son équipe.

Aux Nazaréens – les *bodyboarders*, pompiers, secouristes, policiers… Les femmes aux sept jupons. Paulo Salvador, Pedro Pisco, Paulo Caldeira, Guti Martin et Sergio. À tous les habitants de Nazaré, et à tous les Portugais qui nous ont accueillis et offert une seconde patrie : *obrigado!*

Je suis reconnaissant à tous les *shapers* qui m'ont soutenu. Nombreux sont ceux qui ont généreusement donné du temps et de l'énergie pour améliorer les planches dont je dépends pour dévaler les vagues géantes. Votre métier est un art. Roy Patterson a cru en moi dès mon plus jeune âge. Dick Brewer a *shapé* pour moi de nombreuses planches magiques et m'a donné les clés de son atelier. Dick est un véritable Stradivarius du *shaping* : tous les *shapers* de classe ont été à son école. Mais il est bien trop modeste pour l'admettre. À Carl Schaper, qui a mis son talent pour perfectionner mes planches. Enfin à SPO, pour avoir développé la planche parfaite de surf tracté adaptée à Nazaré.

Ma gratitude va à tous les photographes que j'ai croisés durant ma carrière et qui ont passé un nombre d'heures incalculable dans l'eau ou sur terre pour capturer « l'instant ». Vous avez été si nombreux au cours des années qu'il m'est impossible de tous vous citer sans oublier quelqu'un. Sans vous, il n'y aurait pas de surfeur pro !

Mes plus profonds remerciements vont à mes parents pour m'avoir engendré et permis de vivre des expériences qui ont fait de moi celui que je suis devenu. Vous m'avez soutenu quoi que j'aie voulu faire. À ma mère, pour nous avoir forcés à déménager à Hawaï où j'ai découvert la passion de ma vie : le surf. À mon frère Liam, qui s'est toujours tenu à mes côtés, et à mes autres frères – Michael McNamara, Allan et Bill, Michael, BJ et Joel Welsh – pour avoir fait de même. Merci à Brandee et Liam pour mes fabuleux neveux Makai, Landon et Ledgen, qui écrivent à leur tour la saga des McNamara et du surf.

Je n'ai jamais pensé que nous serions là où nous sommes aujourd'hui, mais je te remercie, Connie, de ne pas m'avoir lâché quand j'étais devenu impossible à vivre, et pour avoir donné vie à nos formidables enfants – Ari, Titus et Tiari. Merci à vous trois de m'aimer malgré mes défauts et d'avoir su tracer un joli sillage dans la vie.

Merci à Rose et Carlos Macias de m'avoir accepté dans leur famille et pour leur amour sans condition. Je suis conscient que je peux être pénible ; j'apprécie d'autant plus votre capacité à me voir comme je suis, sans jamais me laisser tomber.

Et si les mots « Et enfin, à celle, et pas la moindre » ont un sens, ils vont droit à mon épouse, Nicole McNamara. Il semblerait qu'elle ait perçu en moi un diamant brut lors de notre rencontre et je serai éternellement reconnaissant aux forces de l'univers de m'avoir accordé un tel ange gardien. Elle m'inspire chaque jour pour devenir un meilleur compagnon, père, individu. De nature farouche, elle ne se laisse pas facilement approcher, mais ceux et celles qui ont la chance de la connaître savent comme moi le bonheur de l'avoir dans sa vie. Merci à toi, Nicole, de m'avoir préservé et aidé à définir ce qui compte, mais aussi à être en accord avec moi-même et à calmer les ardeurs de mon ego. Merci de me guider dans la vie et de me permettre d'y voir plus clair pour me rendre utile aux autres. Je t'aime plus que tu ne pourras jamais l'imaginer.

Table des matières

Achevé d'imprimer par Ermes Graphics
à Turin (Italie), en mars 2022
Dépôt légal : mars 2022
ISBN : 978-2-37502-142-2